멀고도 맑은 **문화기행**

멀고도 맑은 문화기행
고창·담양·산청·영월·영동·영양·함양·화순편

초판 1쇄 2020년 12월 30일

지은이 유영수
펴낸이 김기창
펴낸곳 도서출판 문사철

출판등록 제300-2008-40호
주소 서울 종로구 창경궁로 265 상가동 3층 3호
전화 02 741 7719 | 팩스 0303 0300 7719
홈페이지 www.lihiphi.com
전자우편 lihiphi@lihiphi.com
표지그림 유이경
디자인 은
인쇄 및 제본 천광인쇄사

ISBN 979 11 86853 86 3 (03980)
※ 값은 뒤표지에 있습니다.

멀고도 맑은 문화기행

고창·담양·산청·영월·영동·영양·함양·화순 편

유영수 지음

도서출판문사철

머릿글

열 살 무렵 운현궁 근처에 있는 집에서 안국동 사거리와 경복궁 앞을 지나 서촌 외가댁을 가는 길은 멀어도 지루한 적이 없었다. 초가와 기와집이 뒤섞인 서촌에 이르면 가까운 인왕산 자락 수성동계곡의 물소리도 좋고 당시 어른들이 뾰죽당이라 부르던 언덕 위 벽수산장이 외국 동화 속 신데렐라 궁전 같았다. 1966년 화재로 화려한 궁전을 잃어 아쉬웠는데 집주인이 조선의 마지막 순정효왕후의 백부이고 작위까지 받은 친일파였다는 사실에 놀라기도 했다. 고향 역사의 자취는 좋거나 나쁘거나 숨은 사연이 있어 감흥을 더하고 역사의 단면을 깨우쳐준다.

퇴직 후 매주 화요일 친구와 셋이 서울 사대문 안의 뒷골목을 빼놓지 않고 돌고 돌아, 이제야 고향 서울을 알게 됐다는 만족감과 교과서에 없던 역사의 이면을 알게 되는 기쁨을 얻었다. 3년여의 사대문 안 답사를 마치고 생업에 엄두를 내지 못했던 멀고 생소한 마음의 고향을 찾기 시작했다. 지방 여행은 친구보다는 움직임이 편한 아내와 함께하기로 계획을 세우고 제일 먼저 찾은 경북의 어느 고을을 보고 적잖이 놀랐다. 돌담길을 따라 늘어선 전통한옥이 세월을 잊은 듯 그대로이고, 아름다운 계곡에 어우러진 정자는 한 폭의 산수화고, 성현을 본받으려 오래전에 세운 향교와 서원은 아직도 선비의 모습을 그리기에 충분하고, 빈터에 홀로 남은 석탑은 옛 사찰의 전성기를 고고한 모습으로 지키고, 청정 산간에 들어선 명찰은 국가와 지방 지정 문화재로 가득하고ㅡ이 모든 유적은 또한 저마다의 사연을 감추고 있어 깊은 감명을 준다.

　우리가 나서 자라고 사는 땅을 얼마나 알고 있을까. 큰 나라 곁에서 우리 땅덩어리는 작아 보이지만 정작 우리 땅도 넓고, 찾는 곳은 언제 어디서나 항상 먼 곳에 있다. 마을 길, 산길, 들길, 과수원길은 마음속의 길이고 찾아 걷기에는 너무 멀고 힘들다. 국내 여행은 먼데 비행기 타고 떠나는 외국 여행은 가깝고, 외국 견문은 신비한데 학교에서 배운 우리 문화는 신비감을 잃고 뒷전으로 밀려나 무관심 속에 묻혔다. 수만 리를 날아 교과서 속의 명화를 발견하고 감격해도, 멀어야 천 리 내 땅 산간 마을에 조상들의 천년 사랑을 받은 돌탑은 차가운 무색이다.

　강가에 있는 어느 정자를 찾아 나선 길에 방향을 잃어 마침 텐트를 치고 그물로 고기를 잡는 젊은이들에게 위치를 물으니 아무도 아는 사람이 없다고 고개를 젓는다. 그러나 정작 정자는 불과 백여 미터 떨어진 송림 뒤에 있었다. 면사무소가 있는 마을에서 작은 석불을 찾다가 동네 사

람에게 위치를 물으니 얼마만큼 가면 작은 절이 있고 거기에 석불이 있다 한다. 그러나 정작 찾는 불상은 옆 골목 공터 작은 전각 안에 있었다. 젊은이들은 옆에 있는 문화재에 전혀 관심이 없고 주민은 마을에 있는 불상의 가치를 모르고 먼데 절을 가리킨다. 찾는 정자는 이퇴계의 손자가 경치 뛰어난 강가 암반 위에 지어서 퇴계, 유성룡, 김상헌, 이덕형 등이 찾아 쓴 친필 시가 걸린 유서 깊은 곳이었고 석불은 주민들이 매일 보면서 수호불처럼 모시고 있지만, 외부에서 찾아올 정도로 가치 있는 불상이라고는 믿지 않는 것이다.

    우리 조상들은 한양에서 벼슬을 물리면 대부분 낙향해서 후학을 키우는 것을 최고의 덕목으로 여겼기에 향촌은 학문으로 절대 뒤지지 않았고, 당장 불러도 조정에서 당상관 이상을 할 재목이 한 현에 최소한 한 명 이상은 있었다. 지금도 한 군에 최소한 한 명 정도는 중앙 부처에서 국장급 이상을 할 만한 인재도 보인다는 얘기가 허황된 얘기가 아니다. 여행 중에 길을 찾지 못해 지나가는 경운기 촌노에게 길을 묻고 고맙게도 따라가니 마을에 있는 비석의 금석문을 명쾌하게 읽고 설명하는 모습에 깊은 감명을 받는다. 고을의 향토 사학자들은 물론 더 말할 나위 없이 지역의 문화와 역사에 깊이를 갖고 있지만, 많은 서원, 향교와 문중에는 아직도 빛을 보지 못한 방대한 기록과 문집 등이 남아있다. 문화재는 어찌 되든 보호되겠지만 도처에 숨은 소중한 인간문화재를 언젠가는 잃는다는 사실이 허전하고 조바심을 일으킨다.

인기 드라마 속 젊은 연인들이 걷던 곳을 찾아 중년의 일본 여성들이 단체로 촬영지를 찾아 환호한다. 동해의 이름 없던 항구, 작은 해변 마을이 드라마에 노출되면서 먼 길을 마다하지 않고 찾아 대개는 금값이 된다. 언덕 위에 드라마 세트장으로 세워진 작고 초라한 교회당을 찾는 이유는 바로 마음을 움직이는 이야기가 있기 때문이고 사람이 찾으면 생물이 된다. 아내와 강원도 산간에 있는 작은 석탑을 물어물어 찾은 적이 있다. 절은 오래전에 사라지고 개인의 밭 가운데 덩그러니 서 있는 석탑은 이리저리 깨져 적당히 꿰맞춰 놓은 모습이 애처롭기 그지없다. 그러나 아내에게 출발 전 이성계에게 쫓겨나서 유배 온 고려 마지막 공양왕과 석탑에 어린 사연을 대충 얘기해 주어서인지 아내의 눈길이 자못 진지하고 심각하다. 미리 알고 보는 문화재에 대한 인식은 이렇듯 달라진다. "아는 만큼 보이고, 보이는 만큼 북받치는 감동"은 낯선 산간에서 오히려 쉽게 피어나야 한다.

한 여정을 마치고 나면 다음에는 어떤 감동이 기다리고 있을지…. 기대를 안고 찾는 낯선 산간 문화여행을 통해서 향원익청香遠益淸의 진정한 의미를 깨닫게 된다. 북송대의 학자 주돈이는 애련설에서 "연꽃은 멀수록 향기가 더하고 멀리서 볼 수는 있어도 함부로 할 수 없는 것[可遠觀而 不可褻翫焉]"이라 했다. 산간에 숨어 잊혀 있던 보물들은 아직도 순수한 얼굴에 더 멀리 있기에 향기가 더 짙지 않은가.

가끔 문화재 상태를 조사하는 돌보미를 마주치거나 한옥 창문에 한지를 꼼꼼히 바르는 작업에 안도하지만, 마을 안 정자에 길게 썬 호박을 걸어 말리거나 주인 없는 한옥 대문채에 시래기를 걸어 말리는 것을 볼 때는 안타깝기도 하다. 주인이 서울에 살아 비어있는 한옥의 문이 잠겨 이리저리 샛문이라도 있는지 긴 돌담을 둘러 찾아보기도 하는데, 개방해 놓으면 하잘것없는 문고리까지 떼어간다거나 쓰레기를 놓고 간다니 할 말을 잊게 만든다. 폐쇄 회로를 설치한 곳도 보이지만 문화재는 결국 고향을 보이려는 사람과 고향을 찾는 사람의 사랑을 먹고 산다는 사실의 인식이 중요하다.

안타깝게도 유적이 지키는 고향은 점점 힘을 잃고 노쇠해져 가고 있다. 인구는 삼 분의 일로 줄고 재정 자립도는 열악해 나라의 지원을 빼고는 탈출구가 쉬 보이지 않는다. 자치단체는 나름대로 농공단지를 추진해 인구를 늘리려고 안간힘을 쏟고 테마파크, 관광지와 캠핑장, 문화유적 단지, 출렁다리 전망대 등 등산로를 정비하고 둘레길 등을 조성해 관광객 유치에 사활을 걸고 있지만 아직도 갈 길은 멀어 보인다. 그렇다 해도 일년에 300억 불을 쓰며 해외여행을 떠나는 3,000만 명 중에 다만 얼마라도 우리 강산을 찾게 해 고향에 생기를 불어넣을 방법은 없을까.

전국 77개 군 단위 중에서 서울에서 멀고도 생소한 지역으로서 숨은 문화와 역사 유적이 상대적으로 풍부하고, 자연과 농촌 환경이 잘 지켜지고 있는 곳을 우선 선정해 약 5년간에 걸쳐서 20개 군의 여행을 마쳤다. 선거 때나 들어보던 어느 군의 낯선 마을 뒤 농로를 따라 산자락에 닿으면 휑하니 허전한 빈터에 선 석불이 이제 왔냐고 빙그레 웃으며 맞아준다. 수백 년 비바람에 헤진 법의 끝으로 내민 거칠어진 손길은 아직도 온기가 느껴진다. 우리 조상이 대대로 찾아 고난에 기대던 그 손길 아닌가. 멀수록 맑은 향기를 내는 아름다운 연꽃처럼 서울에서 먼 우리 땅 산간에 숨어 있는 문화가 바로 그렇다는 깨우침이 새삼 기쁘게 만든다.

해를 늘려 찾아다니며 문화유산의 아름다움을 발견하고, 얽힌 뒷얘기와 스토리를 찾아내는 성취감은 비교될 수 없는 만족감으로 찾아왔다. 책을 내려고 시작한 공부와 여행은 아니었으나 혼자만의 성취감으로 남겨두기에는 아깝다는 생각에 산간에 숨은 문화유산을 알리고 자치단체 홍보에 도움이 될까, 기꺼이 펜을 들기로 하고 우선 8개 군을 선정해 보았다. 이름난 유적지는 처음부터 여행에서 제외되었고 시 단위와 서울 근거리 지역도 뺐다.

군청의 문화관광과와 문화원을 찾아 군지郡誌의 문화재편이나 문화원에서 발간한 문화재도록, 인물, 전설, 민속, 금석문, 기타 단행본 등의 자료를 기초로 하고 현지 안내판 설명을 인용했다. 알려지지 않은 소소한 문화재에 숨은 이야기를 찾는 일은 기록된 근거와 연대가 불명한 것이 대부분이어서 매우 힘든 작업이다. 자료를 정리하면서 동일한 인물과 사건에 대한 해석이 지역 간 또는 종중과의 기록과 차이가 있기도 하고, 정사와

연대 등에서 의문도 생기고, 추정에 버금가는 얘기도 있으나 해당 지역 자료를 우선했다.

이 책은 명확한 기록에 의해 정리된 역사서나 연구서가 아니고 기행문 수준으로 받아들였으면 한다. 어떤 인물과 문중의 이야기는 한 권의 책이나 드라마가 될 만큼 깊이 있는 사연을 감추고 있기도 하고 역사학도에게는 연구와 논문 일부가 될 수 있을 정도로 궁금증과 의문을 부를 만한 내용을 몇 줄에 함축해 적어낸다는 것이 느려지고 무뎌진 머리로는 힘들고 고통스러운 작업이었다.

역사를 전공했거나 연구한 전력이 없는 한 범인이 도전한 이 일이 더 훌륭하고 더 많은 사람의 관심으로 발전하기를 기원하고 여행을 함께해 준 아내, 조언과 격려를 아끼지 않은 동창과 인지도가 전혀 없는 문외한에게 흔쾌히 자료를 구해주신 군청 문화관광과와 문화원 관계자 여러분께 감사드린다.

차례

머릿글 · 5

고창군 시인을 키운 바람의 고향 질마재 · 17

- 아름다운 읍성에 국내 유일의 답성 놀이 · 22
- 유네스코와 람사르가 지정한 소중한 유산 · 31
- 선운사 동구에 동백꽃은 아직 일러 · 39
- 조선의 증언, 방대한 흥덕 선비 일기 · 54
- 천년 문수사를 맞는 화려한 자생단풍나무 숲 · 63
- 철 따라 변하는 청보리, 해바라기, 메밀꽃 물결치는 언덕 · 70

담양군 운율로 흥을 부르는 가사문학의 본향 · 79

- 나무도 풀도 아닌 대나무 사랑 · 84
- 잃었던 영혼 일깨우는 슬로시티 창평 · 92
- 바람도 옛 운율로 부르는 명품 정자들 · 101
- 옥이 부딪히는 물소리 그윽한 명승 원림 · 113
- 여자의 도리는 무거우나 이내 몸은 가벼워 · 120
- 성벽 문루도 정자로 보이는 아름다운 산성과 담양호 · 130

산청군 지리산 아래 산고수청의 땅　　　　　　　　　　　　**139**

- 공부 안 하고 밥도 안 먹으려고 공부합니다 · 144
- 가야 마지막 왕의 쓸쓸한 무덤 · 152
- 양단수 명당에서 꽃핀 남명학파 · 158
- 이름만큼 예쁜 남사마을 예담촌 · 168
- 눈송이같이 흰 꽃이 일으킨 부민 혁명 · 180
- 산청 8경 – 정취암에 펼쳐진 지리산 영봉들 · 190

영월군 단종 불멸의 성지가 된 땅　　　　　　　　　　　　**201**

- 숙종, 영조, 정조 세 임금의 시가 걸린 정자 · 208
- 주천강 바닥에 남겨진 신선 발자국 · 216
- 생육신 눈물이 서강에 흘러 청령포에 · 224
- 영월 향시 장원이 만든 삿갓 방랑 · 233
- 무거운 적막이 걷히고 내려앉은 평화 · 241
- 죽어 241년 뒤 왕릉 되어도 – 왕후의 무덤은 400리 먼 곳에 · 252

영동군 와인 익는 고을에 양산과 한천 팔경 ·· **263**

- 산짐승도 가락 맞춰 춤추게 한 난계의 음악 · 268
- 모링이 돌아 양산으로 가세, 전설 속의 양산가 · 280
- 공민왕이 난을 피해 나라의 안녕을 빌었던 고찰 · 290
- 얼음같이 맑고 옥처럼 윤이 나는 옥서지간 · 296
- 달님도 차마 떠나지 못하는 선경 · 304
- 세조의 행차에 화답한 문수보살 · 314

영양군 청정 산간이 키운 문인들과 여성 군자 · 지사의 고향 ························ **321**

- 백두대간의 기가 흐르는 영양의 주산 일월산 · 326
- 돌을 깎아 만든 벽돌로 쌓은 전탑계 모전 석탑의 고장 · 335
- 문필봉과 연적봉이 키운 시인의 고향 · 344
- 자신의 손가락을 세 번이나 자른 여자 안중근 · 352
- 한국 3대 전통 정원으로 꼽히는 서석지 · 360
- 두들마을 언덕 여성군자 고택 · 369

함양군 뛰어난 인물로 영남학파의 오른편에 선 자긍심 **381**

- 고운이 조성한 상림에 가득한 평화와 유산 · 386
- 관찰사의 시를 불태워 버린 군수 · 396
- 다른 사람들에게 이가 못 되는 나는 한 마리 좀벌레 · 403
- 변강쇠에 변을 당해 슬픈 목장승 · 415
- 안주인 이름도 당당한 개량식 전통한옥 · 426
- 한국의 대표적 정자 로드 화림동계곡 · 435

화순군 지란지교의 온화하고 순한 고을 **443**

- 고상한 난초 향기 풍기는 학포선생 · 449
- 아붙이 읽어서는 그날을 기다리며 · 457
- 삼층 목탑 대웅전이 맞아주는 천년 고찰 · 467
- 활 맞은 새보다도 못한 처지를 한탄하며 떠난 젊은 개혁가 · 475
- 정부인으로 모셔진 주논개 · 483
- 동복호 푸른 물빛이 빚어낸 호남의 절경 · 490
- 샘물에 잠긴 달님을 건지지 못해 이루지 못한 스님의 사랑 · 499

고창군

시인을 키운 바람의 고향 질마재

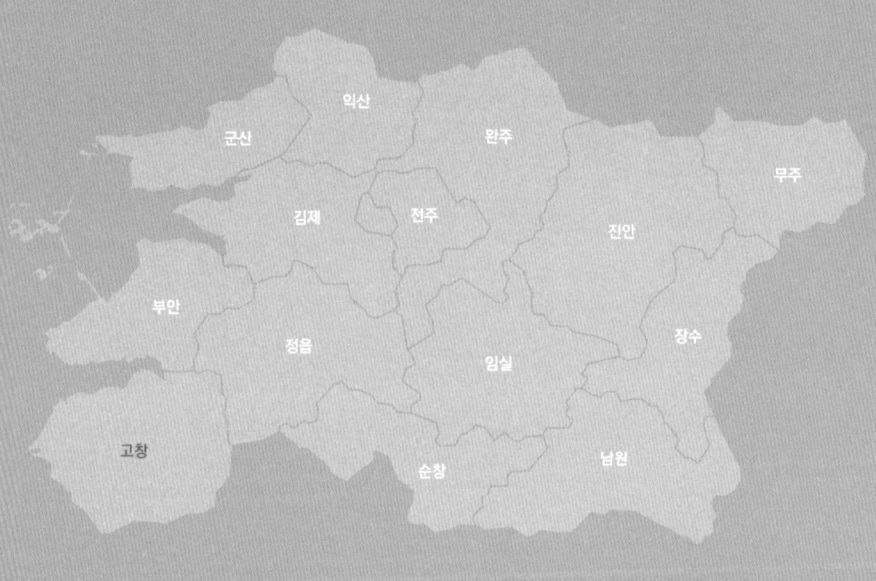

전라북도의 서남단에서 70㎞ 해안선으로 서해와 접하고, 동북으로 정읍시, 남쪽으로 영광군과 장성군 그리고 북으로 부안군을 두고 고창군이 있다. 동남쪽으로 노령산맥에서 뻗은 방장산(744m), 500-600m 급의 축령산, 구황산 등이 전라남도와 경계가 되고, 서북쪽으로 400m 넘는 소요산, 경수산과 선운산(336m)을 위시해 비학산, 청룡산, 남산 등이 함께 완만한 경사의 산지를 형성하고 있다. 수계는 동남쪽의 구황산 일원 고수면 은사리에서 발원한 주진천이 정동천, 강남천 등을 받아 흐르다가 고창읍을 지나는 고창천을 받으며 세를 키워 북으로 흐르다가 아산면 경수산과 부안면 소요산 사이를 지나며 인천강으로도 불리며 서해로 흘러들고, 또 다른 수계로 방장산 부근에서 시작하는 갈곡천도 역시 북으로 흘러 서해로 들어간다. 약 30㎞ 인천강은 선운산 근처 풍천 구간을 지나 서해로 들어가는데, 바닷물을 만나는 기수 구간이 무려 10㎞나 되어 고창의 특산 풍천장어 서식지가 된다. 20여 개 저수지 중에 람사르습지와 연결된 운곡저수지, 생태공원 자연마당으로 변화하는 노동저수지, 갈곡천 신림저수지가 알려져 있고, 특히 흥덕면과 성내면에 접한 전국 3대 평지형 저수지인 동림저수지는 CNN에서 한국 여행 50선으로 선정했듯이 겨울이면 가창오리 떼가 많게는 약 40만 마리까지 찾아 군무를 펼치며 장관을 만들고, 수변으로는 수달 등 10여 종의 멸종위기 동식물이 서식하는 등 건강한 생태환경이 유지되고 있다.

　진흥굴과 도솔암 마애불 등이 있는 선운산 도솔계곡과 병바위가 있는 아산면 일대는 기암괴석이 많아 신기한 모습을 연출한다. 8천만 년 전 선운산 일대의 화산활동으로 생긴 유문암과 응회암층이 오랜 세월 절리와 풍화작용으로 다양한 형상의 기암이 되어 곳곳에 산재, 그에 걸맞는 전설을 간직한 풍부한 지질유산의 전시장이 된다.

　역사적으로 삼한시대에 마한 땅으로 모로비리국에 속했고, 백제 때는 대체로 4개 현으로 유지되다가 통일신라, 고려와 조선 거치며 무장현, 흥덕현, 고창현 등 세 지역을 중심으로 현의 구획이 바뀌며 명칭도 변하다가 고종 때 현재의 골격으로 전주부에 속했다가 1906년 전라북도에 편입된다. 현의 역사를 보여주는 향교와 읍성이나 동헌의 모습을 고창읍, 무장면, 흥덕면에서 찾을 수 있는데 특히 고창읍성은 당시의 건물들이 거의 복원되어 실감을 느끼게 한다. 선운사가 있는 선운산 일원과 문수산 아래 문수사 등에서 그 옛날 번성했던 불교 문화를 접할 수 있고, 세계문화 유산으로 등록된 고창 고인돌 유적을 고인돌박물관

이 안내하고, 고인돌 야외전시장 제3코스 뒤 언덕 넘어 운곡 저수지까지 연결된 구릉지에 발달한 운곡 람사르 습지는 훌륭한 생태환경을 보여준다. 구릉지 습지는 늦봄부터 무성한 숲에 둘러싸여 밤이면 야생동물이 돌아다니는 작은 정글이 되고, 고인돌 박물관에서 출발해 습지를 지나 선운산과 서정주 문학관이 있는 소요산 주변을 도는 고창 질마재 따라 100리 길은 자연과 서정을 아우르는 둘레길이다.

"선운사에 가신 적이 있나요. 동백꽃을 보신 적이 있나요. 선운사 동백꽃 숲으로 와요. 눈물처럼 동백꽃 지는 그곳 말이에요." 천연기념물 제184호 동백나무 숲이 있어 선운사가 더 있고 그래서 더 알려진 고창은 정월 대보름 오거리 당산제를 시작으로 봄에 청보리밭 축제, 여름에 갯벌축제, 수박축제, 해풍고추축제, 가을이 되면 메밀꽃축제, 고창읍성 모양성제, 질마재문화축제 등이 연중으로 열리고, 한국 국악의 선구자 신재효 고택 근처의 판소리 박물관과 고창군립미술관이 고창읍성을 찾는 발길에 기대를 갖게 한다. 남동쪽 문수산 아래 문수사에서 시작해 서북 방향으로 김기서강학당, 취석정, 고창읍성, 석탄정, 고인돌박물관, 운곡습지, 덕천사, 선운사, 미당시문학관, 김성수 생가로 이어지는 동선은 역사문화관광 벨트로 손색이 없어 보인다.

아름다운 읍성에 국내 유일의 답성 놀이

고창읍 중심지 숲이 무성한 구릉지에 거의 완전하게 복구되어 사적 제145호로 지정된 고창읍성이 지방 민초의 역사를 재현하고 있다. 모양성牟陽城이라고도 불리는 읍성은 호남 내륙을 외침으로부터 방어하기 위해 세종 때 시작하여 8년의 역사 끝에 단종 원년인 1453년에 완공, 약 5만여 평 구릉지에 둘레 약 1.7㎞ 높이 약 5m 성벽을 쌓고 동문 등양루, 서문 진서루, 정문인 북문 공북루를 두었는데, 평지에 세워서인지 3개의 옹성과 6개 치성도 갖추고 있다. 성내에는 객사, 동헌과 내아는 물론이고 향청, 이방과 아전들이 근무하던 작청 등이 모두 있고 관청, 장청, 성황사, 감옥, 풍화루와 연못 등 대부분 관아 건축물들이 1976년부터 복원을 계속 22동 중에 14개 동이 제 모습을 찾아가고 있다.

음력 윤달 답성 행사에 저마다 각색의 한복을 입고 머리에는 작은 돌을 이고 성벽을 걷는 풍습을 아직도 지키고 있다. 송장을 거꾸로 세워 놓아도 아무 탈이 없다는 속담 속의 윤달은 정상적인 달이 아니라서 신들이 관심을 두지 않는 시간이라 생각, 그 틈에 평시 꺼리던 죽음이나 신에 관련되는 일들을 해치우는 풍습이 있다. 한 뼘 크기 납작 돌을 머리에 이고 줄지어 읍성을 세 바퀴를 도는 답성—특히 저승문이 열린다는 윤달 초엿샛날, 열엿샛날, 스무엿샛날이 좋고, 그것도 3월 윤달 때 효험이 최고라는 믿음에 울긋불긋 아름다운 한복을 입은 부녀자들이 행사에 많이 참여한다. 한번을 돌면 병이 낫고, 두 번을 돌면 무병장

수하고, 세 번을 돌면 저승길에서 극락의 문에 이른다는 전설을 믿으며, 머리에 이은 돌을 떨어뜨리면 그해 소원이 이루어지지 않는다고 정성을 다해 돈다. 오르내림이 제법 심한 성 위를 세 바퀴나 돌 수 있는 사람은 건강한 사람일 수밖에 없으니 무병장수를 굳이 독려할 필요도 없겠지만 정성이 만사 아닌가. 10월 하순에 모양성제를 열어 퍼레이드, 원님부임행차, 답성놀이와 강강술래 등을 재현하는 행사를 하는데 주위환경이 훌륭한 고창읍성만 한 곳이 없을 듯하다.

잘 다듬지 않은 자연석을 정연하게 쌓은 석성 벽면이 아름답고, 각

고창읍성 입구 공북루

성문과 치 그리고 내부 건물을 연결하는 숲속의 산책로도 일품이다. 조선 시대 고을의 수령은 한양에서 내려온 외지인으로 현장 현실에 어두운 면이 있어 경륜을 가진 양반들로 구성된 향청이 돕도록 하여 수령의 동헌, 향리들의 작청과 함께 협조와 견제를 위한 삼각체계를 이루게 했다. 읍성 안에는 모양지관牟陽之館 현판을 단 객사와 수령이 근무하는 평근당平近堂 현판의 동헌이 있고, 동헌보다는 작은 ㄱ자형 구조 향청도 정면 3칸에 가운데 대청 좌우로 방을 두고, 우측 방 앞으로는 누마루를 내고 계자난간을 둘러 멋을 내고 있다. 검정색 바탕에 흰색으로 쓴 "옥獄" 현판을 단 정면 3칸 측면 1칸 감옥은 3면을 석벽으로 두르고 있지만, 접근이 쉬운 개방 공간에 작고도 형식적인 규모로 세워져서 죄수가 없는 모범 고을을 과시하는 듯해 보이기도 한다.

평시에는 성 밖에서 생활하다가도 전시에는 관아가 있는 성안으로

읍성 내부(왼쪽이 공북루 오른쪽이 옥)

들어와 공동생활을 하기 위한 시설도 갖추고 있었던 읍성은 호남에 진출한 왜란이나 동학란 등으로 피해를 입는 고난의 역사도 보았다. 거의 복원을 완성해 가는 고창읍성이 지금은 훌륭한 문화유산이자, 울창한 숲이 가득한 역사공원으로 자리를 잡아가며 주민들의 자랑스러운 생활공간으로 되어가고 있다. 2019년에는 동학난을 주제로 한 드라마 녹두꽃 현지 촬영이 작청 등 아름다운 읍성 내부를 배경으로 진행돼 역사의 현장을 실감 나게 재현했다.

📷 어사각

고창읍 교촌리 242번지, 어사각은 임진왜란부터 정유재란까지 7년간 전투에서 사망한 김해 김씨 김유신의 직계로 보는 삼현파 절효공 김극일의 후손들 25명과 자결한 열부 5명을 기리고 있다. 실록에도 언급된 바대로 선조는 이들에게 공신의 벼슬을 내리고 그 증표로 옥쇄가 찍힌 단서철권을 1605년을 내렸고, 영조도 선조가 내린 단서철권을 보관하는 각閣을 세우게 하니 어사각이라 부르게 된다. 솟을외삼문 안으로 정면 3칸과 옆면 2칸의 맞배지붕으로 단출한 모양이지만 역사가 주는 교훈은 크다. 임진왜란이 발발하자 이조판서 김용의 현손인 김축 등 삼형제를 정점으로 종제와 그 아들들, 그리고 손자들까지 포함한 문중이 총출전해 행주와 진주성 전투 등에서 25명이나 순절을 하고, 소식을 접한 부인들이 자결했다 하니, 선조의 감동도 의례적이거나 과장이 아니었을 것이다. 김축의 동생 김헌의 두 아들 김두남과 김지남은 김축을 따라서 행주전투에서 공을 세우고 진주성 전투에서 김축이 처절하게 사망하자 조카 형제는 남강에 투신 순절을 택한다. 전장이 있는 곳이면 북이나 남이나 가리지 않고 따라나서서 목숨을 던진 충절의 고귀한 순혈을 어사각이 지키고 있다. 나라가 없으면 나도 없다는 명료한 명제에 몸을 던진 한 가문의 희생에 모두가 숙연해질 수밖에 없다. 단서철권은 원래 고대 중국에서 기와 모양의 철판에 붉은 글씨를 써서 유공자임을 증명하는 형식이었으나 조선에서는 실용적인 두루마리 공신록권 형식이었다. 고대 중국에서는 세습 면책권까지 주었으니 최상의 보훈인 셈인데 조선에서는 면책권은 없이 최상급 공신의 격을 부여하는 의미였다.

고창향교

고창읍 교촌리 고창고등학교 뒤에 있는 고창향교는 고려 공민왕 때 고창읍 월곡리에서 학당사 명칭으로 창건되었던 것을 1512년 고창향교로 변경하고, 1589년 현재 위치로 옮긴다. 외삼문을 들어 누하 석주에 올린 정면 5칸에 양쪽 옆으로 2칸씩 날개를 달아내, 정면 전체 9칸 규모의 큰 명륜당과 뒤로 정면 4칸 동재와 3칸 서재가 있고 계단으로 올라서 내삼문 안으로 들어서면 정면 3칸 측면 2칸 대성전이 있고, 서재 뒤로 정면 3칸의 사마재 겸 양사재가 따로 있다. 양반들 중심으로 운영되던 향약 활동상황을 읽을 수 있는 향안 청금록 등 80여 종 460여 서적이 주요 자료로 보관되어 있다.

어사각

고창향교 명륜당

📷 오거리당산

고창읍 읍내리 중심을 흐르는 고창천 주변에 있는 세 개의 석주 당산이 오거리당산 이름으로 국가민속문화재 제14호에 지정되어 있다. 고창읍 5방위에 당산을 세워서 한해 풍년과 복운을 빌고, 마을의 안녕과 재해나 고통으로부터 보호를 기원하던 당산 제례 행사가 일제강점기에 중단되었다가 해방 후에 보존회가 조직되어 오거리 당산제로 매년 열리게 된다. 5방 당산 중에 중앙동당산, 중거리당산과 하거리당산은 모두 미륵을 형상화해 4각 혹은 6각 석간 위에 둥근 갓을 쓴 늘씬한 모습이다. 특히 1803년에 제작했다는 하거리 할아버지 당산은 머리에 50cm 크기 사각 갓을 쓴 높이 6.7m 화강암의 4각 석간 당산으로, 어떻게 세워져서 사고 없이 긴 세월을 이겨내고 있는지 신비감이 넘친다. 보존회 주관으로 중거리 당산 광장에서 열리는 당산제는 굿판을 벌이고, 제례 행사 마지막으로 남녀가 줄다리기를 세 번 벌이는데, 여자가 두 판을 이겨 남자에 승리하는 것으로 막을 내리고 줄다리기 줄을 당산에 걸어 옷을 입힌다. 여자가 이겨야 풍년이 든다는 전설이 지배하는 배려의 당제이기도 하다.

📷 신재효 고택

고창읍성 입구에 1850년경 세워져 안채 등은 유실되고 남은 정면 6칸 측면 3칸의 초가 사랑채 신재효 고택이 주변 판소리박물관과 동리국악당 등과 자리를 함께하고 있다. 1812년 신평신씨 유복한 집에서 태

어난 동리桐里 신재효는 40세까지 문중의 일을 돌보다가 우연한 기회에 판소리를 듣고 감흥을 받아 즉흥적이고 체계가 없이 불려오던 사설을 정리해서 춘향가, 심청가, 흥부가, 수궁가, 적벽가, 변강쇠 타령 등 판소리 여섯 마당을 표준화를 시켜 창극화한 인물이다. 소리꾼이 흥을 부추기는 오락수준에 불과한 판소리를 동리정사를 지어 여러 지역의 다양한 소리를 비교 분석해 이론으로 체계화시키고, 여섯 마당의 완성도를 높이기 위해 정제된 시어와 어휘로 사설을 다듬고, 음성과 음색에 격을 높이고, 판에 희극적이고 무대적인 요소를 가미하는 등, 광대의 놀음에서 무대에 올려 예술로 승화시킨 노력은 지금의 눈으로 봐도 대단하고 엄청난 작업이다. 1867년 경복궁 경회루 낙성연에 수제자 진채선을 올려 판소리를 소개하고 1877년 통정대부 제수도 받는다. 신재효의 소리에 반해 찾아온 진채선에게 여자는 소리를 할 수 없다고 의례적으로 거절했지만, 남장하면서까지 따른 진채선의 소리를 드디어 인정하고 경복궁 낙성연에 올린다. 20여 살 어린 제자 진채선과 애틋한 사랑의 얘기가 영화 〈도리화가桃李花歌〉로 2015년 제작된 바 있다.

중거리 당산
(줄다리기 후 걸린 줄)

하거리 당산

신재효 고택 후면

유네스코와 람사르가 지정한 소중한 유산

📷 고인돌 공원

세계문화 유산으로 등재된 고창 고인돌 유적지는 모두 447기의 고인돌 야외전시장이다. 고인돌박물관에서 안내 셔틀이나 도보로 가면 선사마을을 지나 중앙의 제3코스를 중심으로 우측으로 1-2코스, 좌측으로 4-5코스가 있고 6코스는 박물관 쪽으로 떨어져 있다. 북방의 탁자식, 남방의 바둑판식, 개석식과 지상석곽식 등 범인에게 구분이 쉽지 않지만 다양한 형태의 고인돌 전시장과 채석장은 청동기시대 한반도 우리 조상의 생활 문화 전시장이다. 중앙의 제3코스에서 128기의 다양한

고인돌 공원

형태의 고인돌을 돌아보고 습지까지 돌아보는 방법도 좋다. 왕복 약 7㎞ 오베이(오방)골 탐방로를 따라서 습지를 관찰하며 조류전망대, 한국 최대의 300t급 운곡고인돌, 습지홍보관, 운곡雲谷서원을 돌아오는 길은 걷기 편하고 주변 환경도 즐기기 좋다. 저수지 반대편 친환경주차장에서 출발해 습지홍보관을 돌아오는 탐방열차를 이용할 수도 있다.

📷 운곡습지

고인돌 유적 제3코스 언덕으로 올라 탐방로에 들면 우리나라 람사르 습지의 하나로 보호되는 운곡람사르습지가 시작된다. 습지는 바다와 접하는 고창 인천강 하구 갯벌 습지 같은 연안과 하구 등 수변에서 발

운곡습지

달하는데, 운곡은 분지형의 낮은 구릉지에 생성돼 30년 전까지만 해도 계단식 농지가 있던 내륙 산지형이다. 화시봉, 옥녀봉, 회암봉, 성틀봉에 둘러싸인 구릉지 땅속에 흠뻑 머금었다가 서서히 뱉어낸 물은 한여름에 건강한 생태환경을 더욱 무성하게 만들고 아래 운곡 저수지로 흘러 들어간다. 멸종위기 1급의 수달과 황새 그리고 2등급의 삵, 담비, 구렁이, 팔색조와 새호리기 등 가장 다양한 동식물을 품고 있는 습지 위로, 한 사람이 겨우 다닐만한 폭의 목재 탐방 관찰로가 길게 설치되어 있다. 데크에서 내려다보면 무성한 수초 아래로 서서히 움직이는 물이 건강해 보이고, 데크 난간 위로 간간이 남겨진 알 수 없는 동물들의 배설물 흔적이 반갑고 또 한편으로는 건강한 습지에 고맙다는 인사를 남겨 놓고 간 것 같아 마음을 흐뭇하게 한다. 경작지가 30년 만에 원시 습지로 변하는 자연의 복원력은 인간의 욕심과 반비례하는지, 저수지를 끼고 도는 탐방로를 돌아보며 생태보전이란 인간을 멀리 쫓아내는 운동이라는 결론이 우울하게 만들기도 한다.

📷 **취석정** 고창읍 화산리 249번지

술에 취하면 집 앞에 있는 일명 "연명淵明 취석" 위에서 잠이 들고 음주 관련 시를 20수나 남긴 도연명을 그렸을 법한 취석정醉石이 생태공원 자연마당으로 탈바꿈하고 있는 노동저수지 인근 노계 천변에 있다. 고수면 상평리 김기서 강학당의 주인 김기서의 아들 노계 김경희가 1546년에 세우고 후손들이 18-19세기에 중건한 정자이다. 화순의 외숙 양팽손에 배우고 1534년 중종 때 20세에 문과에 합격했으나 과제에 위격이라는 이유로 취소되는 불운을 겪고, 1545년 을사사화와 연이은 정미사화를 겪으며 벼슬에 뜻을 접고 친구들과 시와 강론을 펴던 곳이다. 과거에 합격했음에도 탈락

취석정

을 지켜봐야 했던 안타까움에 중종이 두보의 시 한 수를 비단 위에 친히 써서 하사한 글이 위안은 되었겠지만, 혼란스러운 세상 멀어진 벼슬길에 술에 취해 살고 싶은 의도를 감춘 것인지 많은 저서 중에 시집《노계집》만 남겨져 있다 한다. 노계의 장자 김홍우는 임진왜란이 일어나자 두 동생과 함께 의병과 군량미를 모아 진주성으로 보냈고, 늦은 나이에 문과에 급제해 예조정랑 등을 지내며 정유재란 때 동생들과 참전해, 그 공으로 남원부사 제수를 받는다.

정면 측면 각 3칸으로 중앙에 1칸 방을 두고, 마루 사방을 세살난간으로 둘렀다. 가운데 방 전후에 이분합과 좌우로 삼분합문을 달아 필요하면 9칸 모두 개방 가능하고, 경내에 7개와 담장 밖으로 3개의 지석묘가 있어 선사 유적의 한 가운데 서 있는 유일한 정자이다. 담 밖의 3개까지 포함하지 않고 유독 7개의 지석묘만 담장 안으로 넣은 의미가 토속의 하나인 칠성 신앙과 유관하지 않을까 하는 지적에 공감이 일게 한다.

📷 석탄정 고창읍 석탄리 341

석탄정石灘亭은 선조 때인 1581년 석탄 류운이 세우고 후손들에 의해 18세기와 1939년 중수를 거친다. 푸른 솔과 고목에 둘러싸인 정자는 정면 3칸 측면 3칸으로 중앙에 1칸 방을 두고 아궁이 위로 높임 마루를 한 뒤쪽을 제외하고 사방을 우물마루에 난간을 두른 정자이다. 고흥류씨 류운은 학덕으로 내려진 현감과 동급인 종6품급 청엄찰방의 벼슬도 마다하고 이곳에 머물면서 뛰어난 문장으로 알려져, 많은 이들이 찾아 편액을 남긴다. 여름날 솟을대문 앞 노거수 아래만 앉아도 풍성한 들녘에서 불어주는 시원한 바람이 편안하다. 마을 앞으로 흐르는 돌 여울에서 인용된 석탄마을에 고흥류씨들이 들어와 집성촌을 이루었다 전해진다. 조선 초기 전국에 500여 역이 있었고 약 40개 역에 찰방이 주재하는 찰방역을 두어 속역을 통괄하게 했다. 청엄찰방은 지금의 장성군에 위치해 약 10개 이상의 속역을 통제하기 위해 동헌, 작청 등의 관아 건물을 갖추고 아전, 노비와 말을 관리하고 있었으며 호남지역 6개 찰방 중에서도 큰 규모에 속했다는데 이를 고사한 것은 그가 품은 꿈이 다르다는 얘기 아닌가.

석탄정

📷 현곡정사 고창읍 주곡리 333

현곡정사는 마을 태생인 고흥류씨 현곡 류영선이 후학을 양성하기 위해 일제강점기 1924년 세웠고, 정면 3칸의 용암사는 현곡과 간재 전우의 영정을 봉안하기 위해 유림이 1956년 세웠다. 또한, 많은 장서를 비치해 후학들의 독서를 장려하기 위해 1936년 판경당을 지었다. 현곡은 간재의 문인으로 을사늑약에 분개하고 오직 유학에 전념하고 자신의 재산으로 모든 비용을 부담하며 후학을 양성했다. 솟을외삼문 상덕문을 들어서 오른쪽 문으로 들어가면 정면 4칸의 현곡정사와 판경당이 마주하고 있고, 외삼문에서 정면으로 걸어 들어가면 내삼문 안으로 사당이 배치되어 있다. 간재 전우는 고종 때, 사헌부 장령이나 순흥부사 등 여러 관직 제수를 거부하고 이황, 이이, 송시열 등의 학풍을 계승한 성리학자로 박영효 등 급진 개화파들과는 거리를 두고 있었으며 현곡도 그의 영향을 많이 받았던 듯하다. 신학문이 확장되는 시기에 개화파로부터 수구로 비난을 받으면서도 유학을 지키려 하던 고뇌가 엿보인다.

📷 김정회 고가 고창읍 도산리 150

1862년경 한말 유학자 김정회의 고조부가 매입해 살아오던 김정회 고가는 안채와 사랑채, 행랑채, 사당과 곳간 2동 등 6동으로 규모 있게 구성된다. 안동김씨 보정^{葆亭} 김정회는 유학에 능통하면서도 성균관대학교 전신인 경학원 명륜전문학원에서 신학문을 공부하고 후에는 경학을 가르친다. 고향에서 도산보통학교를 세웠고 서화 특히 묵죽도에 뛰

현곡정사

김정회 고가 입구

어나서 일본 미전과 해방 후 국전에서 입선을 계속한다. 정면 6칸 사랑채의 동쪽 끝으로 안대문에 연접해 ㄱ자 행랑채를 만들었고, 안채는 정면 7칸에 서쪽으로부터 건넌방, 대청, 안방, 부엌을 배치하고 부엌 뒤로 2칸을 달아내어 역 ㄱ자형 배치를 하고 있다. 안채의 동쪽에 一자형의 큰 곳간과 서쪽으로 부식 자재용 작은 곳간이 마주하고 있고, 안채 뒤로는 정면 3칸의 사당을 두고 있는 조선 후기 가옥 구조와 모양을 하고 있다. 사랑채는 원래 초가지붕을 했지만, 관리가 어려워 현대식 인조 기와를 하고 있다는 것이 아쉽다. 대문 앞 토석 담장 긴 골목을 나오면 큰 연지가 보이는데 바깥어른은 대학 강의에 나가셨는지 마침 안주인이 홀로 조용히 지켜보다가 요즘은 연근 수확이 아주 힘든 작업이라며 어려운 표정이다. 백련이 만개할 때 다시 찾는다면 안주인의 환한 미소를 볼 수 있으려나, 백련지는 그 크고 건강한 잎으로 가득하다.

선운사 동구에 동백꽃은 아직 일러

📷 **미당 시문학관** 부안면 선운리 231

옛 선운초등학교 분교를 개조한 미당시문학관이 2001년 개관됐다. 약 3천 평 부지에 전시실, 서재, 세미나와 다용도실 그리고 전망대 등 2백여 평의 시설을 갖추고 미당의 유품 소장품과 시집 및 육필원고 등을 전시하고 있고, 옥상 전망대에 오르면 복원된 초가 서정주 생가도 내려다보인다. 1915년 선운리 인촌 김성수 집안 마름의 아들로 태어난 서정시인 미당 서정주는 2001년까지 15권의 시집으로 천여 편의 시를 발표하고, 미당은 그의 시 자화상에서 "스물세 해 동안 나를 키운 건 팔할이 바람"이라 했다. 바람은 서정을 부르는 아름다운 단어이지만, 그의 바람은 어린 시절 겪은 많은 것들이 실려 그를 견고하게 만든 바람이 아닐까. 1968년 시집 동천에 수록된 "푸르른 날-눈이 부시게 푸르른 날은, 그리운 사람을 그리워하자… 내가 죽고 네가 산다면, 네가 죽고서 내가 산다면, 눈이 부시게 푸르른 날은 그리운 사람을 그리워하자"-눈이 부시게 아름다운 시어가 1983년 봄바람 실은 선율에 실려 새삼 사랑을 받았다.

미당 시문학관

📷 선운사

"선운사 골째기로, 선운사 동백꽃을 보러갔더니, 동백꽃은 아직 일러, 피지 안했고…" 입구에서 미당 서정주의 선운사 동구洞口 시비가 맞는다. 인천강 건너 소요산 아래 있는 미당의 생가는 선운사에서 7㎞ 남짓, 선운사 동백은 조금 늦게 피는 춘백인 것을 알면서 시인은 공연히 빈 마음을 막걸릿집 여자의 육자배기 가락이 채워주리라 기대한다. 창건 설화가 얽히고설킨 선운사이지만 중건기록은 비교적 분명해, 1354년 고려 공민왕 때와 1483년 조선 성종 때 크게 중창, 한창때는 111동 건물이 있었던 큰 사찰이었다. 정유재란 때 대부분 소실되어 17세기 대웅보전 재건을 시작으로 18세기 전반기까지는 암자만 해도 89개에 승려가 3천여 명에 이르렀으나 또다시 1751년 대화재로 500여 칸

선운사 천왕문

이 소실, 이듬해부터 복구를 시작해 현재에 이르러서는 대웅전, 영산전, 관음전, 명부전, 만세루 등 10여 동의 건물과 4개의 암자가 남아있다. 선운사 대웅전, 만세루, 참당암 대웅전, 내원궁 금동지장보살좌상, 소조비로자나불좌상, 도솔암 마애불 등 6점의 보물과 많은 지방 유형문화재의 보고이다. 최근 보물 제2065호로 지정된 만세루는 원래 2층 누각

대양루에서 정면 9칸의 단층으로 재건되었음에도 누각 명칭을 유지하고 있는데 사찰에서 흔하지 않은 큰 열린 공간으로, 현재는 극낙교 근처 녹차 밭에서 생산한 발효녹차 공양을 위해 개방한다.

참당암

선운산 계곡을 따라 오르다가 우측 산허리를 돌아 오르면 7세기경 신라 진평왕의 시주로 창건된 참당암懺堂庵을 만난다. 죄를 참회하라는 뜻의 참당암 보물 제803호 대웅전은 목조 석가모니불과 협시로 내세지보살과 관세음보살을 모시고 있다. 여러 차례 중건과 보수를 거치면서도 옛 부자재는 계속 활용을 했었던 듯, 대웅전 정면은 조선 후기 다포 양식과 후면은 고려시대 주심포 양식이 혼용되어 있어 오히려 건축의 발달사를 엿볼 수 있게 한다. 정면 3칸 측면 3칸에 맞배지붕을 하고 둔각이지만 균형미가 보이는 내외부의 공포 구성, 우물천장의 채색, 검소하고 단정한 빗살 창 등 화려하지 않지만 아름다운 대웅전이다. 오른쪽으로 정면 6칸의 큰 전각은 명부전과 응진전이 반씩 나누어 사용하고 있는데, 우측 명부전 3칸에 비해 좌측 응진전 3칸은 칸의 간

참당암 대웅전

격이 좁고 일정하지도 않고, 자연석을 쓴 초석도 크기와 모양이 제각각이다. 부재에 맞춰 짓다가 보니 이런 모양이 나왔는지 파격에도 불구하고 너무 의연하고도 태연한 모습에 정이 간다.

대웅전 안에 있던 유형문화재 동종이 1987년 도난당했지만, 밤마다 미륵보살이 도둑의 꿈에 나타나서 제자리로 돌아가고 싶다는 말을 듣고 놀라서 1991년 3년여 만에 탁송 편으로 보내 제자리에 돌아왔다 한다. 우둔한 사람에게 참회는 계기가 만들어져야만 비로소 가능한 것인가. 불심에 비치는 어두운 그림자를 스스로 깨닫고 허물을 드러내야 비로소 깨달음에 이르는 길이 있음을 참당암이 말없이 전한다. "파란 녹이 낀 구리거울 속에, 내 얼굴이 남아있는 것은…… 밤이면 밤마다 나의 거울을 손바닥으로 발바닥으로 닦아 보자……." 만 24년 1개월 윤동주가 참회의 길을 얘기했다.

📷 도솔암 내원궁

자그마한 일주문 도솔천 내원궁을 지나 가파른 160여 돌계단을 오르며 기암절벽 위에 터서을 깔고 싱도솔임으도노 불리던 내원궁이 아슬아슬하게 자리를 하고 있다. 신라 때부터 자리하고 있었겠지만, 지금의 내원궁은 조선 초에 짓고 16-19세기 전후로도 보수가 계속되었던 것으로 보인다. 우물천장 구조 내부에 보물 제280호 금동지장보살좌상과 뒤로 시왕 등을 부각한 목각후불탱화가 조화를 이루고 있다. 두건은 머리 뒤로 어깨까지 늘어뜨렸고, 가슴 위 영락 장식과 왼손에든 법

도솔암 내원궁

륜이 정교하고, 단순하게 주름을 잡은 법의가 오히려 돋보이며 무엇보다 얼굴과 신체의 균형이 뛰어나서 어느 한 부분을 돋보이게 한 조각과는 비교가 안 되는 불상이다. 불교의 우주관에서 하늘의 욕계慾界 중 네 번째 하늘나라로 미륵불이 있다는 도솔천은 내원과 외원으로 구성, 외원은 천인들이 안식을 취하고 내원궁리라고도 하는 내원에는 석가모니도 세상에 태어나기 전까지 머물렀던 곳이라고 한다.

📷 동불암지 마애여래좌상

상단에 내원궁이 앉아있는 기암 석벽 서쪽에 보물 제1200호 마애여래좌상이 얕은 부조 기법을 사용, 크기 약 13m 높이로 조각되어 있다. 좁은 연화대좌 위에 결가부좌를 하고 앉은 양발과 앞으로 가지런히 모은 양손은 몸체에 비해 크고 투박해 사실성이 떨어지고, 짧은 목, 중량감이 없는 가슴, 좁은 어깨, 신각 밍식으로 처리한 법의 등 형식적인 표현으로 전체를 구성한다. 미적 가치로 보다는 산화철이 함유된 붉은색 암벽에 거칠게 조각된 거대 마애불의 근엄하고 고귀한 상징성으로 높은 가치를 보인다. 머리 위 구멍에 동량을 걸어 동불암 이름의 닷집

도솔암 마애불

을 만들었으나 인조 때 강풍으로 무너져 내리며 몇십 리 밖까지 그 소리가 들렸다고도 한다. 백제 위덕왕 때 조각되었다는 전설도 있지만 고려 초기 양식으로도 보고 있어 언제 정리가 될지 궁금하다.

 마애불의 가슴의 명치 언저리 감실 속에 검단선사의 비결록이 들어 있다는 전설이 궁금해 영조 때 전라감사가 찾아가 문을 열자 비바람과 뇌성이 일어 놀라서 그대로 두고 닫았으나 후에 동학농민군이 가져갔다는 말이 전해진다. 동학군의 정읍 접주였던 손화중이 수백 명을 이끌고 마애불 앞에서 궐기하고 비결록을 꺼낸 사실이 퍼지자, 예언대로 나라는 망하고 새 세상이 열린다는 믿음이 급속하게 전파되고, 동학군은 세를 급격히 불린다. 그러나 그런 꿈도 잠시, 손접주는 피해 숨은 곳에서 고발로 체포되어 전봉준과 같은 운명에 처해졌다. 비상한 선사의 비결록은 무엇을 담았을지, 탈취해 갔던 동학군은 과연 벌을 받고 패망한 것인지, 비결을 잃고 빈 가슴을 열고 있는 미륵불의 표정은 변함없이 그대로다. 6세기에 선운사를 창건했다는 전설 속의 검단선사가 천일염 생산을 가르쳐주어 선운사 창건 자재까지도 훔쳐 가던 도적 떼를 포함해 많은 주민을 교화하고 구제했다는 전설이 있다. 그들의 보은 흔적이 심원면 월산리 일대 검단소금전시관, 검당길 등의 이름으로 남아 있다.

📷 병바위

주진천이 흐르는 아산면 반암리 소나무 숲속에 병을 거꾸로 세운 것 같은 병바위가 우뚝 서 있다. 차일봉 아래 차일을 치고 열린 잔치 끝에 취한 선인이 잠결에 소반을 걷어차서 술병이 거꾸로 선 것이 병바위이고, 소반이 굴러서 소반바위라 한다. 병에는 뚜껑이 반드시 있을 것이란 믿음으로 생긴 전설인지, 금복개를 찾아 어렵게 올라보니 금뚜껑은 없더라고 전한다. 반암리는 금반옥호, 선인취와, 선인무수형의 혈을 갖은 명당으로 풍수학자들이 찾는 곳이고, 최근에는 정감록에서 밝힌 십승지 가운데 호암이라는 곳이 병바위를 뜻하는 반암리 호암壺巖 일대라고 확신하고 석장승과 함께 표시석을 세운다. 병바위는 화산암 중에 유문암 재질로서 타포니가 관찰되는 상부의 풍화와 침식과 하부의 절리 발달과 풍화작용의 불균형이 만들어낸 현상으로 본다.

📷 두암초당

아산면 반암마을 아산초등학교 뒤 두암초당은 병바위 옆으로 전좌바위라고도 하고 곡식을 까는 말과 같이 해서 불리는 누락암 석벽 중단에 있다. 1540년생 초계변씨 호암 변성온의 후손에 의해 건립되었다는 작은 정자는 깎아지른 석벽 비좁은 공간에 절묘하게 비집고 들어앉았다. 어떻게 둥지를 틀고 또 어떻게 오르내렸을지도 신기한 모습이다. 중국을 여행하다 보면 벼랑에 걸려있는 전각 등을 본 적이 있지만, 국내에서는 흔하지 않은 진경이다. 16세기 말 하서 김인후의 문인으로 성

혼, 이황, 기우만, 황윤석 등과 두루 교유하며 세종 때 대제학을 지낸 춘정 변계량의 7세손인 호암壺岩 변성온과 인천仁川 변성진 형제가 만년을 지내던 곳에 19세기 초에 호암 후손에 의해 호암초당으로 지었고, 1950년 전후 초당 아래 영모정과 함께 중건한 것으로 보인다. 절벽에 매달린 제비집처럼 작은 동굴에 팔작지붕의 반을 밀어 넣고 정면 3칸에 측면 단칸으로 해서, 가운데 온돌을 두고 양옆으로 마루를 두었다. 고창인 보정 김정회가 쓴 것으로 알려진 편액 산고수장山高水長은 너무나도 쉽고 평범해 흘려버리기에 십상이지만, 실상은 산과 물을 좋아하는 어질고 현명한 사람을 바라고, 산만큼 높고 물만큼 많은 학덕을 쌓고 싶은 마음을 그린다. 아슬아슬하게 걸린 작은 초당이 꿈꾸는 세상은 장대하다. 마을 앞으로 흐르는 주진천이 자주 범람해 물을 어질게 잘 다스려야 한다는 의지로 변성진은 호를 인천으로 하고 마을에서도 자연스레 인천강으로 불러오고 있다 한다. 고창 흥덕리에서 태어난 명창 만정 김소희가 어려서 득음을 한 곳이라고 전해오는데 깊지 않은 동굴이라도 울림은 도움이 됐을 만해 보인다.

김성수 생가 부안면 봉암리

대한민국 제2대 부통령으로 부안면 봉암리 인촌마을에서 태어난 인촌 김성수는 동방 18현으로 꼽히는 대학자 하서 김인후의 11대손으로 김요협의 두 아들 중, 둘째 김경중의 아들이지만 첫째인 백부 김기중에게 자식이 없어 양자로 들어간다. 김요협은 인근 부안군의 만석꾼 정계량의 무남독녀와 결혼해 처가의 부를 물려받으며 가문을 일으키는 기회를 얻게 되고, 그를 배경으로 큰집과 작은집이 함께하는 대저택 김성수 생가가 세워지기 시작한다.

거슬러 올라, 하서 김인후는 고려 말 1387년 문과에 급제해서 이조좌랑을 거치며 이성계의 위화도 회군을 도와 1395년 공신책록을 받고 또한 정종을 도와 좌명공신에 오른 울산 김씨 중시조 김온의 5세손이다. 태종비 원경왕후 민씨와 사촌지간이며 하소부인으로도 불리는 여흥민씨를 부인으로 둔 김온은 정3품 외직 양주목사를 하다가 태종이 왕권 강화를 위해 외척세력을 정리할 때 왕후의 오빠 민무구와 민무질 형제와 함께 죽음을 맞는다. 멸문의 위기에 원경왕후는 사촌 여흥민씨 부인에게 급히 한양을 떠나 어디든 피해 숨어 살라는 조언을 하고, 민씨 부인은 아들 3형제 김달근, 김달원, 김달기를 데리고 길지로 보이는 전남 장수 맥동마을로 피해 자리를 잡았고, 그중에서 둘째 김달원의 고손인 하서 김인후가 태어났다. 민씨부인은 경서와 풍수지리에 밝아 "말을 탄 자손이 밀들에 가득하리라" 말하며 자신이 친히 멀지 않은 장성 북이면 명정마을에 터를 정해 기손들이 번성하는 세기를 만들었다고 문중에서 칭송한다. 울산김씨 문중에서 50여 과거 급제자를 내고 근현대에 들어 김병노, 김성수 김연수 형제, 김상만, 김상협 등을 배출한다.

김성수 생가는 솟을삼문을 들어서 원래는 초가지붕이었다는 행랑채를 지나서 작은 사랑채가 나오고 중문채를 지나 작은 안채를 만난다. 작은안채 뒤로 작은 협문을 들어서면 큰집의 문간채를 통해 정면으로

큰사랑채가 보이고, 큰집 안채는 곳간채가 연접한 중문채를 들어서면 나타난다. 건축 연대는 큰댁인 김기중의 안채는 1861년, 사랑채는 1879년, 문간채는 1893년에 지어졌고, 작은댁 김경중의 안채는 1881년, 사랑채는 1903년 지어졌다. 결국, 김경중의 두 아들 김성수 김연수 형제는 작은댁 안채에서 태어난 것이다. 1907년 양가는 고창을 떠나 인근 부안군 줄포리로 이사해 살며 위탁 관리를 해 오다가 삼양사를 세운 김연수가 1977년 현 모습대로 14동 90칸을 모두 보수한 것이다. 조부 때부터 내려오던 터에 두 채의 큰 한옥을 한 울타리 안에 지은 셈이니, 둔한 눈으로 어딘지 구분이 안 될 정도로 건물 배치가 넓고 복잡하게 되어 있어 시대에 따라 변하는 근대 한옥의 종합전시장을 보는 듯하다.

외가의 재산까지 물려받은 부친 형제가 조선말 군수 등을 지내며 재산증식을 이루어 호남의 부호로 당당한 가문이 되고, 김성수는 사설로 세워진 학당에서 한학으로 공부를 시작했다. 구한말 을사늑약 후 규장각 직각 벼슬을 버리고 낙향한 장인 고정주가 세운 담양군 창평면의 창흥의숙에서 공부하며 일생의 벗 송진우를 만나고, 후에 내소사 청련암에서 공부하며 근촌芹村 백관수를 만난다. 일본 유학을 통해 송진우, 장덕수, 신익희, 김병로, 김준연 등과 교유를 하며 건국의 꿈을 키워가며 제2대 부통령을 지내고, 한편으로는 동아일보사, 경방(경성방직)을 설립하고 대학과 고등학교를 세운다. 김성수의 교육사업은 1908년 부안군 줄포면에 지금의 줄포초등학교의 전신인 영신학교를 설립하는 등 교육과 육영에 헌신했던 부친 김기중의 영향을 받았던 듯하다.

생가에서 멀지 않은 수동리 446번지, 천연기념물 제494호 400년 팽나무는 높이 12m에 가지 폭이 25m로 수형이 매우 아름답고 신성한 모습으로 마을의 당산나무로 사랑을 받는다. 해풍이나 소금기에 강하고 줄기가 지상 2m 정도부터 가지가 옆으로 퍼져나가며 폭이 넓게 자라서 수형이 우아한 자태를 보인다.

📷 덕천사 아산면 용계리 산85

인천강변로에서 덕천사가 한눈에 들어온다. 신숙주의 동생이면서도 단종을 폐위한 세조에 불만을 품고 낙향해 순창 귀래정에서 같이 어울렸던 절의의 신말주, 조윤옥, 장조평을 배향하며 1818년 세워졌다. 고종 때 철폐되었다가 1917년 중건되며 좌우로 이윤철, 안정, 설산옥, 오유경 등 7위를 추배해 10위를 배향한다. 솟을외삼문 대산문을 들어 강당인 정면 5칸 측면 2칸의 숭절당과 솟을내삼문 안으로 정면 3칸의 덕천사가 있다. 귀래정 신말주는 단종 때 과거에 합격해 사간원에 있다가 단종이 폐위되자 낙향해 순창에서 여생을 보내다가 형 신숙주를 비롯한 세조의 강압으로 후에 몇 차례 벼슬은 한 기록도 있지만, 단종 폐위에 대한 불만으로 은거를 택한다. 세종 때 과거에 합격했던 옥천조씨 둔세암 조윤옥과 둔암 장조평도 신말주와 같이 폐위에 낙향해 여생 은거를 택한 절의의 인물들이다. 순창 귀래정을 중심으로 10노老가 계회를 만들어 십노계첩을 남겼고, 남원시 대강면 십노사十老도 동일한 10위를 모시기 위해 1862년 세워졌다.

덕천사 입구 우측에 있는 삼호정三湖亭은 1827년 옥천(순창) 조씨 삼형제 조현동, 후동, 석동이 자신들의 호 인호, 덕호, 석호를 따서 삼호정을 세웠고 퇴락한 것을 100년 뒤 후손들이 선조의 뜻을 기려 다시 세운 것이다. 인천강 가까이 기암괴석이 어울린 둔덕에 정면 측면 3칸의 정자를 역대 수령마다 찾았던 경승지다.

순창군에서 번역한 1499년 십노계첩의 서문을 보면 어떻게 70세 넘은 노인들이 모여지고 모임의 목적과 형식이 소상하게 적혀있다. 돌아가면서 간소한 술자리를 준비해 술과 과일을 들어가며 시 한 수씩 읊어가며 즐거움을 나누자고 하며, 내용을 말로만 약속하면 오래가지 못할 것이니 모임을 그림에 담고 각자의 시 한 수씩 넣기로 한다. 또한 십인의 간단한 인물 스케치와 칠언절구 형식으로 인물됨과 특징을 묘사했다. 이윤철은 안변(함경도)에서 혼인으로 순창에 자리했고, 안정은 어려서부터 활을 잘 쏘았고, 백발의 신말주는 궁한 근심 없이 음풍을 즐겼다는 등이다. 십노계첩을 본뜬 1790년 김홍도의 십노도상도를 서울 호암미술관에서 접할 수 있다.

병바위

두암초당

김성수 생가, 작은댁 안채 우측으로 큰댁 통로문

덕천사

조선의 증언, 방대한 흥덕 선비 일기

📷 황윤석 생가 성내면 조동리 353번지

평해황씨 이재頤齋 황윤석 생가는 안채, 사랑채, 문간채, 곳간채 등으로 구성, 초가이면서도 비교적 단아하고 품위가 느껴지는 모습이다. 부친이 건립했던 안채는 정면 7칸에 앞뒤로 툇간을 둔 비교적 큰 一자형으로, 부엌 쪽방 안방 대청 건넌방으로 구성되고, ㄱ자형 4칸 사랑채와 문간채 그리고 곳간채가 1909년 복원되었다. 이재는 그가 54년간 일기체로 쓴 57책에 무려 6천 장에 이르는 실로 방대한 친필 유고 "이재난고"를 남겨 유명하다. 이재는 1759년 31세에 진사시에 합격해 장릉참봉 제수를 시작으로 동부도사, 목천과 전의 현감을 지낸, 경서에 밝고 궁중 음악, 의약, 풍수, 초목과 금속 등 다방면에 통달한 백과전서 실학자였다.

한 선비가 치열하게 살아온 개인사와 체험한 사회상을 소상하게 적어 내려간 일기는 왕권과 실록을 중심으로 한 정사에서 찾을 수 없는 시대상을 포함한데다가, 궁지 중심에서 벗어나 지낸 선비의 주관적 사상과 관점을 담아서 더 가치가 있어 보이는 측면도 있다. 조정의 영향을 받을 수밖에 없는 성균관 생활에서부터 영조의 탕평책과 현실 정치, 48세까지 계속해야 했던 과거 응시에 따른 고뇌, 임금을 대면했던 상황, 과거제도의 문제점, 개인적으로 어떤 사람들과 인맥을 찾았는지 등도 자연스럽게 얘기한다. 지진 일식 등 날씨는 물론이고 농사 작황이나 경

제 상황, 향촌 일상사와 관습 등이 폭넓게 기술돼 시대 상황 이해를 돕는다. 선비들의 성균관 생활은 상상보다 열악한 환경이었던 듯, 영양 상태가 부실해 극심한 빈혈에 따른 현기증과 실명을 우려할 정도의 안질 경험도 담담하게 기술한다. 대학에서도 이재연구소를 개설하고 한국학중앙연구소에서 어렵게 10권으로 출간한 자료에서 보듯, 도 지정 유형 문화재로 남기기에는 가치가 넘쳐 보인다.

황윤석 생가

백관수 고택 성내면 덕산리 44

초가지붕을 한 정면 4칸 측면 2칸의 약 17평 크기의 안채와 곳간 그리고 정면 4칸 측면 2칸 사랑채가 있는 백관수고택에서 1889년 백관수가 태어났다. 수원백씨 근촌 백관수는 한학을 배우고, 경성법학전문학교를 졸업하고 28세에 떠난 일본 유학 중에 조선청년독립단을 조직하고 2.8독립선언을 발표하다가 일본 경찰에 체포되어 옥고를 약 1년 치러야 했다. 조선일보를 거쳐 1937년 7대 동아일보 사장을 지내다가 1940년 조선총독부의 동아일보 폐간 결정을 거부하고 해방된 후에는 제헌국회의원을 지내는 등 납북되기 전까지 조병옥, 인촌 김성수 등과 함께 근대사에 등장한 인물이다. 근처 야산에 1949년 백인수를 봉안하기 위해 덕산사를 지었고 1989년 백정기와 백관수도 추배 되었다. 백관수의 사촌형으로 중추원 의관을 지내고 경술국치에 단식 순절한 백인수는 건국훈장 애족장에 추서됐고, 문중의 백정기는 중국과 일본을 오가는 독립운동으로 체포되어 일본 형무소에서 옥사해 건국훈장 독립장에 추서되고 이봉창 윤봉길과 함께 효창공원 3의사 묘역에 모셔져 있다. 20세기 중반에 들어서도 사우를 지어 조상을 모시는 전통을 따른 것을 보면 수원백씨 문중의 자부심과 저력이 느껴진다.

백관수 고택

흥동장학당 성내면 양계리 458-7

흥동장학당은 근촌 백관수 백낙윤 등 96인의 장학계원이 교육을 위해 1931년 창건했다. 성내면 인사를 중심으로 흥동장학계를 비밀리에 결성, 고창 지역 독립만세 운동에 앞장서게 하고, 장학당을 지어 교육은 물론 호남지역 군자금 모집의 본부로 활용하며 모금된 자금은 상해로 보내는 등, 은밀한 독립운동 지원 활동의 중요한 역할을 하게 된다. 해방 후에는 출자 자금으로 성내보통학교와 고창고보 설립을 후원하며 인재육성과 장학사업에 큰 역할을 한다. 정면 6칸 측면 3칸의 장학당 앞마당으로 오르는 돌계단 양쪽으로선 큰 석주가 이들의 하늘 높은 기상과 기개를 상징한다.

흥덕향교 흥덕면 교운리

흥덕향교는 1406년 흥덕현에 세워졌다가 임진왜란 때 소실되어 광해군 때인 1621년 갈공사葛空寺 절터였던 곳으로 추정되는 현 위치에 옮겨 세워졌고 1675년부터 여러 차례 중창을 거친다. 평외삼문 안으로 정면 5칸 측면 2칸의 누마루 형식의 강당 명륜당과 오른쪽으로 정면 측면 2칸의 헌관실 그리고 뒤로 마당에 정면 3칸의 동재와 서재가 마주하고 있고, 높은 돌계단을 올라서 내삼문 안으로 정면 3칸의 대성전이 있다. 방이 없는 대청 강당은 후면 마당에서 돌계단으로 오르는 개방 구조이다.

흥동 장학당

흥동향교

흥덕당간지주

📷 **흥덕당간지주** 흥덕면 교운리 138-3

마을 논가에 선 흥덕당간지주가 향교 일원이 갈공사 옛터였음을 알리고 있다. 70cm 간격으로 선 3.46m 당간 지주는 좌우대칭으로 세워져 상부 테두리를 부드럽게 다듬었고, 바깥 면 중앙으로 3개의 연화문이 예쁘게 양각된 특색을 보인다. 기단이나 간대는 보이지 않고, 두 개 중 하나는 깨어진 것을 시멘트로 붙여 복원한 상태이다.

📷 **흥성동헌** 흥덕면 흥덕리

흥성동헌은 원래 흥성읍성 안에 있었으나 정유재란 때 소실되어 1807년 복원을 하며 현재 위치로 이건된 것으로 보인다. 흥성은 고려 때 흥덕으로 바뀌기 전의 이름이며 1914년 무장면과 함께 고창군으로 통폐합된다. 정면 5칸 측면 3칸에 팔작지붕을 하고 중앙 3칸 대청 좌우로 방을 두고 있는 아담한 모습이다. 현재 사용하는 사주문은 동헌의 대문으로서는 어울리지 않게 작은데 원래 대문이 선운사 천왕문으로 이전되었다는 설이 맞는 듯, 선운사 천왕문은 2층 누각 외관으로 사천왕상이 있고 후면 외부에 계단이 있다. 시대가 바뀌고 군-현의 관할 지역이 조정되는 격변기에 그 많던 현청 관아 건물이 어떻게 사라졌는지 짐작케 하는 부분이다.

📷 **효감천** 신림면 외화리 산73번지

효자로 알려진 오준이 1444년 신림면 외화리에서 출생, 그가 28세

흥성동헌

효감천과 창효사

되던 해에 부친이 등창으로 고생하는 것을 보고 3일간 입으로 피고름을 빨아내고, 병세를 확인하고자 대변 맛을 보고, 자신의 허벅지 살을 떼어내 약으로 쓰는 등 온갖 정성에도 불구하고 부친이 사망한다. 지극 정성으로 장례를 마치자 이번에는 모친이 병으로 누워 단지로 피를 냈으나 끝내 부모를 모두 잃게 된다. 시묘 살이 하던 시묘 막에는 집에서 따라온 개와 호랑이와 함께 생활하게 되는데, 매월 보름이면 호랑이가 사슴을 잡아 와서 제수로 바쳤다. 또한, 시묘 막 근처에는 물이 없어 5리 밖까지 물 길러 다니는 고충에 이번에는 하늘이 감동해 천둥벼락을 내려 맑은 물이 솟아오르기 시작, 감동한 원님이 샘을 돌로 쌓아 정리해 주고 효감천 비를 세워주었고 사후에 정려가 내려진다. 어느 날 여인이 샘에서 빨래를 하니 하늘에서 벼락이 내려 사망, 신성한 샘에 아무도 접근 못 한다는 전설도 있다. 아직도 샘은 마르지 않고 맑은 물이 항상 가득하여 넘치고, 옆의 돌담 안으로 효행을 기려 세운 창효사와 효감천 표시석이 보인다.

도동사 신림면 가평리 566-1

도동사는 면암 최익현과 임진왜란의 의병장 고경명의 후손인 장흥 고씨 수남 고석진, 송새 고용진, 송천 고예진 등을 배향하고 있다. 을사늑약에 분개한 세 친족 형제가 의병을 일으켜 스승 면암 최익현의 정읍 무성서원 본대에 합류, 일본에 대항했으나 역부족으로 실패, 면암은 대마도로 끌려가서 단식 끝에 옥사하고 나머지 인물도 옥고를 치러야 했다.

출옥 후에도 고예진 등은 1912년부터 고종의 은밀한 지원으로 임병찬이 이끌던 비밀결사단체 독립의군부義軍部에서 1914년 총무국 서기관으로 활동하고, 1919년 파리 만국평화회의에 조선 독립청원을 추진하던 전국 유림 대표 137명의 파리장서長書운동에 고석진과 참여했고 후에 3명 모두 건국훈장 애국장을 받는다. 사우 도동사는 1928년 일제의 방해 속에도 정면 3칸으로 완공이 되어 배향하게 된다. "137인은 삼가 파리평화회의 제위 각하께 봉서합니다. …… 이제 만국이 참으로 평화하게 된다면 우리 대한민국도 만국의 하나이니 어찌 우리에게만 평화가 없겠는가. ……" 외삼문 안으로 정면 4칸 측면 3칸의 강당 방호정사가 있고 뒤로 정면 3칸 측면 2칸의 사우 도동사가 있다.

도동사

천년 문수사를 맞는 화려한 자생단풍나무 숲

고수면 문수산(621m) 중턱에 있는 문수사는 백제 의자왕 때인 644년 당나라에서 수도하던 자장율사가 꿈속에서 문수보살을 만나 득도의 길을 깨닫고 귀국, 우연히 지나다가 백제 땅 문수산이 당나라에서 지내던 청량산과 비슷한 산세임을 보고 머물며 수행 중 창건한 사찰이다. 그러고 보니 문수산에 위치하면서도 산문 편액을 청량산으로 한 이유에 대한 궁금증도 풀린다. 문수산 암굴에서 수행을 하던 중 문수보살이 땅에서 솟는 꿈을 꿔 땅을 파보니 석조문수보살상이 나와서 그 자리에 세웠다는 전설의 문수사는 17-19세기에 걸쳐 꾸준히 중건된

전설의 문수전 석조문수보살상(하반신이 아직도 땅속에 묻혀 있다)

기록을 보인다. 불이문을 들어서서 대웅전에 모셔진 목조석가여래 삼불좌상이 보물 제1918호이고, 명부전의 목조지장보살상 및 시왕상이 보물 제1920호이다.

　팔각대좌 위에 결가부좌하고 왼손에 보주를 든 지장보살상은 중후 근엄한 표정이고 시왕상은 의자에 앉아서 심판하는 판관 모습으로 일부 해학적인 표정이 친근감을 준다. 임진-병자 양란을 거치며 많은 사찰이 피해를 입어 복구 작업 수요가 급증했던 17세기 중반 뛰어난 조각승 무염無染의 수제자 해심海心이 1654년 조각한 지장보살상 및 시왕상은 조선 중기 명부전 내 조각상으로는 대표적 작품이라 하며, 대웅전 안 석가여래와 좌우 약사여래와 아미타여래의 목조석가여래삼불좌상도 또한 보물로 지정될 정도의 수작으로 평가 받는다. 보물급 시왕상 몇 구를 도난당했다가 겨우 되찾았다니 그들의 안목도 전문가급인 모양이다. 불상 소재는 흙, 삼베에 옻칠, 석재, 금동, 목재 등 다양하게 사용되며 특히 목조는 조선 시대에 많이 활용한 방식으로 은행나무, 소나무, 잣나무, 피나무, 버드나무 등이 부위별로 사용되기도 했다.

　일주문을 지나서 10여 분을 걷으면 사미님 신년기념물 제463호 단풍나무 숲이 압권이다. 입구 4만여 평에 자생으로 자란 수령 400년까지 추정되는 500여 그루 단풍나무 숲은 가을에 문수사를 붉게 태운다. 주변으로 개서어나무, 팽나무, 쪽동백과 수피가 아름다운 사람주나무 등을 포함해 다양한 수종의 자연림이 펼쳐진다. 대형 관광버스는 오를 수 없는 좁은 진입로가 천연의 자생 단풍 숲을 보호하고 있는 모양새다.

김기서 강학당

고수면 상평리 김기서 강학당은 조광조 등 신진사류가 숙청당한 1519년 기묘사화에 연루되어 낙향해 은거하던 광산김씨 돈목재 김기서가 후학양성을 하며 1548년 폐찰된 터에 세운 강당이다. 조광조의 문인으로 동문수학한 처남 학포 양팽손도 같은 연유로 화순으로 낙향해 조광조를 끝까지 가까이한다. 솟을외삼문을 들어서 정면 5칸과 측면 2칸의 강학당, 그 뒤로 재실인 돈목재를 지나 솟을내삼문 안으로 김연, 김석원, 김기서와 취석정 주인 노계 김경희와 무신으로 전라도병마절도사를 거치고 병조판서에 추증된 심진 등 5인을 배향한 노산사가 있다. 상량문을 보통은 상량 머리 구멍에 써넣는 것이 보통이나, 강학당은 측면에다 써 놓았다. 상중에 죽만 먹는 김기서의 모범적인 3년간 시묘살이는 아들 노계 김경희에게 이어져 마을 이름이 시묘골로 불릴 정도로 근방에 소문이 자자했던 듯하다. 김연은 고려 때 형부상서, 찬성사 등을 지낸 명신이고 그의 7세손 매산 김석원은 성종 때 성균관 직강으로 통정대부에 올랐으며 김경희의 부친 김기서는 김석원의 조카이다.

경종과 훗날 영조가 된 연잉군을 두고 소론과 노론 간의 당쟁으로 벌어진 신임사화에서 조카 심상길을 도왔다는 이유로 무과에 급제해 최측근 내금위장까지 지냈던 심진은 유배와 고문 끝에 사망한다. 영조 즉위 후에 심진은 당연히 신원되었고 끔찍한 당쟁을 목격했던 영조는 탕평의 기치를 올릴 수밖에 없었다.

📷 화동서원 대산면 매산리 358-4

화동서원은 고려 문종과 선종 때 호부상서, 문하시랑평장사 등 요직을 지낸 문신 광산김씨 문안공 김량감을 주벽으로 김량감의 11대손으로 공민왕 때 밀직부사를 지내고 호종일등공신에 오른 김인우와 그의 아들 사은 김승길과 손자 매은 김오행 3대 등 4위가 함께 모셔져 있다.

솟을외삼문 안으로 정면 3칸의 동재 치경재와 정면 5칸의 서재 명성재가 마주하고 있고, 중앙으로 정면 5칸으로 양성재, 정모재, 존심재 현판을 공유하고 있는 화동서원, 그리고 강당 우측으로 정면 4칸 진수당, 솟을내삼문 안으로 교동사가 있다. 김승길은 고려 말 현령으로 조선 개국에 불충을 자탄하고 절의를 지켜 물러나고 아들 김오행은 부친의 뜻에 따라 조선 조정의 부름도 거부하며 벼슬길을 포기한다. 1912년 중건된 건축물에도 불구하고 형식과 격식을 충분히 갖춘 공간 활용이나 건물 배치가 신선하다.

📷 사내리당산

성송면 사내리 마을. 사내리당산은 주서 성주 때 도승이 지나가다가 지세를 둘러보고 당산의 위치를 정해 주고 당산을 세우면 천복을 받을 것이라 권해 마을 네 곳에 세웠다. 다른 전설은 원래 12기 당산이 있었는데 마을 어른의 꿈에 신령이 4기만 제사를 올리라 하여 지금처럼 되었다고도 한다.

제를 통해 마을의 번영과 보호를 빌게 되지만, 만약 제를 거르거나

김기서 강학당

화동서원

사내리 할아버지 당산

소홀히 할 때 생기는 신령의 화가 미치는 두려운 마음도 있었을 것 같다. 마을 입구에 할머니당산과 안쪽 논두렁을 따라서 할아버지당산, 아들당산과 며느리당산이 연이어 있고 제사는 할아버지에서 시작해 며느리로 마치고, 새끼줄을 2-3바퀴 돌리고 흰색 천을 오려 끼운다. 약 30호 정도의 사내리 마을은 개울을 끼고 농경지가 잘 정리된 부농촌으로 보이는 것이 매년 정월 보름날 올리는 당산제 덕이 아닐지. 개울가 논두렁 잡초에 갓 쓴 머리를 드러낸 당산이 새끼줄과 흰 천을 달고 있는 모습이 마치 다가가는 외지인을 홀연히 막아서는 듯하다.

📷 용오정사 무장면 덕림리 산33

용오정사는 1885년 지방 유림에서 세워, 함께 의병을 일으켜 일본군과 싸우는 등 항일투쟁에 앞장서서 같이 활동한 기삼연과 진양정씨 용오 정관원의 영정을 모시고 있다. 1934년에는 사당 덕림사를 세워 정관원의 아들 극재 정방규를 추배 한다.

성재 기삼연은 의병대장으로 활동하다가 체포되어 총살당하고 건국훈장 국민장에 올랐다. 풍영지문을 들어서면 정면 5칸 측면 2칸의 강당인 경의당과 솟을내삼문 상운루를 들어서서 사당으로는 화려한 다포계 건물 덕림사가 있다. 재실인 정면 3칸 반의 홍의재는 모든 기둥이 일정하게 S형으로 굽은 목재를 의도적으로 선택을 한 것으로 보인다. 그래도 어느 정도 규칙과 절도를 갖고 굽은 것이 멋을 더하고, 기둥을 받치고 있는 초석의 모양도 원형, 방형, 복발형 등 모두 다른 모양과 크

기를 하고 있다.

　주인의 호에서 보듯이 승천하는 용을 형상화한 것인지, 항일투쟁에 대한 불굴의 의지를 표현하려 했는지, 고정관념을 깬 파격의 작은 건물이지만 아주 독특한 독창성을 보인다. 사우 덕림사와 상운루를 포함해 상당한 수준의 목장 솜씨를 숨기고 있다.

용오정사

철 따라 변하는 청보리, 해바라기, 메밀꽃 물결치는 언덕

공음면 선동리 일대 구릉지에 봄이면 청보리가 푸른 지평선을 만든다. 고창의 옛 이름 모양牟陽현이 보리를 뜻하는 데서 알 수 있듯이 완만한 구릉지에 햇볕도 충분한 이 지역이 예로부터 보리 경작에 최적지였던 모양이다. 푸른 청보리가 익으면 누런 황보리가 되는 줄 알고 찾았으나 넓은 들에 군데군데 이미 추수를 했어도 남은 곳은 청색을 유지하고 있는 것이 책상머리 지식의 한계를 말한다. 인근 보리밭이 이미

학원농장 해바라기 밭

비었어도 다행히도 아직 푸른빛을 띠고 있는 약 15만 평 학원농장이 관광농원으로 인가를 받고 수많은 관광객을 연중 불러들인다. 지역 출신으로 총리를 지낸 부친이 1960년대부터 시작한 개발 사업을 야심의 2세가 이어서 키워나가고 있다. 보리 수확을 끝내면 짧은 기간을 활용해서 일부 면적에 해바라기와 코스모스를 심고, 8월 말에 메밀을 심어 수확과 관광을 바라보는 짜임새 있는 운영을 한다. 4월 중순에는 청보리 축제, 7-8월 해바라기 꽃 잔치 그리고 파종 후 한 달이면 꽃이 피는 메밀꽃 축제는 9-10월이 절정이다. 농원의 성공은 인접 농가도 자연스

럽게 동참, 드넓은 대지는 연중 푸르름과 꽃으로 장식되어 사진작가들이 새벽부터 찾아들고 영화와 드라마, CF 단골 촬영지로 사랑받고 있다. 옛 이름 한세골에 학이 많이 찾았다고 해서 학원鶴苑이라 이름했다고 한다.

도암서원 공음면 칠암리 819

도암서원

도암서원은 앞의 김정회 고가의 선대인 구안동김씨 영모당 김질金質을 기려 1613년에 세워져 서원철폐령으로 헐렸다가 1882년 복원된다. 나라의 큰 효자로 알려져 1546년 명종 때 정려를 받고, 동시에 명나라에서 "효자진사김질지려"정려도 받아 충효 녹권을 보관하는 봉안각이 세워진다. 임진왜란 때는 왜군도 영모당 현판을 보고 피했다는 얘기도 전해오고, 하서 김인후가 영모당 현판을, 미암 유희춘이 영모당기를 써서 또한 유명한 서원이다. 정유재란에 의병을 일으킨 증손 김경철과 병자호란에 역시 의병을 일으킨 김익철 형제가 1800년대 중반에 추배된다. 솟을외삼문 안으로 중앙에 2칸 대청 좌우로 1칸 방을 둔 정면 4칸의 강당인 영모당, 그리고 뒤쪽 좌우로 영모당의 정려각과 녹권 봉안각이 있고, 평내삼문 효충문 안으로 정면 3칸 사우 도암사 등으로 격식을 갖추고 있

다. 사우 뒤 현충문 안으로 안동김씨 익원공파 시조이며 조선 개국 일등공신인 6대조 익원공 김사형의 부조묘도 자리한다.

📷 동학농민혁명 무장 기포지

생가 터가 남아있는 고창읍 죽림리 당촌마을에서 1855년 태어난 전봉준은 손화중 등과 함께 1894년 4월 25일 무장면 공음면 선운대로 308번지 일대에 모여 전국적인 포고문을 발표하며 창의한다. "…학정이 날로 심하고 원성이 그치지 않으니 … 나라의 부채는 쌓여가고 … 만백성은 도탄에 빠졌다. … 백성은 나라의 근본이요 그 근본이 깎이면 나라가 잔약해진다. … 우리 무리가 비록 초야의 유민이나 … 온 나라 사람이 마음을 같이하고 억조창생이 논의를 맞추어 지금 의로운 깃발을 들어 보국안민을 생사의 맹세로 한다.[今擧義旗 以輔國安民 爲死生之誓]" 민위국본民爲國本 즉 백성은 나라의 근본이라는 말은 기원전 순자荀子의 군도편君道에 나오는 군자민지원야君者民之原也—군주는 백성의 근원이라는 말과 같이한다. 근원이 탁하면 흐르는 물도 탁해지듯이 군주가 백성을 사랑하지 않고 이익을 주지 않으면 사랑을 얻을 수 없다 한다. 순자는 또한 왕제편王制에서 군주민수君

무장기포지 공원

舟民水 즉 군주는 배이고 백성은 물, 물은 배를 띄우기도 하지만 뒤집기도 한다고 경고한다. 동학은 배를 뒤집을 뻔한 기회를 청나라와 일본의 개입으로 잃었고, 그 해 조선을 두고 청일전쟁이 일어나고, 조선 역사상 내각이 들어서는 갑오개혁이 이어진다.

📷 무장향교

무장향교는 1420년 지금 자리에서 서쪽에 세워졌다가 임진왜란에 소실되어 1600년 지금의 자리에서 중건되었다. 19세기 중반에 화재로 소실된 명륜당을 중건하고 동재 역시 중건되는 등 사고를 극복하며 중건이 계속되었다. 돌계단을 올라서 외삼문을 들어가면 정면 5칸 측면 2칸의 명륜당과 안으로 비교적 큰 정면 5칸의 동재 경의재經義와 서재 치사재治事가 있고, 계단을 올라 솟을내삼문 안으로 동무와 서무는 없이 정면 3칸 대성전이 있는 단출한 규모이다.

📷 무장읍성 무장면 성내리 149-1

사적 제346호 무장현 관아와 읍성의 진무루를 통해 읍성 안으로 들어서면 4만여 평 넓은 부지에 동헌 취백당과 객사 송사관 그리고 연못을 발아래 두고 읍취루가 복원되어 있다. 둘레 1.2㎞ 읍성은 2만여 명이 동원되어 1417년 축성되었고, 1581년 선조 때 건축된 객사는 정면 3칸 측면 3칸의 맞배지붕 정청과 정청보다 낮은 팔작지붕의 양쪽 3칸 날개를 두었는데, 정청에서는 궐패를 모셔두고 현감이 매달 초하루와

보름날에 배례하고 양쪽 날개의 작은 방과 대청은 출장 관리들의 숙소와 행사로 이용하다가 후에는 한동안 면사무소로 이용되기도 했다. 또한 1565년 명종 20년에 건립된 정면 6칸 측면 4칸의 동헌도 한동안 초등학교 교실로 이용된다. 동학농민군 만여 명이 무장읍성에 입성해 약 사흘 주둔했으나 건축물에 큰 피해는 없었던 것으로 보이며 계속된 발굴 조사를 통해 성벽 외곽방어 시설의 하나인 해자와 해자를 건너는 적교 시설이 비교적 큰 규모로 발견되어 관심을 끌고 있다. 돌로 축조해 만든 전체 약 500m 해자와 시설까지 언젠가 복원이 된다면 의미 있는 유적지가 될 만하다. 고려 때까지 존재하던 무송현과 장사현 두 고을을 통합하며 이름의 첫 자를 택해 무장현이 되고, 객사의 이름은 두 고을 이름의 끝 자를 택해 송사관이라 한다.

무장읍성 군기고 터에서 임진왜란 때 사용되었던 비격진천뢰가 2018년 발견되어 관심을 끈다. 원형 보존 상태가 좋은 비격진천뢰 1점이 보물 제860호로 지정되어 국립고궁박물관에 전시되어 있는데 무장읍성에서 무려 11점이 발견되어 고창군에서는 2019년 11월 특별전시를 열었다. 완구에 의해 발사돼 500m 이상을 날아가서 지연 폭발, 속에 있던 철편 등이 사방으로 퍼져 집단 살상을 하는 당시로는 첨단무기였다. 실록과 징비록에도 소개되는 진천뢰의 제작이 어려워 충분한 물량이 보급되지는 못한 탓인지 전국적으로 몇 점만 발견되었다는데 11점이 남은 과정에 대한 연구도 흥미를 부르는 부분이다.

송양사 해리면 송산리

송양사는 일제강점기에 창건, 고려 때 문신 창녕성씨 역암 성사달과 아들 성부 그리고 성여원, 성무조와 성경수의 위패를 모시고 있다. 성사달은 1341년 초 문과에 급제해 1362년 홍건적의 난에 공민왕을 호위했고, 이듬해에는 왕을 행궁에서 암살하려던 김용의 난에서도 공을 세워 1등 공신에 올랐고 여진족의 침략을 물리치고 대제학을 지낸다. 낮은 언덕에서 남향으로 넓은 들을 향해 높은 담장 속에 들어앉아 있는 송양사는 2층 누각의 풍욕루 1층 문을 통해 들어가 경현당이 있고, 사당은 정면 3칸 측면 2칸의 맞배지붕을 하고 있다. 성사달의 아들 성부는 고려 우왕 때 이방원과 같이 문과에 급제, 형부총랑을 지냈고 세종 때 88세에 첨지중추원사 제수를 받았다. 성여원, 성무조, 성경수는 성부의 한참 후손들이다. 성사달의 고손 성희안은 성종 때 문과 급제하고 연산군 때 이조참판 등을 지내다가 중종반정에 일등공신이 되고 영의정까지 지냈으나 송양사와는 연고가 없어 보인다. 성문같이 견고한 풍욕루에 연접해 높은 담을 두르고 있는 곳을 어떻게 침입해 겨우 사당과 강당의 문짝을 떼어갔다니 탐욕은 체면도 없다. 빈틈없이 굳게 잠긴 주위를 서성이다가 돌아서야 하는 아쉬움을 남긴다.

무장읍성 진무루

무장향교

송양사

담양군

운율로 흥을 부르는 가사문학의 본향

노령산맥에 이어진 추월산과 강천산이 북쪽의 전라북도 정읍시와 순창군과 경계를 만들고, 서쪽으로 병풍산과 불대산이 장성군을 경계로 한다. 남동쪽으로 화순과 경계가 되는 국수봉 등으로 둘러싸였고 남서쪽으로 접한 광주 방향으로만 나주평야와 연결되어 전체적으로 남서쪽이 열린 분지 형태에 들어앉은 지세에 담양이 있다. 자연히 수계도 북동부의 추월산에서 발원한 용천이 담양호에서 흘러 담양읍을 거치는 영산강과 합류하고 또한 무등산 북쪽 광주호에서 시작하는 증암천이 창평천을 받아 영산강에 합류해 광주와 나주를 지나 목포에 이르면 서해가 된다. 임야 면적 비율이 낮은 순한 지형에서 담양읍을 중심으로 남서 방향으로 흐르는 3개의 하천을 끼고 발달한 작은 평야는 영산강 상류의 맑은 물줄기와 함께 청정의 자연친화적 환경을 만든다. 인접 광역시의 경제 문화생활을 흡수하면서도 옛 전통을 지키며 급격한 도시화에 거리를 두는 담양의 모습은 슬로시티 지정을 아시아 최초로 받은 창평면에서 확인된다.

역사적으로 마한-백제-신라-고려에 속해 백제 때는 추자혜군, 신라 때 추성군으로 불리다가 고려 때 잠시 담주였다가 담양으로 정리되어 내려온다. 담양의 창평면은 백제 때 굴지현이었다가 고려 때 창평현으로 바뀌고 조선 때 많은 인물을 배출하며 창평군으로 내려오다가 담양에 통합되었지만 창평 삼지천마을을 찾으면 아직도 옛 관아의 흔적을 찾을 수 있다. 담양은 역사적으로 대나무와 가사문학의 고향이다. 음력 5월13일 죽취일竹醉에 대나무를 심으면 왕성하게 자란다고 하여 대나무를 심고 대나무 술을 마셨던 고려 초부터의 행사가 일제강점기에 사라졌다가 근래에 재현되며 매년 열리고 있다. 담양은 또한 가사문학이라는 독특한 장르를 열은 흔적이 오롯이 남아 있다. 15세기 조선 성종조 정극인의 불우헌가를 가사 문학의 효시로 본다면 약 100년 뒤인 16세기 송순, 정철 등이 활동하던 시기에 담양에서 꽃을 피웠다.

죽녹원, 담양습지와 태목리대나무숲, 메타세쿼이아 가로수길, 그리고 역사 유적으로 조선 고유 정원문화의 상징 소쇄원 정도가 알려진 담양을 찾으면 색다른 경승과 함께 곳곳에 숨은 역사의 흔적 속에서 자랑스러운 조상을 만날 수 있다. 안빈낙도의 삶과 자연 탐미 속에서 서정이 넘치는 가사 문학을 탄생시킨 송강정, 면앙정, 명승 제107호 환벽당 등의 명품 정자들, 발아래 담양호와 어우러진 경관이 일품인 금성산성, 가마골생태공원 그리고 슬로시티 지정에 어울리는 창평 한옥마을, 미암유물전시관 등 역사의 자취가 정연하다. 드라마 동이의 주인공으로

영조를 낳은 숙빈최씨가 머물렀다는 전설 속 용흥사를 위시해 천년 사찰 용추사, 연동사도 다난했던 역사를 품고 있다. 단순히 담양의 남쪽에 있다 해서 부르던 남면은 국가 명승 제57호 식영정 원림, 명승 제58호 명옥헌 원림, 명승 제40호 소쇄원 등을 안고 명칭을 가사문학면으로 변경하며 그 의의를 깊게 한다. 담양의 토속음식으로 한우떡갈비, 대통밥, 죽순요리가 상징적이나 창평의 국밥 등도 먹거리로 꼽힌다.

나무도 풀도 아닌 대나무 사랑

나무도 아닌 것이 풀도 아닌 것이
곧기는 누가 시켰으며 속은 어찌 비었는가
저렇게 사철을 푸르니 그를 좋아하노라

윤선도의 오우가 중의 한 수가 대나무를 간결하게 표현한다. "… 줄기는 눈서리를 마다 않고, 그림자는 바람과 달의 농을 반기는 [幹凌雪霜侵 影受風月弄]…" 김시습 또한 찬 겨울 눈 속에서도 고고한 대나무와 바람에 흔들리는 대나무의 달그림자를 제일로 산중죽山中竹에서 노래했다. 볏과 초본식물의 일종이지만 사용하기는 나무같이 쓰게 되니 선비와 식물학자들을 곤혹스럽게 하는 모양이다. 나무의 목질이 없어 굵어지지도 않고 마디의 힘에 기대해 하늘로 곧게 크고, 사철 푸르게 살다가 꽃을 피우면 바로 죽는 일생을 선비들이 사랑하게 되었고, 그래서 담양에는 선비들이 모여들고 가사 문학이라는 아름다운 가사 문학의 세계를 만들게 된 계기가 되었는지도 모르겠다.

죽녹원

담양읍 죽녹원은 10만 평의 구릉지에 약 5만 평의 대나무 숲을 조성해, 총연장 2.4㎞의 산책로를 대나무숲 사이로 만들어 운수대통, 죽마고우, 철학자의 길 등의 8개의 재미있는 이름을 붙여놓았는데 이왕이

면 운수대통 길을 많이 찾는 모양이다. 늘 푸른 대숲 사이로 부는 바람에 맞춰 일렁이는 춤 물결, 서로를 부추기며 소곤대는 댓잎 소리가 친근하게 귓가에 맴도는 느낌이 상쾌하다. 몇십 년을 살다가도 꽃을 한 번 피우고는 속절없이 함께 스러져가는 까닭은 땅 밖의 줄기는 달라도 땅속 뿌리는 서로 연결된 한 핏줄이기 때문이다. 비가 댓잎에 떨어지면 이슬이 되어 죽녹차를 키우고, 빗소리의 우렁찬 합창에 맞춰 땅속에서 힘껏 밀어 올려 죽순을 키운다. 너무 밀집해 자라느라 생기는 어둠이 싫

죽녹원 산책로

어 해를 보려고 그렇게 하늘로만 자라는 것인지, 나이 먹는 것이 싫어 나이테를 감추는 것인지, 무엇을 위해 속을 비우고 사는 것인지, 추운 것이 싫어 따뜻한 남쪽 나라에서만 자생하는 것인지, 또한 대나무 숲이 은인자중의 선비를 닮은 것인지, 선비가 대나무를 닮은 것인지 아무려나 담양은 대나무와 자연 속에서 삶을 구가한 담양 선비를 떼어 볼 수가 없다.

대나무 박물관

이제는 편리한 대용품이 발달해서 눈과 기억에서 멀어진 대나무가 옛날에는 쓸모가 많아서 식용, 약용, 악기와 생활 도구로 심지어 전쟁터 등에서 각종 기구로 활용되었다. 죽녹원 옆 채상장 전수관에서 보듯, 통대나무를 쪼개 말리고 종잇장처럼 얇게 대오리를 떠서, 쪽이나 치자 등의 자연 염료로 빨강, 파랑, 노란 물을 들여서 한 올 한 올 섬세한 손으로 다양한 무늬를 수를 놓듯이 엮어 상자를 만든다. 죽공예가 금속이나 도예에 비교해 급이 떨어지지 않을까 하는 선입관이 죽공예품이 완성되기까지 거의 백여 개의 공정을 거치고, 천만 원대를 훌쩍 넘는 작은 안방 가구 전시에서 깨어난다. 대나무의 고장 담양읍에 세워진 대나무박물관도 의식적이려니 하는 생각에 무심코 지나치려다가, 그래도 한 번 들러보면 대나무가 얼마나 우리 생활 속 깊이 들어와 있었는지를 새삼 깨닫게 해준다. 왕대, 솜대, 맹종죽, 오죽, 하구세, 섬대, 업평죽 등 처음 들어보는 대나무의 종류, 사람과 대나무를 주제로 근현대

와 조선 시대에 걸친 생활 속의 쓰임새, 섬세한 죽 제품 제작과 제품이 소개되고, 현대에 이르러서 죽순, 죽염 등 식재와 가공, 담양의 향토음식 대통밥 등의 다양한 활용도가 전시되어 있고, 공예체험실과 판매장이 소개된다.

관방제림

죽녹원 앞 영산강의 담양 구간인 담양천 양쪽, 특히 북쪽으로 1648년 담양부사 성이성이 홍수방지를 위해 약 2년 공사로 제방을 쌓고 유실을 막기 위해 나무를 심었다. 1854년 철종 때는 부사 황종림이 연간 3만여 명을 동원해 다시 정비하는 등, 부임해 오는 수령들의 지속적인 관심과 보호 속에 오늘에 이르러 천연기념물 제366호 관방제림으로 지정된다. 약 2㎞에 달하는 제방을 따라 정연하게 늘어선 나무들이 초기에는 약 700그루였으나 지금은 수령 3-400년에 이르는 푸조나무, 팽나무, 벚나무, 음나무, 개서어나무, 곰말채, 갈참나무 등 약 200그루 고목을 포함해 절반 정도가 남았다 한다.

성이성은 10대 초에 부친 성안의가 남원부사 재임 때 5년을 남원에서 보내고 32세에 과

관방제림

거에 급제해 사간원 정언 등 중앙 관직과 호남지방 암행어사를 상당 기간 하고 53세에 담양부사가 된다. 흥미를 끄는 사실은 성이성의 행적이 춘향전의 이몽룡과 거의 일치한다는 점이다. 대체적인 해석은 12세에 부친 따라 남원에 살며 춘향을 만나고 부친 따라 헤어지고, 호남에서 암행어사 활동하다가 훗날 다시 찾은 얘기가 각색되어 춘향가가 되었다 한다. 실제는 성이성이 춘향을 남기고 남원을 떠나 과거를 치르고 내직과 암행어사를 거쳐 20년이 지난 후, 다시 찾은 남원에 춘향은 찾을 수 없는 쓸쓸한 마지막이었다고 한다. 그러나 얘기는 화려하게 각색되어 광한루에서 맺어진 10대들의 애틋한 첫사랑과 이별, 악역의 변사또 등장과 일편단심 춘향의 고초, 변사또 생일날 동헌에서 춘향을 강요하는 장면을 목격하고 실제로 성이성이 지었다는 시 "술잔의 술은 만백성의 피[金樽美酒千人血]"라 외치는 정의의 어사 출두 – 상황이 극적으로 대반전, 춘향전은 민초들의 환호 속에 막을 내린다. 얼마나 실제와 부합하는 것인지 알 수 없으나 옛날이나 지금이나 재미있는 가상이 날개를 펴고 관방제림 숲속을 나른다. 그래서인지 담양천 제방 길을 정답게 걷는 젊은 연인들의 모습이 오늘 유난히 다정하고 아름답다.

메타세쿼이어길

만주, 미국, 한국 일부 지역에서 화석으로만 존재가 알려졌고, 2억 년 전부터 공룡들과 함께 살며 신생대 초기부터 북반구 지역에 무성하게 생존했을 것으로만 추정되던 나무가 세상에 알려지게 된다. 1944년

경 중국 하북성 양자강 유역의 한 계곡에서 이름을 알 수가 없는 나무가 발견돼 연구소에서 조사해 보니 공룡과 함께 사라졌을 것이라 믿었던 세쿼이아였다. 알 수 없는 이유로 멸종했다고 믿었던 나무가 지구상 한구석에서 끈질긴 생명력으로 종을 지켜오다가 자연을 훼손하는 사람의 손으로 다시 번성이 계기를 맞는다. 삼나무와 비슷하고 미국 레드우드 또는 미국 삼나무과에 속하는 것이 세쿼이아이고, 후에 발견되어 메

메타세쿼이아길

전남 담양

타를 앞에 붙인다. 모양은 비슷하지만, 깃털 모양의 잎이 마주보기로 있는 것이 다르다.

가로수라면 포플러, 프라다나스, 은행나무, 벚나무나 회화나무 등의 고정관념을 벗어나 담양은 처음으로 메타세쿼이어를 가로수로 채택해 담양읍 학동리에 메타세쿼이어길을 조성하는 재빠른 선택을 했고, 불과 2㎞ 정도의 2차선 구간에 하늘을 찌를 듯이 높고 우람하면서도 균형 잡힌 가로수길이 전국의 관심을 끌기에 성공했다. 이제는 차량의 진입을 막고 연인들의 산책로가 되었고, 근처에 불란서 남부 프로방스를 표방하며 재치 있게 이름한 메타 프로방스가 숙박과 휴식 공간으로 자리 잡아 가고 있다.

담양 향교

고려 때부터 있었다는 얘기도 있지만, 1398년 창건이 정설인 듯한 담양향교는 죽녹원 왼쪽 골목으로 들어가면, 주택가 한가운데 있다. 주택가에 있다 보니, 어느 때부터였는지 외삼문 왼쪽으로 개인 주택이 거의 붙어있고 오른쪽으로 담장이 없어져 마당이 주차장으로 이용되고, 석축 위로 정면 7칸 측면 3칸의 명륜당이 있으나 보통 보이는 동-서재는 없다. 오래된 은행나무가 좌우로 지키는 계단을 걸어올라 내삼문을 들어서면 정면으로 3칸 대성전과 좌우로 동-서무가 마주하고 있다. 향교 앞에는 돌담이 지키고 있는 삼은 전선생유허비가 눈을 끄는데, 원래 향교 자리는 담양전田씨 시조묘가 있던 곳이라 한다. 시조 전득시는 고

려 의종 때 향리의 아들로 현량과를 통해 좌복야, 참지정사를 지내고 담양군君에 봉해져 후손들이 담양을 본관으로 정하게 된다. 7세손에서 호가 은으로 끝나는 3형제는 고려의 충신으로 특히 둘째는 고려의 멸망에 절의를 지킨 인물이었다. 첫째 야은埜隱 전록생, 둘째 뢰은牢隱 전귀생, 셋째 경은耕隱 전조생이 3형제이고 각각 대제학과 대사헌, 삼사좌윤 밀직제학, 찬성첨의부사를 지낸 명신 급 인물로서 전씨田氏 삼은으로 불렸다. 담양전씨는 삼은 형제에서 각기 야은공, 뢰은공, 경은공파로 분파해 조선조에서도 다수의 과거 급제자를 배출한다. 인근에 옮겨진 시조 묘역도 영산강을 남으로 보는 배산임수의 길지로 보인다.

담양향교 내삼문 안으로 보이는 대성전

잃었던 영혼 일깨우는 슬로시티 창평

담양읍의 남쪽 창평면은 담양읍과 어깨를 같이할 만한 옛 전통과 문화를 간직하고 있어 창평만 찾아도 하루가 짧다. 전통을 지키면서도 느림의 미학을 강조하는 슬로시티 창평을 느껴보려면 국가등록문화재 제265호로 지정된 삼지내 마을 3-4㎞ 정도의 토담 길을 걸으며, 담 넘어 오랜 고옥들을 넘겨다보는 재미로 시작할 수 있다. 옛날 창평현의 관아가 있었던 탓인지, 길 폭이 우마차나 자동차가 다닐 만큼 넓고, 특히 흔하지 않게 한쪽 토담 아래 설계된 듯 규격이 일정한 배수로가 있고 신통하게도 흐르는 물이 산간만큼이나 맑다. 간간이 담장이 넝쿨이 늘어 내린 긴 담장과 평탄하고 깨끗이 고른 노면이 어울려, 걷는 내내 고즈넉한 분위기에 상쾌함을 느끼게 한다.

"너무 빨리 달리지 마라, 너의 영혼이 뒤처질 수 있다."는 미국 인디언의 격언은 슬로시티 창평에 남아 있는 귀한 영혼을 가리키는 것 아닌가.

삼지내 마을

월봉산에서 발원한 3개의 지천이 흘러들어 삼지내로 불리는 마을은 임진왜란 의병대장 고경명의 후손들인 장흥 고씨와 함평이씨, 김씨가 주로 살았고 관아가 있던 시절에는 현청의 아전들이 주류를 이루었을 듯하다. 슬로시티 창평에는 한옥마을과 함께 전통 먹거리로 진상품이었다는 한과, 쌀 엿, 구수한 국밥, 떡갈비, 안두부 그리고 9번 구운 죽

염으로 만드는 10대 종갓집 종부의 된장이 이름을 얻고 있다.

장흥고씨 집성촌

탐라국 제주 고씨 시조의 10세손이 고려 말 홍건적 침입 때 공민왕을 호종한 공으로 장흥백에 봉해지며 장흥고씨가 분파된다. 그 후손으로 광주에서 태어나 임진왜란 금산전투에서 고경명과 둘째 아들 학봉 고인후가 순절하고, 학봉의 네 아들이 인접한 창평 유천리에서 황해감사를 지낸 외조부 덕봉 이경에 의해 키워지며 문과에 급제한 둘째 고부천 대에서 삼천리(삼지내)로 분가하며 한옥마을을 이뤄갔다. 28세에 문과 급제한 고인후는 금산전투에서 부친 고경명이 왜군의 창날에 사망하는 것을 목격하고 분전했으나 역시 같은 종말을 맞는다. 처참하고도 의연한 죽음을 맞는다. 형 고종후에 의해 목 없는 시신이 수습돼 창평 수곡리에 묻히고, 사후에 예조참의를 거쳐 영의정에 추증된다. 형 고종후도 다음 해 숙부 고경형과 함께 진주성 전투에 참전해 전사, 이들 삼부자가 불천위에 오른다. 고인후의 11대손 녹봉 고광순은 유천리를 지키며 고경명을 빼닮은 의병 활동을 벌이다가 1907년 고경명과 같은 60세에 일본과 전투에서 사망해 건국훈장에 추서되었다. 고광순은 의병 활동으로, 산지내의 고징주는 교육 활동으로 극일을 도모하던 명문이 창평에 오랫동안 뿌리를 내리고 있었다.

마을에는 아직도 장흥고씨 고재선, 고재욱, 고재환과 고정주의 고옥 등 모두 20여 채의 고옥이 골목마다 자리하고 있다. 고경명의 12세

전남 담양　　　　　　　　　　　　　　　　　　　　　　　93

삼지내 마을 돌담길

고재환 가옥

고광신 가옥 〈한옥에서〉

손 고정주는 1891년 증광시 문과에 급제해 고종의 측근 비서랑 등 벼슬을 하다가 을사늑약의 부당함을 상소하고 1905년 낙향해 신식 교육으로만 나라를 다시 찾을 수 있다는 신념으로 근처 월봉산(450m) 산기슭 상월정에 의숙을 연다. 당시는 한양에서 신식 학교들이 설립되는 시기로, 지방의 창평으로서는 매우 앞선 움직임이었다. 교육비도 전액 부담했던 창흥의숙은 후에 창평 객사를 개조해 영어와 산술을 가르치며 둘째 아들 고광준과 그의 사위 김성수와 동생 김연수, 송진우, 김병로, 고재필, 이한기 등의 인물을 배출한- 지금의 창평초등학교의 전신이다. 창흥의숙은 그 시대에 선교사로 알려진 영어 선생을 두고 신학문을 교육해 영의숙 또는 창흥영의숙이라고 불리기도 했다. 고재욱과 고재환은 고정주의 손자이고 서로는 사촌지간이다. 고재욱은 김성수의 처조카로 일본 대학을 졸업하고 동아일보 편집국장이었던 1940년 일제에 의해 폐간되자 낙향해 고재욱 가옥에서 지내다가 1945년 광복 후 복간되며 편집국장을 거쳐 1965년 사장을 지낸 언론인이다. 대부분의 고옥 주인들이 서울에 살고 있어 문이 잠겨있고 관리도 부실해 보이는데 특히 고정주 가옥의 경우는 마을의 중심적 위치임에도 불구하고 대문에는 떨어지는 기와를 조심하라는 문구가 있을 정도로 원형을 잃어가고 있는 것이 안타깝다.

반면에 지금은 주인이 바뀌었지만, 고경명의 후손 고광신 가옥은 "한옥에서"라는 평범한 이름의 명품 고택으로 변신해 10여 개의 방을 개방해 성공적으로 운영한다. 별채, 안채, 사랑채와 뜰안채 등의 여러 채 건물과 잔디 마당에 곱게 가꾼 정원이 어우러져 고옥의 멋을 찾는 젊은 사람들의 사랑을 받고 있다. 고경명 일생의 좌우명 세독충정世篤忠貞 편액이 마음을 굳게 지니라는 가르침을 전하다. 마당 곳곳에서 가족들과 산책을 하고 기념사진을 연신 찍는 모습에서 고옥의 은은한 향기와 조상의 역사를 진정으로 즐기는 마음을 읽을 수 있어, 문화재 친화적인 운영이 새삼 신선하게 다가온다.

한옥마을 초입, 늘어선 노거수 느티나무와 옛날 현감들의 선정비가 있어 쉽게 옛 관아 자리임을 알 수 있는 터에 약 200평 창평면사무소가 창평현청昌平縣廳 현판을 달고 새롭게 재현되어 있다. 뒤쪽의 퇴락해가는 고옥들과 대조되어 씁쓸한 느낌이 들기도 하지만, 새로운 관아 건물로 재현해 창평을 살려내려는 의욕이 넘쳐 보인다.

창평리미륵불

이렇게 황량한 뒷골목 모퉁이에 이토록 외롭고 쓸쓸한 미륵불을 본 적이 없는 것 같다. 창평농협 뒷골목으로 들어가면 낡은 주택 옆 콘크리트 기단 위에 왕릉에서 보는 문인석 모습에 가까운 미륵불이 서 있다. 창평에 역병이 돌 무렵에 어느 선비가 세워서 마을의 안녕을 정성으로 기원해 위기를 극복했다는 얘기가 전해온다. 다시는 찾지 않을 듯한 자리에 검은 때를 쓰고 세월을 겨우 이겨가는 미륵불이 언제까지 사람의 손길을 받을지 모르지만, 그래서 오래 기억에 남을 이유가 될지 모르겠다.

창평향교

　조선 초기 정종 원년에 지어진 것으로 알려진 창평향교가 고서면 교촌리 증암천을 내려다보는 언덕에 있다. 원래 위치는 불분명하며 1479년 성종 때에 현재의 위치로 이건 되고 임진왜란 때 소실되어 1689년과 이후로도 몇 차례 중건을 거친다. 경사지에 지어진 탓인지 축대 위 정면 4칸 측면 2칸의 명륜당이 담장 역할을 해 출입은 붙어있는 일각문을 통한다. 문 안으로 박석을 깐 좁은 마당 좌우로 동-서재가 있고, 내삼문을 들어가야 정면 3칸의 대성전이 마주 보인다. 동-서재가 서로 마주하는 형식이지만 내삼문과 담장이 돌출해서 서로 시야에 들지는 않는다. 좁은 대지에 앉히느라 전체적으로 협소해 보이지만 오히려 짜임새가 있어 보이고, 내려다보이는 넓은 들녘에서 불어오는 시원한 바람을 막고 우뚝 선 노거수 은행나무가 위엄을 키운다.

창평향교 명륜당 내부

🏛 남극루

　창평 슬로시티를 찾는 마을 길 입구, 단출하게 선 "창평현문" 안쪽 넓은 들 한가운데에 남극루가 외로이 서 있다. 옛 창평 관아에 있던 문루를 옮겨 놓은 남극루는 높은 누하주 위로 계자난간이 촘촘히 둘러싼 정면 3칸 측면 2칸의 넓은 누마루와 무거운 팔작지붕을 하고 풍요의 넓은 창평 들을 상징해 보인다. 1830년 고광일 등 장흥 고씨 노인 30여 명이 옮겨서 노인정으로 활용했다는 남극루는 흔하지 않은 이름이다. 사방이 열린 누각에 서면, 칠흑 어두운 밤에도 북반구에서는 좀처럼 보기 어렵다는 전설의 남극성은 아니라도 들판 생물들이 발산해 내는 원기와 생기를 듬뿍 선사 받을 수 있겠다. 수성壽星 또는 남극노인성이라고도 부르는 남극성은 인간의 수명을 관장하는 별로 조선 초기에는 숭배 현상까지 생겨, 의인화되고 수성 노인으로까지 불리며 생활 속에 스며들었던 듯하다. 마을의 남쪽에서 극락을 꿈꾸었는지, 아니면 남극성을 찾아 장수를 꿈꾸었을지 남극루는 아직도 꿈속에 머문 듯 한가롭게 서 있다.

남극루

상월정

창평면 용수리 월봉산 자락에 있는 작은 저수지 우측으로 난 호젓한 산길을 따라 약 2㎞를 천천히 걸어 오르면 숲에 반쯤 가려진 상월정을 만난다. 원래 고려 때 대자암이 있던 자리로, 언제 어떻게 폐찰이 되었는지 모르지만, 세조 때 군수를 지낸 김자수가 낙향해 1457년경 상월정을 창건했다고 전한다. 후에 명종 때 문과에 급제해 감사를 지낸 손녀사위 함평이씨 덕봉 이경에게 물려주고, 그는 다시 사위 고인후에게 물려주게 되어, 삼지내 마을을 구성하는 주요 3성씨 모두가 사위 혼맥으로 이어진 사실을 보여준다. 고정주가 교육입국의 열망을 갖고 의숙으로 만들어 나라의 동량을 키워내고자 했던 정자의 전통은 현대에 이르러 한때는 고시생들이 꿈을 키우며 이어가기도 했지만, 지금은 찾는 이 없어 적막에 묻혀 있다. 길을 제대로 가고 있는지 확인하려고 하산하고 있던 젊은 일행에게 상월정을 보았는지 물으니 대부분 못 봤다 하고, 한 사람만이 암자 같은 것을 보았다 한다. 하기는 상월정이 기대했던 만큼 멋진 정자의 모습은 아니고 정면 4칸에 좌우로 퇴를 두고 측면 2칸에 전퇴를 두어 교육을 위한 전형적인 강습 강당 모습을 하고 있어 젊은이들의 대답이 조금은 이해가 된다.

상월정

몽한각 대덕면 매산리 32-1

창평에 인접한 대덕면 매산리의 몽한각은 양평대군의 증손 이서가 1507년 중종 때 유배 온 곳에 후손인 담양부사 이동야와 창평현감 이훈휘가 1803년 이서의 재실로 세웠다. "분명금야몽分明今夜夢… 비도한강파飛渡漢江波" 오늘 밤 꿈속에서라도 한강을 건너고 싶다 하며 한양을 그리워했으나 이서는 14년간 유배를 끝내고도 가르치던 제자들을 차마 버릴 수 없어 남은 생애를 창평에서 제자들을 가르치며 살았다. 한양에서보다도 더 귀한 일과 보람을 찾은 이서의 소중한 뜻을 기려서 그의 시에서 인용, 몽한각夢漢閣이라 했다. 작은 일에서 큰 뜻을 이룬 작은 듯 큰 인물의 고매한 인품에 감동이 일어난다. 5칸 솟을대문채 안으로 몽한각은 3칸 대청 좌우로 각 1칸 방을 두고 있다.

바람도 옛 운율로 부는 명품 정자들

관동별곡이나 사미인곡으로 쉬 떠오르는 가사 문학의 기라성들이 담양 여러 곳에 정자를 짓고 자리를 잡아 인연과 교류를 통해 가사를 독특한 영역으로 발전시켜나갔다. 가사문학면 지곡리 한국 가사문학관을 찾으면 가사문학의 태동, 발전 과정, 관련 인물과 작품 그리고 산실에 대한 자료와 유물들이 전시되어 이해를 돕는다. 3개의 전시실로 구성해 송순, 정철, 임억령, 양산보, 김인후와 김성원을 설명하고, 지역 출신의 유희춘과 고경명까지도 조명한다. 아울러 가사의 산실로 볼 수 있는 면앙정과 소쇄원과 일대의 유적들을 소개하고, 대가들의 개인 저술과 유묵 그리고 사대부 여인들이 규방에서 창작한 가사들도 아류로 소개도 된다.

> 엇던 디날손이 셩산의 머믈며셔
> 셔하당 식영뎡 쥬인아 내말듯소
> 인생 셰간의 됴흔일 하건마난……

정철이 과거에 급제해 관직에 나가기 전인 25세경 지곡리에 있는 성산에 머물며 처외제 당숙이며 절친인 김성원을 위해 지은 성산별곡의 서두는 식영정과 아래 서하당 일대의 4계절 변하는 풍광과 김성원의 풍류를 칭송하며 시작한다. 노래 가사같이 운율을 갖고 멋들어지게 펼쳐내는 시어들이 절로 어깨가 들썩이게 한다. 힙합 비트에 맞춰 사설을 쏟아내는 요즘 젊은이들의 랩이 이런 옛 흥취와 맛을 전할 수 있을까. 젊은이들이 멋을 이해하고 현대판 랩으로 노래한다면 과연 어떤 감흥을 일으킬지 그날을 그려 본다.

식영정과 성산별곡

가사문학관 옆 지곡리 식영정은 1560년 서하당 김성원이 담양부사를 지낸 스승이자 장인인 임억령을 위해 지었고, 임억령이 "그림자가 쉬고 있는 정자"라는 의미로 식영정이라 이름을 지었다. 해가 뜨면 항상 발뒤꿈치를 따라다니는 그림자를 쉬게 한다는 말이 무슨 의미인지, 고매한 경지의 뜻을 알 듯 모를 듯하다. 같은 해 바로 아래쪽에 김성원이 자신의 서하당을 지었다. 명승 제57호 식영정 일원에는 식영정, 서하당 이외에도 임억령과 김성원을 모신 사당 성산사, 부용정, 장서각 등이 넓게 자리하고 있다. 정철은 11살 많은 김성원과 함께 멀지 않은 환벽당에서 동문수학했고 정철은 오랫동안 그의 유유자적하는 삶을 부러워했다.

식영정 사선四仙으로 불리는 임억령, 고경명, 정절, 김성원이 함께 어울려 노래한 식영정20영詠은 훗날 정철이 창평에 머물며 25세경에 쓴 성산별곡에 다양하게 인용되었다.

식영정 아래 서하당 입구에 "송강 정철 가사의 터"를 새긴 길쭉한 표지석이 반긴다.

"위대한 시인은 종이가 아니라, 아름다운 풍경 위에 시를 쓴다. 이곳 식영정 마루턱에 서면 바람도 옛 운율로 불고, 냇물도 푸른 글씨가 되어 흐르나니…" 가사문학의 정수를 짧은 글귀로 요약한 멋들어진 세움 말이 하단에 새겨졌다. 그렇다. 좋은 풍경이 시를 만들어낸다는 말 아닌가.

식영정 일원

🏔 소쇄원

박물관에서 조금 더 올라가면 소문난 명승 제40호 소쇄원을 만난다. 소쇄원의 주인 소쇄 양산보는 15세 때 아버지 양사원과 함께 한양에 올라가 조광조 문하에서 소학부터 공부한다. 부친 양사원과 화순의 양팽손은 6촌간이고 송흠 문하에서 동문수학했으니 조광조와 가까운 양팽손에 의한 추천과 소개는 극히 자연스러웠을 것이다. 소학에서 중요시하는 효와 의를 배운 양산보의 일생은 자신이 극진했던 효에서 시작하고 의로 끝난 것으로 요약할 수도 있다. 소쇄가 1519년 17세에 중종 때 처음 열린 현량과에 급제했으나 급제자가 너무 많다고 축소되는 바람에 취소된다. 훈구대신을 견제하기 위해 중용됐던 조광조가 훈구의 역습으로 기묘사화의 희생양이 되어 화순으로 유배 중 그해 겨울에 사약을 받고 죽자 문하의 제자였던 청년 양산보에게는 엄청난 충격이었던 듯, 세상과 인연을 끊고 소쇄원을 짓고 처사로서 여생을 보내게 된다. 그의 인맥을 보면 환벽당 주인 김윤제와는 처남 매부 사이고, 아들 양자징의 혼인으로 하서 김인후와는 사돈이 되고, 전라도 관찰사였던 송순의 고모가 양산보의 모친 신평송씨이니 송순과는 10살 차이의 외종형 관계이다. 성리학의 이치를 탐구하고 가르치면서 뜻에 맞는 사람들과 학문을 강론하며 송순, 임억령, 유희춘, 기대승, 고경명, 김성원, 정철, 백광훈 등과 폭넓은 교유를 한다.

물이 맑고 깊다는 의미가 소쇄의 뜻이라면, 탁하고 얄팍한 세상과는 거리를 두겠다는 뜻인가. 흙 토담 밑으로 흘러드는 작은 계곡을 사

이에 두고 산기슭 쪽에 축대를 쌓고 소쇄가 지내던 살림집 제월당과 객을 위해 마련한 광풍각을 지었고, 반대쪽에는 봉황을 기다린다는 초가정자 대봉대가 위치한다. 겨우 축대만 쌓는 정도로 훼손을 절제하고 자연에 순응하는 건축물 배치로 아름다운 한 폭의 그림을 연출한 곳이다. 1755년 제작된 목판화로 보면 상단에 1548년 김인후가 쓴 소쇄원 48영이 각자 되어있고 작은 계곡 물길을 중심으로 건물과 수목까지도 세세하게 표시하고 있어 옛 정원의 멋을 그대로 상상할 수 있게 한다. 소쇄원 위쪽 차남 양자징이 고창현감 때 지었다는 고암정사는 소쇄원도에는 나오나 멸실되어 옛터만 추정되고 있다. 일원은 양자징 대까지 건설되다가 정유재란으로 가족이 인적으로 큰 피해를 보고 소쇄원이 소실되자 손자 양천운이 초창기보다 상당히 축소된 규모로 재건되어 오늘에 이른다.

초가지붕 아래 사방 1칸의 대봉대는 소쇄가 낙향해 제일 처음 지은 것으로 물을 건너 광풍각 등의 전경이 한눈에 들어오는 곳에 자리하고 있다. 봉황을 기다리는 자리라는 의미의 대봉대-유독 초가지붕을 한 정자에서 귀한 인물과 소식을 맞고자 했던 의미는 무엇일까. 주위에 오동과 대나무를 심어 객에게 봉황의 뜻을 알고 찾아왔는지 넌지시 묻는다. 오동나무가 아니면 깃들지 않고, 대나무 열매가 아니면 먹지 않는다는 상상 속의 새 봉황은 어떤 세상을 가리키고 있는 것일까. 대봉대 옆으로 붉은 토담이 왼쪽으로 굽어지는 담장에 겨울바람을 막아주기를 기대하는 의미인지 애양단愛陽壇과 그리고 옆으로는 물이 다섯 번

굽어 흐른다는 의미라는 오곡문五曲門이 쓰여있고, 흰 바탕에 검은색 일필휘지 소쇄처사양공지려는 송시열의 글이라 한다.

 개울 위로 장석을 걸쳐 놓고 쌓은 토담 아래 구멍으로 물을 끌어들인 광경이 뭇사람 누구에게나 신기했던 모양, 한 번 찾으면 몇 달씩 머물기도 했던 탓에 누구보다 소쇄원을 꿰뚫고 있던 김인후가 한마디 던진다.

제월당과 아래로 보이는 광풍각

사람들은 참 근원을 찾아 거슬러 보지 않고
담 구멍에 흐르는 물만 부질없이 바라본다.
眞源人未沂 空見透墻流

남쪽 무등산(1,187m)에서 발원해 흘러드는 물인 줄 알면서도 담 구멍으로 흐르는 물이 어디서 시작했는지 근원을 생각해 보라 한다. 어느 물길도 받아들이고, 합해서 물을 불리고, 모난 돌이나 굽은 길도 마다하지 않고, 돌고 돌아서 여기에 이르는지 생각이나 해 보았는가 하고 묻는다. 소소한 것도 놓치지 않고 담장을 꿰뚫는 듯한 사유에서 선비의 진지함과 품격이 느껴진다.

면앙정

맹자는 진심편에서 "하늘을 우러러 부끄럽지 않고 굽어보아 사람에 부끄럽지 않은 것이 둘째 즐거움[仰不愧於天 俯不怍於人 二樂也]"이라 했고, 송순은 면앙정 삼언시에서 "굽어보니 땅이요, 우러르니 하늘이라, 그 가운데 정자 있어, 호연한 흥취 일어나네. … 산천은 가까이 두고, 지팡이에 의지하여, 백년을 살리라.[俛有地 仰有天 亭其中]" 노래했다.

담양 기곡면 상덕리 태어나서 담양에서 노년을 보낸 신평송씨 면앙 송순이 1533년경 창건하며 3언 한시로, 굽어보고 올려다보아서 면앙정이라 했다. 자연에 묻혀 살며 늙어 지팡이에 의지하더라고 백 년을 사는 이상향을 그린 것이다. 주위 경관도 뛰어나서 고경명의 면앙정

30영詠을 보면 불대산 낙조, 어등산 저녁 비, 넓은 들판에 갠 눈, 황금 물결, 어부의 피리 소리, 나무꾼의 노랫소리, 석불사 종소리, 돌아온 기러기, 새벽안개 등 단번에 그려지는 절경에 감탄도 되지만, 소소하고 작은 것에서 희열을 찾아내는 열린 마음의 눈이 더 감탄스럽다. 우리 곁 무심코 지나칠 수도 있는 작은 것들을 일일이 찾아내 소중히 하고 즐기는 조상들 마음의 눈을 면앙정에서 배운다.

송순은 27세에 문과에 급제해 경상도, 전라도관찰사, 대사헌, 이조참판, 한성부판윤, 우참찬 등을 거치며 약 2년간 유배와 몇 차례 파직을 당하기도 했지만 약 50년간 비교적 순탄한 관운을 누리다가 말년 10여 년을 담양에서 보내며 노래한 대로 100살은 채우지 못했으나 90세까지 장수한다. 정철과 임제를 포함해 걸출한 인물들을 문하에 둔 면앙정은 친구와 후학을 망라해 80여 명과 교유한, 실로 학덕을 겸비한 대학자였다. 사계절 변하는 아름다운 자연 속에서 유유자적한 삶을 노래한 대표작 면앙정가는 정철 초기의 성산별곡보다 약 30년 앞선 작품으로 가사문학 발전에 상당한 영향을 미친 것으로 보인다.

수시로 한양과 담양을 오가며 그가 32세에 봉산면 제월리에 터를 마련해 두었다가 지은 면앙정은 가운데 방을 두고 사방을 마루로 두른 정면 3칸, 측면 2칸이

면앙정

고 팔작지붕 네 귀를 활주로 받쳤다. 정유재란 때 파괴되어 1654년 후손들이 재건한 후로도 여러 차례 보수를 거친다. 기대승이 면앙정기를 썼고, 김인후, 임억령, 박순, 고경명 등이 시를 남긴다. 87세는 면앙의 과거 급제 60주년, 면앙정에서 제자들이 회방연을 마련해 성황리에 마치고 술이 오른 면앙을 정철의 제안으로 고경명, 기대승, 임제 등 기라성 같은 제자들이 대나무 가마를 메고 집으로 모신다. 담양군에서 2019년 그 500주년을 기념하는 회방연을 재현, 면앙의 행적과 여전히 살아있는 추모에 감동케 한다.

송강정

송강 정철은 지금의 서울 청운동 청운초교 자리에서 은수저를 입에 문 상류의 신분으로 태어난다. 그의 첫째 누이가 인종의 후궁 귀인이고 둘째 누이는 계림군의 부인인 연고로 자연스럽게 궁을 드나들게 되고 명종과도 친분을 갖게 된다. 그러나 을사사화로 매형인 계림군이 역모로 처형을 당하고, 형도 잃고, 부친은 함경도 경상도로 유배를 당해 정철은 어린 나이에 유배지를 따라다니며 어려운 생활을 경험한다. 부친이 유배에서 풀려나고 정철은 10대 중반 조부의 선산이 있는 담양 창평에서 약 10년간

송강정

의 어린 시절을 보내며 결혼도 하고, 김윤제 송순 기대승 김인후 임억령 유희춘 등 당대 최고의 스승에게서 학문을 배우는 행운을 맞는다. 27세에 과거에 급제해 벼슬을 시작했지만 순탄치만은 않아서, 당쟁으로 3번이나 물러났다가 복귀를 거듭하고, 강계 위리안치 유배 중에 임진왜란이 일어나서 복귀했지만, 58세 때 강화도에서 파란만장한 생을 마감한다. 54세 때 정여립 모반 고변으로 일어난 기축옥사 때는 위관으로 많은 희생자가 발생해 비평도 따랐으나 선조가 배후에 있었다는 희생양설도 있고, 사후에도 광해군과 숙종 때에 관직 추탈과 신원을 반복한다. 권력의 비정함을 목격하고 부친을 따라 동행했던 험난한 유배지에서의 어린 시절, 여러 번 탄핵과 복권 등 치열한 당쟁 속에서도 살아남는 생존력, 서인을 이끌며 동인에 맞서는 결기 그리고 선조도 못 말리는 호주가 임에도 불구하고 어떻게 그렇게 아름다운 관동별곡, 사미인곡 같은 불멸의 서정적 가사를 쓸 수 있었는지 - 그래서 더 담양은 명작의 고향으로 관심을 불러일으킨다.

　　고서면 원강리 소나무 우거진 작은 동산에서 영산강으로 흘러드는 증암천 건너 넓은 벌판을 내려다보고 선 송강정, 송강 정철이 정쟁으로 한동안 물러나 있을 때인 50세 1585년경 초막 죽록정을 세우고 지내던 곳에 후손들이 1770년 재건해 송강정이라 부르게 된다. 아흔일곱 계단을 올라 뒤로는 울창한 장송과 아래로 대나무가 무성한 언덕에 정면 측면 각 3칸의 송강정은 원래의 죽록정 현판을 다른 한쪽에 달고 있다.

> 이 몸 생겨날 제 임을 좇아 생겨나니
> 한평생 연분이며 하늘 모를 일이런가
> 나 하나 젊어 있고 임 하나 날 괴시니
> 이 마음 이 사랑 견줄 데 다시 없다.

 망부를 그리는 여인의 노래이지만 임은 선조를 암시한다는, 사미인곡이 세상에 나온 명작의 산실이다.

 전라도 관찰사였던 정철이 1582년 도승지로 임명되어 한양으로 떠나며 따르던 어린 관기 강아江娥에게 시 한 편을 남긴다. "망루에 올라 장안을 바라보지 마라, 거리 모든 사람이 다투어 네 모습 사랑하랴.[莫向長安樓上望, 滿家爭是戀芳花]" 정철이 머리를 올려준 강아는 절개를 지키다가 10년이 지나 정철의 다음 유배지 평안도 강계를 찾아 잠시 만났지만, 임진왜란이 발발해 다시 조정의 부름을 받아 떠난 정철을 찾다가 전란에 뜻을 이루지 못하고, 여승으로 지내다 말년에 고양시 신원동 298-16 송강마을을 찾아 그곳에 묻힌다. 송강 부친 정유침의 시묘살이를 했던 신원동은 1593년 사망한 송강의 초장지初葬址이기도 하고, 송강의 묘가 진천으로 이장된 뒤에도 강아의 묘는 아직도 남아 문중과 마을의 사랑을 받고 있다 한다. 속미인곡이 강아와는 무관하겠지만, 엉뚱하게 의기의 풋풋한 첫사랑을 대입해 보고 싶은 공연한 충동이 겸연쩍기도 하다.

태목리 대나무 군락과 습지

약 30만평 담양습지가 광주로 이어지는 영산강의 약 3㎞ 구간에서 흔하지 않은 하천 습지로 보호되고 있는데 대전면 태목리 대나무 군락지가 중심에 있다. 3만 평은 쉬 넘어 보이는 대나무숲과 갈대밭 속 버드나무 군락은 습지 생태계에 중요한 역할을 해서 철새는 물론 토종 조류, 어류, 곤충, 양서류, 삵 등 다양한 동식물의 생태자연도 1등급 지역으로 분류된다. 조류전망대에서 철새 관찰을 하고 강바람에 흥을 맞추는 대나무숲 사이로 느린 산책은 죽녹원이나 대나무골테마공원과는 또 다른 느낌을 선사한다.

옥이 부딪히는 물소리 그윽한 명승 원림

🏞 **명옥헌** 고서면 산덕리 513

위 연못에서 아래 연못으로 흐르는 물소리가 구슬 구르는 소리 같다는 명옥헌은 300년 이상의 오랜 목백일홍 20여 그루 등에 둘러싸인 아름다운 조경으로 명승 제58호에 지정된 원림苑林 속에 있는 정자이다. 인조가 왕이 되기 전에 전국을 돌아다니며 천하를 함께 도모할 인재를 찾을 때 소문을 듣고 나주오씨 명곡 오희도를 찾는다. 인조가 타고 온 말을 매었다 해서 "인조대왕 계마행繫馬杏"이라 칭하는 노거수 은행나무와 명옥헌 천정에 걸린 삼고三顧 편액은 세 번이나 찾아온 인조와 인연을 말한다. 정자 외부 기둥마다 검은 바탕에 흰색 글씨로 쓴 주련이 보통의 계몽적 내용을 빗겨 난 독특하고 의미심장한 뜻을 담고 있다.

> 때가 되면 천지도 스스로 힘을 회복하건만,
> 운이 다한 영웅은 홀로 어쩔 수 없네.
> 산과 들의 초목은 연년이 푸르러 가도,
> 한 번 떨어진 영웅은 돌아갈 곳이 없네.

3년 시묘살이를 하는 등의 가정사 탓인지 오희도는 비교적 늦은 40세 인조 원년 1623년에 알성문과에 급제해 촉망받는 벼슬길을 시작하다가 그해 천연두로 요절하고 만다. 아들 오이정도 일찍이 부친을 여의고 사마시에 합격해 성균관에 입학을 하나 대과에 오르지 못하고 36세에 요절한 슬픔이 검은 바탕 주련에서 묻어난다. 오희도와 그의 아들 오이정이 이어서 살던 집터에 오희도의 증손 오기석이 연못을 만들고 정면 3칸 측면 2칸에 가운데 1칸 온돌을 두고 사방을 퇴로 열고 평난간을 두른 정자를 세웠고, 그의 스승 우암 송시열이 명옥헌 이름을 짓고 연못가에 "명옥헌계축" 각자를 남겼다. 정자 아래쪽에는 방형 연못을 조성하고 한가운데 지름 5m 정도의 작은 섬을 만들어 한여름 분홍꽃이 만개하는 목백일홍을 심었고, 연못주위로도 심어 20여 그루 모두의 수령이 300년은 족히 넘어 보인다.

한여름 동안 번갈아 가며 분홍 꽃을 피워서, 초본 백일홍(백일초)과 구별되는 백일홍(목백일홍)은 매끈한 피부의 가지들이 타원형으로 펴져 수형도 아름답다. 새 수피가 속에서 자라며 외피가 오래된 딱지처럼 떨어져 나가는 것이 신기해 사람들이 손을 대면 나뭇가지가 미동하며 반응을 보인다고 간지럼 나무, 희롱나무 별칭이 있다. 양반들이 좋아해서 정자나 서원에 심어 양반 나무로도 불린 배롱나무는 백일홍 소리가 변한 것으로 추정하기도 한다.

🏞 환벽당

"창계 흰 물결이 정자 앞에 들렀으니…" 광주호로 흘러 들어가는 옛 이름 창계를 건너면 행정구역 광주시 북구 충효동 387, 산기슭에 명승 제107호 환벽당이 있다. 31세에 과거에 급제해 부안군수와 나주목사 등

명옥헌

환벽당

전남 담양

을 하던 김윤제가 을사사화로 물러나 후학을 키우며 노년을 보내던 곳이다. 어느 날 깜박 졸음 속 정자 아래 개천에서 용이 승천하는 꿈을 꾸고 이상히 여겨 내려가 보니, 용모가 준수한 웬 소년이 멱을 감고 있어 데려다가 당장 제자로 삼아 환벽정에서 가르치고, 끝내는 사위 문화유씨 유강항의 딸인 외손녀와 1552년 연을 맺어준다. 당시 나이 14세 소년 그 이름 바로 정철이었다. 근처 소쇄원의 양산보와 처남 매제 사이인 사촌沙村 김윤제는 김성원과 가까워서 서로 왕래가 잦았으며 창계에 홍교까지 놓았다고 하는데, 그 홍교는 남아 있지 않다. 푸르름으로 둘러싸였다는 환벽당에 창송 녹죽의 대나무 숲은 사라지고 소나무만 푸르다. 정철의 성산별곡에서 환벽당이 빠질 수가 없다.

> 짝맞은 늙은 솔은 낚시대에 세워두고
> 그 아래 배를 띄워 갈대로 던져 두니
> 환벽당 용소가 뱃머리에 닿았구나

늙은 소나무 두 그루도 그렇고, 용소가 낚시하고 배를 띄울 만큼 넓고 깊었는지, 또 갈대도 무성했었을지, 지금 모습으로는 미루어 짐작하기가 쉽지 않다. 다섯 그루의 소나무는 보이지만, 당시에도 늙었다는 소나무로는 짐작하기 어렵다. 정면 3칸 측면 2칸으로 왼쪽 후면 2칸을 온돌로 둔 환벽당 현판은 송시열이 쓴 것이라 한다.

취가정

　환벽당 근처 광주시에 행정주소를 둔 취가정은 언뜻 술기운이 드는 선입감이지만, 임진왜란 때에 의병장인 충장공 김덕령 장군을 추모하기 위해 1890년 고종 때 김만식 등 후손들이 세웠다. 한국전쟁으로 소실되어 약 5년 후에 정면 3칸 측면 2칸에 중앙 뒤쪽에 1칸 방을 두고 사방을 개방한 구조로 다시 세워졌다. 억울하게 죽은 김 장군이 술에 취한 모습으로 석주 권필의 꿈에 나타나서 자신의 억울함을 하소연하는 노래를 부르자, 정철의 문인 권필이 취시가醉時歌를 지어 위로했다는 얘기를 배경으로 취가정醉歌亭이 되었다 전한다. "나는 공훈을 세우기 바라지 않았네, 공훈을 세움은 뜬구름인 것을…[我不要樹功勳 樹功勳也是浮雲]" 한 번도 만난 적이 없는 사람이 꿈속에 찾아와 자신의 억울함을 호소한 인연을 소중히 여기고 시로 남긴 사실이 신비스럽다. 고경명 휘하에서 의병 활동을 시작해 세자 광해군으로부터 익호장군과 선조로부터 충용군 군호를 받고 이순신, 곽재우와 함께했던 명예는 묻히고 이몽학의 난에 연루되었다는 무고로 선조의 혹독한 친국을 받다가 29세에 사망하고, 효종 때 무고가 밝혀져 신원되고 병조판서에 추증된다. 전쟁에서 공을 세운 장수를 전쟁 중에 처단하지 않으면 안 되는 속 상황을 어떻게 해석해야 하는지 모를 일이다. 같은 시기에 정철의 문하생으로 학문에 출중했음에도 벼슬에 뜻을 두지 않고 방랑을 하며 시와 술을 낙으로 삼던 안동권씨 권필 자신도 광해군의 처남 유柳희분을 향한 은유적 풍자 궁유시宮柳(궁 안의 버드나무)가 문제가 되어 역시 귀양을 떠나다 객사했다는 얘기도 전해 내려와 취가정은 비틀거리던 세상을 비웃기라도 하는 듯하다. 권필의 시비가 고향 행주산성 공원에 있다.

독수정

환벽당에서 더 들어가 증암천 상류에 있는 가사문학면 연천리 독수정은 고려 공민왕 때, 병부상서를 지낸 무인 천안전씨 전신민全新民이 고려가 멸망하자 벼슬을 버리고 내려와 은거하면서 1393년경 정자를 지었다가 아들 전오돈이 부친을 위해 다시 세운 정자이다. 이백의 시 "백이숙제가 누군인가, 서산에서 홀로 절의를 지키다 아사했다네.[夷齊是何人, 獨守西山餓]"에서 인용해 독수정 이름을 하고 백이숙제의 절의를 따랐다. 그러나 전신민은 죽지 못하고 달아나 숨어 사는 자신을 부끄러워해 미사둔신未死遯臣이라 자신을 낮추고 살았고, 아들 전랑장 전오돈도 1379년 왜구를 물리친 공로로 금 50냥을 우왕으로부터 하사받았지만 즉시 반환을 한 일화가 있을 정도로 청렴한 무신인 충신 집안이다. 고려의 수도 개성을 향해 북향한 듯한 정자는 가운데 방을 두고 사방을 마루로 개방한 정면 측면 각각 3칸에 팔작지붕을 하고 있다. 독수정은 1970년 초 중건됐지만 절의를 상징하는 소나무와 대나무 외에도 참나무, 회화나무, 매화나 살구나무 등 다양한 수종의 원림은 옛 세월을 지키고 있는 듯하다.

취가정

독수정

전남 담양

여자의 도리는 무거우나 이내 몸은 가벼워

🗻 미암박물관

　미암 유희춘은 외가인 해남에서 출생해 26세 때 과거에 급제하고 현감 등을 지내다가 을사사화의 연장인 1547년 양재역 벽서 사건에 연루되어 20년 가까이 제주도 함경도 등지에서 유배 생활을 하다가 복귀, 홍문관 부제학-대사헌-전라도 관찰사 이조참판 등을 거친다. 1남1녀를 두어 막역한 친구 하서 김인후의 딸을 자부로 들이고 해남의 토호 윤항의 아들 윤관중을 사위로 맞았다. 처가인 담양에 자리를 잡아 대덕면 장산리 213번지에 1608년 지어진 미암사당과 종가가 있고, 앞에는 연지 작은 섬에 1959년 세운 석조 모현관, 그리고 연지 동쪽 넓은 터에 그의 일생을 보여주는 미암박물관이 규모 있게 지어졌다. 사당과 종가에 보관되어오던 자료가 모현관에 옮겨졌다가 최근에 박물관이 완공돼 일기 외에도 각종 자료-매매문서, 분재문서, 노비 문서, 호적자료, 간찰은 물론 관복과 신발 등의 유물도 함께 전시되어 있다. 약 2천 평 부지에 삼문을 들어서 전시 모현관 우측으로 정관루, 삼벽당 등이 있고 건너편 산비탈에 연계정도 보이는 가족 나들이에 알맞은 견학과 체험 공간을 구성한다.

　모월 모일 장례비용의 부의로 어떤 물건을 보냈다거나 모일에는 3개월 만에 받은 월봉으로 백미와 콩을 얼마를 받았다는 친필의 일기-홍문관 부제학으로 율곡, 송강과 고봉을 키우기도 했던 미암 유희춘의

미암박물관 모현관

미암박물관 정관루

11년간의 기록은 개인의 기록물이지만 당시 사회제도, 문화사, 생활사 특히 사대부의 속내와 생활상을 연구하는데 흔치 않은 대단한 역사적 가치를 지녀, 미암집 목판과 함께 보물 제260호로 지정되었다. 임진왜란으로 승정원일기 등의 주요 사료가 소실되어 선조실록 등 초기의 기초 사료에 많이 인용될 정도로, 개인사뿐 아니라 조정의 실정도 상당히 기술된 것으로 보인다.

면앙정 송순의 소개로 맞은 미암의 부인은 담양 출신 사헌부 감찰 홍주송씨 송준의 딸 덕봉德峰 송종개로, 미암에게 뒤지지 않을 정도의 학문과 시 등에 밝고 당시 여성으로는 당당히 자신의 의견을 내고 실천에 옮기는 개성도 강했던 듯하다. 미암의 유배 중에는 시모 삼년상을 혼자 치르고, 20년 긴 세월 홀로 가사를 꾸려나가던 일이 그 시대 여인의 운명이었을지 모르지만, 유배지 함경북도 최북단 종성에 남편 뒷바라지를 위해 여종을 따라 보내고, 거기서 태어난 네 딸까지 보듬어주고, 남편을 찾아 삼천리 험한 길을 걸어 함경도 북청 땅 구름이 맞닿는다는 마천령산맥 마천령을 넘으며 지은 시는 운명을 뛰어넘어 살았던 한 여인의 모든 것을 함축해서 압권이다.

걷고 또 걸어 마천령에 이르렀네. ……
만리길 부인 몸으로 어이 왔는가,
(여자의) 삼종 도리는 무거운 데 이내 몸은 가벼워
行行遂至摩天嶺… 萬里婦人何事到 三從義重一身輕

일기를 포함한 많은 자료를 근거로 학계의 논문과 연구가 진척되어 그 시대 부부 관계나 생활상이 흥미롭게 밝혀진다.

죽림재 고서면 분향리 338

멀리 무등산이 보이는 창녕조曺씨 집성촌에 조선 중기, 문중의 강학을 위해 유학자이었던 죽림竹林 조수문이 죽림재를 세웠다. 임진왜란 때 소실 되어 1623년 6대손 삼청당 조부에 의해 중건되고, 서원철폐령으로 훼철되었다가 1948년 현재의 모습으로 중건된 정면 측면 각 2칸의 작은 정자형이지만 오랜 역사를 지닌 중심 건물이다. 효자 조부의 충효 정려각이 세워지고 1708년에는 조수문과 아들 운곡 조호 그리고 삼청당 조부 등 4위의 추모를 위해 사우 죽림사가 세워졌고, 후에도 중수를 계속해 강당 취사루, 1899년에는 창평 입향조인 죽림의 부친 조유도를 모신 사당 세일재, 정면 3칸 측면 2칸의 장서각과 학생들이 묵는 정면 3칸 동재 정일재와 서재 등이 세워지고, 연못 등 조경도 규모 있게 조성된다. 취사루는 정면 5칸과 측면 2칸에 후면은 축대에 기대고 앞면은 기둥에 의지한 누각 형태로 격식을 갖추고 있고, 정면 측면 3칸 사당 세일재는 앞에 대청마루를 두고 있는

죽림재 죽림사

것도 눈에 띈다.

조수문은 세조 때 생원에 합격했으나, 벼슬에 뜻을 두지 않고 부모를 모시는 향리 생활에 만족, 김종직도 인정하던 호남의 유학자였다. 부친 조유도는 고려 말 목은-포은과 수학하며 보문각 직제학을 지내다가 조선이 개국하자 창평에 자리를 잡고, 아들 조호는 문과에 급제해 함양군수 등을 지내는 등, 후대에 걸쳐 문신을 배출한 가문이었다. 어지간한 서원 규모의 부지 내에 홍매 2그루가 앙지문과 세일재歲一齋 앞에서 각기 오랜 세월을 지키고 있고, 반월형 연지에서 바라보이는 전체 조망이 짧은 산책을 아쉽게 만든다.

분향리 석불입상 분향리 산15

죽림재 근처 산록에 고려 전기 불상으로 보는 분향리 석불입상이 숲 사이에 서 있다. 2m 넘는 큰 석불상으로 팔각 연화대좌 위에 상채를 약간 뒤로 젖힌 단정한 체구에 움켜쥔 양손을 허리춤에 대고 당당한 모습이다. 왼손에 쥔 것이 약병으로 보여 약사여래상으로 보기도 하나 마을에서는 아들을 점지해 주는 신령의 미륵불이라 믿는다. 눈 코 입이 훼손된 가운데 유독 코가 심하게 닳아 있는 모습이 아들을 기원하는 마을의 믿음을 추측하게 한다.

담양에는 이외에도 무정면 오룡리 석불입상과 대전면 대치리 한재초등학교 석불이 알려져 있다.

송강 정철은 비, 바람, 눈, 서리를 싫도록 맞아도 이별의 슬픔을 모

르는 채 마주 선 두 돌부처를 무척 부러워하며 자신의 슬픔을 억누르는 애달픈 시를 남겼다. 늘 불쌍하게 여겼던 딸을 앞세운 슬픔이 남긴 것으로 추측되지만 이별에 힘겨워 찾아드는 민초들은 돌부처의 따듯한 가슴에 의지하고 살았다.

개선사지 석등

가사문학면 학선리 개선사지 넓은 터 한가운데 외로이 서 있는 담양 개선사지 석등은 868년 신라 48대 경문왕과 계비 문의왕후, 후에 진성여왕이 된 공주 등 왕실의 발원으로 조성된 것으로 역사적 미적 가치를 인정해 보물 제111호로 지정되었다. 4각 지대석 위 8각 복련의 하대석이 받치고 있고, 그 위로 고복형 간주석과 8각의 앙련을 한 상대석 그리고 위로 창이 8면에 뚫려 있는 화사석, 옥개석은 귀꽃을 단 8각을 기본으로 16각으로도 보이게 하려는 듯 부드러운 처리를 했다. 화창 둘레로 891년 새겨진 136자의 보기 드문 명문을 통해 868년에 세워진 사실이 밝혀진다. 왕실의 발원으로 보면 개선사는 그 이전부터 큰 규모였던 것으로 추정되는데 어느 때에 폐사가 되었는지, 홀로 서서 오랜 세월 고독을 이겨낸 고고한 석등의 자

개선사지 석등

태가 아름답다. 당나귀 귀 전설의 신라 48대 경문왕 중반은 역병과 자연재해 그리고 호족의 반란과 왜구의 침범도 잦아서 치세가 어려워지고 신라가 힘을 잃어가기 시작하는 시기였다.

객사리 석당간과 남산리 오층석탑

담양읍 남산리 메타세쿼이어 가로수길 추성로를 사이에 두고 두 개의 보물이 길옆 벌판에서 마주하고 있다. 보물 제505호 객사리 석당간과 보물 제506호 남산리 오층석탑이다. 석탑 상륜부는 유실되었고, 낮은 단층 기단 위 갑석이 1층의 옥개석보다도 작아 조금은 안정감이 떨어지는 모양이다. 탑신은 네 모서리에 우주를 새겼고, 3단 받침을 둔 옥개석과 위층의 탑신 사이에 별석을 두어 구조의 안정을 준 특징을 보인다. 기단부가 의외로 낮고 작은 점을 제외하고는 5층 구조는 단정하게 균형을 잡고 있다. 전체적으로 서천 오층석탑 등 옛 백제 지역에서의 석탑 양식 영향을 받아 고려 중기에 만들어진 것으로 보고 있고, 근처의 발굴 조사에서 일부 발견된 유구와 기와 명문 등으로 미루어 보아 석탑과 석당간이 폐사지를 구성하는 것으로 볼 수 있다.

얼핏 멀리서 보면 마치 통신 중계 지주 정도로 지나칠 수 있는 모습의 석재 당간이 보물급 문화재라는 사실이 무엇을 더 빠뜨렸는지 두 번을 찾게 만든다. 추성로를 두고 석탑의 반대편에 선 높이 15m 객사리 석당간은 긴 8각 석재 3개를 철제 띠로 연결해서 1.5m 높이 두 개의 지

남산리 오층석탑

주로 고정해 놓았고, 머리에는 둥근 바퀴 모양의 보륜 장식을 얹고 세 가닥 피뢰침 모양의 철침이 하늘을 가리킨다. 옆에 서 있는 비석에는 태풍에 목재 당간이 쓰러져 1839년 헌종 때 석재로 중건한 사실을 기록하고 있다. 지주에 위엄을 상징하는 당幢을 걸기 위해 세우는 석당간이 이렇게 높았다면 얼마나 큰 당이었을지, 얼마나 멀리까지 보이려 했을지, 폐찰은 상당한 규모였을지, 여러 상상을 부른다.

객사리 석당간

영은사 석조여래좌상 고서면 금현리 133

인근에서 발견된 영은사석조여래좌상을 대웅전에 모신 영은사는 법화종 시찰이다. 불신과 광배가 한 개의 돌로 함께 조각되어 있고, 대좌는 없어 좌상이 불안해 보이고, 얼굴은 눈코입이 희미해 여러 상상력을 동원하게 만드는 고려 초기 불상이다. 머리의 육계와 귀는 분명하고 오른손을 내린 항마촉지인의 수인은 어느 것도 받아들일 만큼 풍부한 손길이다. 불꽃 모양의 광

영은사 석조여래좌상

배에는 정원형의 머리 광배가 중심을 잡고 있고 주변으로 다수의 불꽃 무늬의 정연한 흔적이 보인다. 무릎에서부터 아랫부분이 급속히 형체를 숨겨버린 모습으로 불안정해 보이는 것이 안타깝지만, 오랜 세월 외부에 방치되어 마멸되었어도 목의 삼도와 법의의 주름 등을 보면 조성 초기에 어느 정도의 완성도를 갖추었을 법하다.

성벽 문루도 정자로 보이는 아름다운 산성과 담양호

🏔 금성산성

담양군과 순창군을 가르는 금성산(603m) 정상 금성산성에 오르면 발아래 아름다운 절경이 거칠 것 없이 한눈에 든다. 철마봉 운대봉 장대봉을 연결해 연 면적 약 40만 평에 둘레 6.5㎞ 외성과 850m 내성이

금성산성

있는 이중의 석성이다. 삼한 내지는 삼국시대에 이미 축성되었을 것으로도 추정되지만, 기록으로는 고려 우왕과 조선 태종 때 개축되고, 임진왜란 후 광해군 초기 다시 개축되고, 1622년 내성 안에 대장청이 건축되고 동헌과 내아를 두었고, 1653년 효종 때는 성첩城堞을 중수하는 등 오랜 세월 동안 방어기지로 활용도가 꾸준했던 것으로 보인다. 호남의 의병장 김덕령이 임진왜란 때 의병 삼천 명을 일으켜 훈련을 시킨 곳이고, 동학란의 거점으로도 이용되며 옹성과 망대, 내성 안 큰 규모의 창고와 객사 등의 관아와 군사 시설이 불탔다. 절터가 남아 있는 보국사에는 조선 헌종 때 3구의 불상이 땀을 흘렸다는 보고를 전라감사가 올리자 조정에서 곤혹스러워했던 기록이 전해진다. 절벽과 급경사지로 둘러싸인 철옹 요새의 지형이어서 4개문을 통하지 않으면 접근이 불가해 보이는 산성은 방어 최적의 입지조건이다.

주차장에서 약 2㎞ 정도 걸어 오르면 남문인 보국문과 내남문인 충용문을 만나고, 그리고 동문이 있지만, 서문은 터만 남아 있다. 성을 걸으면 발아래 멀리 담양의 넓은 평야와 영산강 상류를 막아 만든 아름다운 담양호가 눈을 즐겁게 하고, 맞은편으로 추월산도 시야에 든다. 내남문 문루에 오르면 주변의 풍광이 수려해 지금은 명품 정자라 불려도 손색이 없을 정도로 아름다운 산성이다. 산성에서 담양호 건너로 보이는 호남 명산의 하나인 추월산(692m) 정상아래 깎아지른 암벽 위 고려 보조국사가 세운 보리암 입구에 김덕령 장군의 부인 흥양이씨 순절비가 있다. 정유재란 때 호남을 유린하고 북으로 진출하던 왜군이 보리암을 공격, 부인이 왜군을 피해 뛰어내려 순절한 곳이다. 추월산 주차장에서 약 1.5㎞ 오르는 보리암에서나 보리암 정상에서 내려다뵈는 담양호 전경도 빼어나다.

🖼 연동사

1990년 중반에 한 스님이 고려 때 세웠을 것으로 추정되는 금성면 금성리 연동사의 옛터를 찾아 지장보살 석상과 삼층석탑을 발견하고 재건을 시작한다. 임진왜란 때 치열한 산성 싸움에서 수많은 희생자가 생겼고, 전쟁이 끝나고 시신을 찾는 유족들이 일일이 확인 못 하게 되자 각기 피운 향의 연기가 일대에 진동했던 당시의 광경을 묘사해 연동 煙洞이란 이름이 생겼다고 한다. 금성산성 아래로 조금 내려가면 나타나는 연동사에는 불상 뒤 유리창으로 5층 탑이 보이는 단정한 모습의 극락보전도 있지만, 석굴 법당과 거대한 암벽 앞 삼층 석탑과 지장보살 석상이 있는 노천법당이 더 마음에 와닿는다. 전설에 담양 전씨의 후손인 전우치가 암자에 들어가 공부했던 사실과 금성산성 아래 있는 동굴에서 여우로부터 비술을 전수 傳受했다는 사실이 있어 혹시 이곳이 아닐지 추측해보지만, 기록으로 확

연동사 일주문

연동사 노천법당

인된 것은 아직 없다. 석굴법당을 한국전쟁 후에 인위적으로 입구를 막았으나 실제는 안으로 크고 긴 동굴이라는 사실에 근거해 전설의 실체에 접근하기도 한다. 문장과 시문에 뛰어나고 신출귀몰한 도술로 부패를 처단하고 의협심으로 백성을 구제하는 활동을 벌이자, 조정에서 전우치를 잡아 혹세무민의 죄를 물어 죽였다. 부패한 관치로 억압받던 백성이 만들어낸 설화가 드라마를 통해 부풀려질지라도 연동사 석굴 법당을 둘러보면 상상이 날개를 단다.

연동사지 지장보살 석불상과 함께 있는 삼층석탑은 남산리 5층 석탑과 같은 양식을 따르고 있다. 지대석 위에 낮고도 1층 옥개석보다 작은 단층 기단이 그렇다. 그러나 옥개석이 층급 받침도 없이 별석으로 대치한 형식이고, 옥개석 위로 탑신 받침이 2층에는 있으나 3층 탑신에는 없고, 3층 탑신석은 새로 끼워 놓은 듯하다. 상륜부 노반 위 구형 앙화노 새로 맞춘 듯해 보이는 것이 전체적으로 흩어져 산재해 있던 부재들을 모아 맞춰가며 일부를 새로 만들어 넣은 것으로 보인다. 백제의 양식을 따른 고려 시대 작품으로, 원형을 제대로 유지하지 못하고 있던 점이 무척 아쉬운 석탑이다.

가마골 생태공원

용면 용연리 용소길, 용의 전설이 서린 가마골 생태공원은 깊은 계곡과 폭포 등으로 수려한 광경이고 용추사와 가마터가 있어 설화와 역사를 찾고 자연을 즐길 수 있는 곳이다. 용이 승천을 하는 것을 본 사람으로 인해서 용은 하늘로 오르는 뜻을 이루지 못하고, 그 광경을 목격한 사람도 죽임을 당하고 못은 용소의 이름을 얻는 것으로 끝나는, 용의 전설이 담양의 가마골에도 있다. 아래 용소는 큰 바위 구멍에서 물이 용솟음치며 뿜어져 나오는데 전설은 용이 뚫고 지나며 생긴 흔적이라 하며, 한 번은 전라도 안경사가 용의 모습을 보고 싶다고 하자, 정말로 용이 머리를 불쑥 내밀어 일행 모두가 놀라 기절해 죽고 말았고 근처에 무덤까지 있다는 전설이 숨어 있다.

용추사는 526년 백제 성왕 때 혜총과 혜증에 의해 창건되고 624년 신라 무왕 때 중창, 임진왜란 때 소실돼 소요대사 태능에 의해 중창되었다. 다시 한국전쟁 때 소실되어 아직도 제 모습을 찾아가지 못하고 있는 용면 용추사는 임진왜란 때 태능의 승군이 김덕룡장군 의병과 함께 싸우다 패해 왜군이 보복으로 모든 전각을 불태웠다고 한다. 용추사를 오르다가 보이는 가마터가 용

가마골 용소

추사에 기와나 도기를 공급했다는 사실과 두 차례 승병을 일으킬 정도의 규모였다면, 절이 지금처럼 작지는 않았을 듯하다. 근래 세워진 것을 제외하고 조선 후기 것으로 보이는 6개의 부도군이 1기는 상륜부만 있는 등 모두 완전한 원형을 유지하지 못하고 있는데, 특히 5점이 도난당해 겨우 1점만 회수된 상태라 한다.

서산대사의 제자로 법맥을 이어 임진왜란 때 승병을 일으켰던 소요대사 태능은 담양에서 출생해서 용추사에서 입적하고 보물 제1346호로 지정된 석종형 부도탑을 남겼지만, 한번 경험했던 도난이 우려되어 지금은 장성 백양사에 옮겨져 있다.

"물 위 진흙 묻은 소가 달빛을 갈고, 구름 속 목마는 풍광을 이끄네.[水上泥牛耕月色 雲中木馬掣風光]" 등 200여 편의 뛰어난 선시를 남겼고, 효종이 조선 때에는 전례가 없던 시호 혜감국사를 내렸으며, 그의 또 다른 부도인 구례 연곡사 북승탑이 국보 제54호로 남겨져 있을 정도로 많은 제자와 대중적 지지를 받았다.

용구산 용흥사 월산면 용흥리

용구산 용흥사는 백제 침류왕 때인 384년 동진에서 서해를 통해 들어와 백제에 처음으로 불교를 전파한 인도 간다라의 승려 마라난타가 지은 작은 사찰에서 출발해 16세기까지 여러 번 중창이 되었고, 임진왜란에 전소되며 많은 문화재를 잃은 후에 다시 중창되었다. 을사늑약 후에는 호남 의병의 근거지가 되어 또다시 일본군에 의해 폐허가 되었다가 재건 후 다시 한국전쟁으로 소실, 최소한의 법당과 요사채로 명맥을 유지해 오다가 2000년 초에 대웅전을 시작으로 보제루, 삼성각, 몽성선원, 요사채 회승당과 화중당 등 점차 복원되어가고 있지만, 전성기 40여 동에 비하면 단출하다. 입구에 보이는 7개로 구성된 8각 원당형 부도군이 대부분 17-18세기 것이고, 보물 1555호 동종이 1644년 제조된 것으로 보아 그즈음이 용흥사로서는 안정적인 시기였던 것으로 보인다. 동종은 뛰어난 수작으로 9개의 유두를 인동당초문양으로 테를 두른 유곽에 넣고 네 개의 유곽 사이마다 두광과 천의를 입은 보살상을 선각하고 종의 상부 용머리는 독특하게 4마리나 얽혀 고리로 사용하게 했고 하단에도 용무늬 띠를 크게 둘러서 상하 대칭과 안정감을 부여했다. 동종 명문은 당시까지 용구사였고 명예직이기는 하나 통정대부 김용암이 주조했던 사실을 밝힌다.

용흥사에 전설 같은 이야기가 전해온다. 숙종의 후궁 숙빈최씨는 빈한한 가문에서 태어나 7세 어린 나이에 숙종의 계비 인현왕후 처소에 생각씨로 들어와 침방나인으로 일하다가 숙종의 눈에 들어 승은을 입고 후에 영조가 된 연잉군을 낳았다. 영조에게 그런 모친은 재위 51년 내내 가슴 속 깊이 박힌 아픔이어서, 일례로 모친이 침방나인 때 만

용흥사 사천왕문

용흥사 동종

들기 힘들었던 세누비옷은 절대 입지 않았다고 한다. 숙빈최씨의 이름은 최복순으로 정읍에 태어나 부모를 잃고 지내다가 태인면 대각교 근처에서 임지로 향하던 영광군수 민유중에 눈에 띄어 의탁하게 되고, 훗날 민유중의 딸이 인현왕후가 되어 궁으로 들어갈 때 따르게 되었다는 전설이 있다. 그에 비하면 담양 용흥사에서의 전설은 좀 더 구체적이고 극적인 면을 보인다. 최복순은 담양 창평에 살다가 가족이 역병에 걸리자 용구산 용구사의 한 암자로 피하게 되고, 어느 날 꿈 속에서 용구산 산신령이 나타나 내일 마을로 내려가 만나는 사람을 따르라 한다. 다음날 나주목사의 눈에 띄어 의탁하게 되고 인현왕후와 인척이었던 목사 부인의 주선으로 훗날 왕후의 몸종으로 궁에 들어가 숙종의 후궁이 되고, 영조의 모친이 되었으니, 용구산은 몽성산夢聖山으로 이름이 바뀌고 용구사는 용흥사로 바뀐다. 드라마 "동이"에서는 최동이가 신분을 감춘 숙종을 만나 아름다운 인연이 시작되고 정1품 숙빈에 오르는데, 다른 기록은 장희빈과 경쟁으로 출궁을 당한 인현왕후를 그리워하던 최씨의 애잔한 모습을 목격한 숙종과 인연이 맺어지고, 숨어서 저주의 굿판을 벌이던 장희빈을 밀어내고 세 살 터울 왕후를 복위시키는 일에도 일조한다.

산청군

지리산 아래 산고수청山高水淸의 땅

이름 그대로 산이 높고 물이 맑은 산청에 지리산 천왕봉(1,915m)이 우뚝하다. 백두산에서 시작하여 남으로 뻗는 대간이 소백산맥으로 갈려 오다가 그 대장정의 흐름을 남단에서 힘차게 맺는 지리산이 백두산의 맥을 이었다고 해서 두류산頭流山이라 불리기도 했다. 동으로 합천군, 서쪽으로 함양군과 하동군, 남으로 진주, 그리고 북으로 거창군에 둘러싸인 산청군은 동쪽 황매산(1,108m)에서 시작한 단계천과 신등천이 합천에서 넘어오는 양천강과 합해져 거울같이 맑고 깨끗한 경호강鏡湖江에 합류해 남강에 이른다. 웅석봉(1,099m)에서 시작하는 남사천이 남쪽에서 남강에 합류하고, 지리산에서 시작한 덕친강도 동남방으로 흘러 남상댐에 이르듯, 모든 물줄기는 남강으로 이어진다. 80% 가까운 산림 면적에도 불구하고 경호-덕천-양천 3강 유역의 비교적 평탄한 지세와 비옥한 토질의 농경지는 선비들의 정착 세거지로 충분한 기반을 해왔고, 1,000m 넘는 준봉만도 20여 곳에 이르는 지리산 권역에 자생하는 약초가 약 1,000종에 이르고 또한 약 1,000여 농가가 40여 종 이상의 약초를 생산하며 한방 힐링 제1번지의 자부심을 키운다.

가락국 마지막 왕 전구형왕릉의 전설을 찾아 왕산에 오르고, 황매평전으로 불리는 능선 넓은 평원에 철쭉과 억새가 계절 따라 바뀌는 장관을 보려고 황매산을 찾는다. 12㎞ 대원사계곡, 내원사계곡과 웅석봉이 흘리는 백운계곡이 지리산의 넉넉한 품과 웅장함을 그대로 보여주고, 남덕유산에서 시작해 흐르는 남강이 산청 생초면에 이르러 물 맑은 경호강이라 불리며 래프팅에 적합해 여름이면 물 페스티벌도 열린다. 공자의 고향을 연상시키는 예쁜 남사예담촌이 단성면 남사리에 자리하고 있고, 고려 때 단계현의 중심지였던 신등면 단계리한옥마을 또한 옛 담장길 따라 들어선 고택과 함께 단정한 선비의 모습을 지킨다.

경호강변에서 신석기 유적, 선사 3-4세기의 고인돌과 선돌이 발견되고, 곳곳에 가야 시대로 추정되는 고분이 확인되면서 신라 역사 기록에 나타나던 산청의 뿌리를 찾아 거슬러 오르게 한다. 후삼국 시대에 쇠약해지는 신라를 차지하러 동진하는 견훤의 후백제와 남진을 하려는 고려의 왕건이 주도권을 잡기 위한 전투를 벌이던 지역으로 한동안 후백제의 영역으로 남아있었던 곳이기도 하다. 신라 경덕왕 때 높은 "산 그림자"를 뜻하는 산음山陰현의 명칭을 얻은 이래, 조선 영조 43년 어린 여자애가 출산한 음기 서린 사건으로 음자를 빼고 명칭을 산고수청山高水淸의 산청으로 변경하게 되고, 1914년 단성현을 편입해 산청

군으로 개편되며 현재와 비슷한 지역을 갖게 되었다. 산이 높고 골이 깊어 살기에 부적합한 곳이라는 선입관에도 불구하고 지리산은 많은 인물을 키웠고, 산청인들은 권력의 중심에서 멀어도 내가 지금 사는 곳이 바로 세상의 중심이라는 믿음으로 살아야 한다는 사실을 깨달았다. 퇴계학파에 비견되는 남명학파의 산실이고 삶의 질을 단번에 바꾼 의류혁명의 발상지이다. 그래서 지리智異라는 말은 어리석은 사람도 지리산에 오래 살면 지혜로워진다는 의미로 인식된다. 먼 땅에서 높은 벼슬을 했더라도 물러나면 훌훌 털고 돌아오는 회귀의 땅에서, 후학을 양성해 새 인물을 먼 땅으로 보내는 역할을 마지막 사명으로 아는 사림이 있고, 그 순회의 역할을 기꺼이 받아들이는 향촌이 있기에 일찍 산 그림자에 덮이는 깊은 마을도 어둠에서 빛을 발한다.

공부 안 하고 밥도 안 먹으려고 공부합니다

◎ 심적사

　산청읍 내리 웅석봉 아래 심적사는 통일신라 말기 929년에 창건되고 조선 중기에 중건되었다고 하지만 정확한 기록은 없다 한다. 불사 후원에 적극적이었던 효령대군의 후손으로 추측되는 추파당 홍유와 한암의 부도와 탑비 건립 시기를 각각 1836년과 1845년으로 밝히고 있어 당시까지는 규모를 유지하고 있었을 것으로 추정될 뿐이다. 한국전쟁 때 전소된 후 중창을 계속해 지금은 대웅보전, 범종각, 산신각, 선원과 요사채가 있고 특히 오백나한전이 시선을 이끈다. 나한전에 들어서면 형형색색 모두 다른 모습의 목조 오백 나한이 오래 기다리고 있었는데 이제야 오느냐 묻는 느낌이다. 산청에서 태어난 국가무형문화재 목조각장 목아선생의 작품이라더니 역시 달리 전해오는 온기가 다르다.

　화려한 단청의 나한전 사방 네 면에 걸린 글 중에 "공부합니다, 공부 안 하려고 공부합니다"로 시작하는 글귀는 공부해서 더 할 공부가 없다는 말이겠거니 아니면 이유를 불문하고 공부는 하라는 말이겠거니 생각해도, 누구의 무슨 의미인지 한동안 어리둥절 자리를 뜨지 못하게

심적사 나한전

붙든다. 가슴을 울리는 선시도 보인다. "가신님 잊으려고 잔을 드니, 님은 잔 위에 더 선명하고, 그 모습 지우려고 잔을 비우니…" 주련과 사방 벽면의 글귀가 모두 무겁다.

구연탑이라 새겨진 추파당의 석종형 부도는 머리에 연화 보주가 있고 소박한 석비의 비문도 거의 판독이 가능하다 한다. 19세기 작품으로 추정되는 불화 추파당秋波堂 진영이 스위스 취리히 박물관에 있다 하는데 어떤 사연을 안고 그 먼 땅까지 떠나야 했을까. 2019년에는 한국중앙박물관에서 보존처리까지 받고 되돌려졌다니 발 달린 문화재도 국경을 넘어버리면 국적도 잃는, 말 그대로 영원한 출가인가.

⊙ 산청향교

산청읍 산청향교는 세종 때인 1440년에 창건되었으나 정유재란으로 소실되자 1601년 옮겨지었고, 병자호란 때 다시 소실되어 약 100년 이상 방치되다가 1755년 영조 때 지금의 자리에 세워졌다. 그 후 1800년대에 몇 차례 대성전과 명륜당이 중수를 거쳤고, 1900년대에도 중수되었으나 한국전쟁으로 일부 파손되어 여러 차례 중수를 거쳐 지금의 모습을 갖는다. 경사지에 홍살문, 외삼문을 대신한 3칸 문루 욕기루, 동-서재,

산청향교

높은 축대 위로 정면 5칸 측면 3칸 명륜당이 있고 돌계단으로 올라서 내삼문을 지나면 동무와 서무는 없이 정면 3칸 대성전이 앉혀진 전형적인 전학후묘의 배치이다. 공자의 고향 산동성 곡부에는 사수와 기수沂水가 흐른다. 공자가 제자들에게 어떤 삶은 바라는지 묻는데 그중에 증점이 "욕호기浴乎沂" 즉, 기수에서 목욕하고 싶다고 대답, 공자도 함께 하고 싶다고 화답한다. 도에 통달해 어떤 경지에 이른 안락한 삶의 이상향이 욕기루에서 배어난다.

서계서원

산청향교에서 멀지 않은 서계서원은 남명 조식의 제자로 퇴계 이황에게서도 수학한 조선 중기 문신 오건을 기리기 위해 1606년 제자 정구와 문위 등의 발의로 건립, 숙종 때 사액을 받았고 고종 때 철폐되었다가 1920년 복원된다. 솟을외삼문 입덕루 안으로 4칸 강당 서계서원과 동-서재가 마주하고, 내삼문 안으로 3칸 창덕사 등이 있다. 덕계 오건은 산음현 덕촌에서 함양오씨 독자로 1521년 태어나 11세 때 부친상을 당해 3년 시묘를 시작으로 조부와 조모상 등 17년간 5번의 시묘를 하다가 28세에 결혼, 회시에 합격하고 조식을 찾아 정진하다가 38세에 대과에 합격한다. 사헌부 사간원 홍문관 삼사를 모두 거치고, 이조 좌랑 등 14년 관직을 물러날 때는 유성룡과 이율곡 등도 아쉬워했다. 도학정치를 실천하려는 그의 이상은 1571년 이조좌랑 후임 문제로 심의겸과 마찰을 겪고 이듬해 낙향해 여생을 학문으로 보낸다. 후임 추천권은 전랑

천대법에 따라 이조좌랑 오건의 당연한 권한이자 관례임에도 불구하고 명종비 인순왕후의 동생인 이조참의 심의겸이 거부했으나 결국은 관례대로 청렴한 김효원이 후임이 되었다. 그러나 후임 김효원이 그의 후임을 정할 때 심의겸이 또다시 그의 동생 심충겸을 앉히려는 갈등이 일어나 1575년 끝내 동인과 서인이 갈리며, 피를 부르는 사색당파의 시초가 되고 당파 간의 사활을 건 갈등은 조선 후기를 어지럽히게 된다.

서계서원

🔵 수선사

산청읍 내리, 작은 사찰 수선사는 같은 웅석봉 아래 심적사와는 색다른 분위기로 방문객을 맞는다. 돌을 얹은 너와 지붕의 아주 작은 일주문 안으로 거친 자연목을 사용해 만든 데크 길이 이끄는 연지가 특히 아름답고, 연못가 예쁜 펜션 모습의 템플스테이 건물 3층 노천카페 "커피와 꽃자리"는 불자가 아니어도 한순간을 오래 붙든다. 너른 잔디마당 중앙으로 극락보전이 있고 맞배지붕으로 보호되는 샘터, 무량수각, 기와지붕의 성적당, 너와지붕을 한 선열당 등이 산세에 어울려 자연스럽다. 수선修禪은 이렇게 30년도 안 되는 작고도 아름다운 사찰에서 변화를 꿈꾸는가 보다.

🔵 매란정사 오부면 양촌리 560

양촌마을을 들어가서 낮은 언덕을 넘어가면 경호강이 내려다보이는 한적한 자리에 지리산을 향한 정면 5칸 측면 2칸의 매란정사가 있다. 가운데 2칸 대청 좌로 2칸 쌍매헌과 우로 1칸 관란재 현판의 온돌방이 앞으로 퇴를 두고 난간을 둘렀다. 여흥민씨 쌍매헌 민제연은 남한산성에서 청나라에 패해 명나라를 버리고 청과 강화한 사실을 남한산성 45일 항전을 기록한 남한일기를 통해서 알고 낙망해 은거하며 지낸다. 쌍매헌은 숙종 때 80세에 노인직 동지중추부사에 이르고 관란재 민홍석은 민제연의 종손으로 효행과 시에 뛰어나고 비슷한 삶을 보낸다. 정사에서 마을로 이르는 길가 남향 언덕으로 수기의 묘가 정연하다.

대포서원

생초면 대포리 여흥민씨 집성촌에 있는 대포서원은 고려말 충신 여흥민씨 농은 민안부와 민수 부자를 배향하며 1693년 창건되었으나 고종 때 철폐되었다가 1874년 유림과 후손에 의해 중건된다. 솟을외삼문을 들어서 정면 6칸 측면 2칸의 강당과 좌우로 정면 3칸 동-서재, 내대문 안으로 정면 3칸 숭절사 등이 배치되어 있다. 민안부는 고려말 전리판서와 공양왕 때에는 예의판서를 지내다가 이성계의 조선 개국을 반대하고 고려에 절의를 지킨 두문동 72현의 한 사람으로 산청에 은거를 택해 호를 소암에서 농암으로 바꾸는 등 평범한 농촌 생활에 흡족한 여생을 보냈다. 금서면 화계리 왕산(923m)에 있는 일명 망경대로 불리는 큰 바위에 매월 초와 보름에 올라 개경을 향해 절을 올리며 예를 갖추었다는 전설의 주인공이다. 후손들이 만경대에 "예의판서 농은 민선생 장구지소" 비석을 세웠다. 농은은 독자 민수가 음서로 동복현감에 나아가는 것도 말렸을 정도로 조선을 받아들이지 않았다.

이요정

민안부의 8대손 이요당 민신국의 서당 이요정二樂亭이 생초면 노은리 738번지에 있다. 요산요수에서 인용해 이요당으로 이름하고, 선조의 말대로 벼슬을 않고 은거하며 강학을 하던 곳이다. 대포서원과 같은 시기인 1874년 중건하며 대원군이 현판을 쓴 듯하다. 1873년 11월 대원군은 권력에서 밀려났고, 1874년 11월 명성왕후의 양 오라버니 민승호와 그의 아들 등이 배달된 상자의 폭발로 의문의 죽음을 맞았던 시기와 맞물려 현판이 주는 의미가 달리 있을지 궁금해진다. 낮은 돌담에 난 솟을문을 들어서 정면 5칸, 측면 1.5칸으로 전퇴를 두고 2칸 대청, 좌우로 2칸과 1칸 방을 두고 있다. 경호강으로 흘러드는 노은천 물가, 앞뒤로 산이 에워싼 요산요수 입지에서 부귀부운계富貴浮雲戒 – 뜬구름 같은 부귀를 멀리하라는 선조 농은의 말을 새기고 살은 듯하다.

◉ 생초 국제조각공원 꽃잔디 물결

생초면 경호강가 언덕이 패랭이꽃 중에서도 지면패랭꽃으로 불리는 화려한 핑크빛 꽃 잔디로 물드는 4월 말경에 생초국제조각공원잔디축제가 열린다. 생초박물관, 산청인 국가무형문화재 제108호 목조각장 목아전수관이 있고 언덕에 전시된 국제적 조각상들이 꽃 잔디 물결 속에서 빛을 발한다. 남쪽 나라의 국민 영웅으로 떠오른 한 축구인이 어린 시절을 보낸 생초면 화촌마을 생가에 기념 공원이 들어서서 외국인들이 찾게 된다면 생초는 국제조각공원과 함께 국제적 조명을 받을 만하겠다.

매란정사

대포서원

이요정

가야 마지막 왕의 쓸쓸한 무덤

지리산 천왕봉에서 북으로 금서면과 삼장면을 가르는 왕등재王登峙에 이어 왕산(923m)이 엄천강을 만나며 기세를 멈춘다. 왕산의 북서쪽 하단에 예사롭지 않은 큰 석총이 눈을 크게 뜨게 한다. 금서면 화계리 전구형왕릉, 석총의 전면은 7층으로 쌓아 올려 피라미드 같은 모양으로 보이지만 후면은 경사지에 거의 붙어있는데 왕릉을 경사지에 이런 식으로 조성해야 했던 사연이 있었을까. 석총 중간 4단층 가운데로 석탑에서나 보이는 감실이 있고 주변 울타리를 1m 높이로 무엇에 쫓기듯 허술하게 쌓은 돌담으로 경계를 표시하고 있다. 다듬지 않고 격식 없이 막 쌓은 방식과 석총 앞의 그리 오래돼 보이지 않는 여러 석물로 보아 왕릉으로 부르기에 허술해 뵈기도 하지만, 개천 건너 삼문과 재실이 성역임을 구분해 보인다. 금관가야의 마지막 왕 구형왕은 11년간 왕위를 지키다가 532년 나라를 신라 법흥왕에게 뺏기고, 부끄러운 죽음이니 돌무덤을 만들어 달라는 유언에 따른 석총이라 하거나, 왕등재에 토성을 쌓고 신라에 항전하다가 왕산으로 후퇴해 최후를 맞았다는 전설도 있다.

심증은 가지만 기록이나 물증이 없어 "전할 전傳"을 붙인 "전구형왕릉"이 언제나 왕산과 함께 위엄과 권위를 찾을지. 그때가 올 때까지는 석탑의 변형이라거나, 죽은 장수를 위해 부하들이 쌓은 무덤이라는 이설을 감내해야 하고, 왜적이 도굴하려다 갑작스러운 천둥 벼락에 놀라

도망했다거나, 가뭄에 기우제를 열면 큰비가 내렸다거나, 심한 바람에도 낙엽 하나 들지 않고, 새도 오물을 떨구지 않을뿐더러 흔한 칡도 뿌리를 뻗지 못하는 성역이라는 전설로 만족해야 할 듯하다. 왕등재 습지 주변 능선으로 토성 흔적이 보인다고 하고, 왕릉 어귀에는 구형왕의 증손 김유신이 활쏘기 연습을 한 곳이라는 사대비射臺碑도 보인다. 망국 가야 출신으로 신분 차별을 극복해야 했던 절치부심의 현장인가.

왕릉 입구 60번 도로변, 막돌로 낮게 쌓은 담장 안 넓은 터에 덕양전을 중심으로 양왕이라고도 부르는 구형왕을 모시는 성역이 조성되어

전구형왕릉

있다. 1798년 향례를 올리던 곳에서 1898년 이름을 양왕을 인용해 덕양전으로 바꾸며 1930년 현재의 자리로 이건하고 1991년 중건을 했다. 외삼문을 들어 우측으로 신도비각이 있고 누각문 해산루를 지나면 좌우로 동-서재 그리고 연신

덕양전

문을 들어서 좌우로 안향각과 수정궁 그리고 중앙에 덕양전이 자리하고 그 우측 영정각에 구형왕과 계화왕후의 영정이 모셔져 있다. 김해김씨 문중에서 매년 봄가을 두 차례 추향 제례를 지낸다고 한다.

    구형왕릉 주차장에서 울창한 임도를 따라 왕산을 향해 오르면 구형왕이 양위 후에 머물렀다는 전설의 수정궁 터, 허준의 스승 유의태가 탕약에 썼다는 유의태 약수터, 민안부가 개경을 바라보며 절을 했다는 망경대를 만날 수 있다. 특히 이 구간 임도는 먼 산간에서나 볼 수 있는 아름다운 숲길로 이름을 얻고 있다.

🌀 동의보감촌

    금서면 왕산王山 북동향 기슭에 동의보감촌이 35만 평 부지에 펼쳐져 있다. 엑스포 주제관, 등황전, 한의학 박물관, 한방 기체험장이 있고, 곰과 거북이 조형물이 있는 휴식 공간 한방 테마공원, 약초관과 미로공원이 있는 약초체험 테마공원, 허준 순례길, 한옥 동의본

가, 한방콘도와 휴양텔 등의 숙박 시설과 식당 매점 등이 빼곡하다. 9월 말이면 산청한방약초축제가 열리고 진료클리닉과 한약 제조도 알리는 대형 테마파크다. 허준과 유의태의 인연에 대한 의문도 많이 제기되기도 하지만, 약초의 보고인 지리산 자락에서 많은 한방의가 활동한 사실을 배경으로 한방 의술의 역사를 재현하려는 꿈을 실천한다. 동의전을 주 전각으로 하는 한방 기체험장 경내에는 매우 흥미로운 기氣바위가 3개 - 무게 100톤 넘는 귀감석, 마음을 거울에 비춘다는 약 60t 석경과 복을 솥에 담는다는 복석정이 있다. 소문난 신비의 돌을 인근 마을에서 옮겨다 놓은 것들이라는데 기를 채우고 무병장수와 소원을 빌면 이루어진다는 소문에 많은 사람이 찾는다. 귀감석이나 석경에는 상형문자들이 새겨져 있는데 특히 귀감석은 거북이 등 같은 문양에 천하 귀감을 뜻한다는 상형문자를 포함해 다수의 문자가 새겨져 신비감을 더하고, 기가 얼마나 발산하고 있는지 체험도 할 수 있다고 한다. 먼 산청 땅 넓은 부지에 대규모 테마파크로 조성된 동의보감촌은 백문이 불여일견이란 표현이 어울릴만한 곳이다.

⊙ 광제암문 암각

최치원이 관직을 물리고 단속사에 머물 때 쓴 글로 추정되는 광제암문光濟嵒門 네 글자가 남사천을 끼고 달리는 1001번 지방도와 남사천 사이의 낮은 암봉의 북쪽 암벽에 있다. 단성면 청계리 495번지로 추정되는 도로변 작은 가옥 마당에서 암벽을 올려다보면 흔히 보기 어려운 암각자에서 절제된 힘이 느껴진다. 2㎞ 남쪽에서 단속사가 멀지 않았음을 알려주는 듯한 암각문자는 테두리에서 발견된 작은 글체로 보아 어느 스님을 가리킨다는 이견도 있지만, 네 글자의 의미와 형식으로 보아 상당한 무게감을 주는 것만큼은 사실이고 최치원의 독서당이 인근에 있었다는 얘기 또한 이를 뒷받침한다.

🅢 춘래대 암각 금서면 지막리 왕등재로 42번지

　금서면 지막리 지막마을회관을 보고 우측으로 걸으면 왼편 석벽에 자연동천紫煙 춘래대와 덕계오선생장구지소 등의 글자가 암각되어 있다. 석벽 위로는 안타깝게도 거의 스러져가는 정자가 맑은 물이 흐르는 작은 향양천 지막계곡을 내려다보고 있는데, 참고될 만한 흔적이 없어 전해오는 이야기 속의 춘래정이 아닐지 추측할 뿐이다. 남명 조식이 애제자 덕계 오건을 만나서 강학과 만남의 기쁨을 나누던 장소로 알려진 춘래대는 봄바람 같이 스며드는 학문의 깨달음을 즐기던 곳이다. 언제부터인지 길로 잘려나가 옛 자취를 더듬어 볼 수 없지만, 세월이 흘러도 변하지 않고 자유분방하게 배열된 암각은 쌀쌀한 2월 말에 찾아도 봄이 멀지 않았음을 전한다. 남명은 덕계를 무척 아껴 그가 떠날 때 10리를 배웅하며 마지막 술자리를 만들며 무척 아쉬워했다는데, 덕계가 말에 오르다 취기로 떨어져 머리를 다쳤다는 곳이 송객정送客이 있었던 지금의 삼장면 덕교리 서당마을쯤으로 되어 보이는데 산천재에서 시오리 길은 되어 보인다.

광제암문 암각

춘래대 암각

양단수 명당에서 꽃핀 남명학파

남명 조식은 합천군 삼가면 출생이지만 약 100리 떨어진 옛 이름 두류산 천왕봉 아래 양단수 명당을 찾아 자리를 정해 마지막 10여 년을 보낸 곳이 산청 시천면 원리와 사리 일원이다. 사리에 산천재, 별묘 여재실, 그리고 신도비가 있고 원리에는 덕천서원과 세심정이 있는 등, 일대는 사적 제05호로 지정되고 유학의 상징이 되어 한국선비문화 연구원도 들어섰다.

영남학파를 영남좌도의 퇴계와 나누었던 영남우도의 거두 남명은 한 번의 과거 실패와 사화의 난국 속에서 벼슬이 갈 길이 아님을 깨닫고 일생을 후학을 양성하며 처사로의 생애로 만족하며 마친다. "어떻게 해야 두류산처럼 하늘이 울어도 울지 않을 수 있을까" 높은 천왕봉 위 하늘을 매일 바라다보던 남명의 높은 뜻과 기개를 이어받은 남명오현 五賢 오건, 최영경, 정인홍, 김우옹, 정구와 곽재우, 하항, 하응도 등 걸출한 인물들을 문하에 두었다. 그는 허리에 자신을 항상 일깨우는 쇠방울 성성자와 내명자경 외단자의 內明者敬 外斷者義가 새겨진 칼을 차고 다니다가 죽음에 이르러 제자들에게 물려준다. 동시대 퇴계 이황, 화담 서경덕, 토정 이지함, 대곡 성운 등과 교유하며, 항상 스스로 깨어있기를 바라고 내면의 밝음이 경敬이고 밖으로 단호한 실천이 의義임을 추구한 당대 위대한 처사였다.

산천재

두 계곡물이 합치는 곳은 자연히 땅이 넓고 기름지고 또한 순한 지세에 물과 어울리는 풍광이 좋고 주거에도 적합해서 길지로 꼽으며 양단수라 한다. 산청에는 생초면이나 삼장면 등 몇 군데 크고 작은 양단수兩端水가 있는데 천왕봉 아래 중산리를 흐르는 시천천이 천왕봉 대원사 계곡에서 흘러내려오는 덕천강에 합류하는 곳이 제일-남명이 감탄한다. "두류산頭流山 양단수를 예 듣고 이제 보니, 도화 뜬 맑은 물에 산영조차 잠겼어라, 아이야 무릉이 어디냐 나는 여긴가 하노라." 양단수에 위치한 산천재山天齋는 남명이 만년인 61세에 지어, 그동안 쌓아왔던 학문과 정신을 마지막 열정으로 쏟아 후학을 키우다가 1572년 72세에 운명하였던 곳이다. 담 안으로 정면 3칸 측면 2칸의 산천재와 정면 2칸의 소박한 살림집 마당에 손수 심은 남명매南冥梅가 400여 년 세월을 지키고 있다.

덕천서원

덕천서원은 남명 사후 4년인 1576년 최경영, 하항, 하응도 등 제자들에 의해 덕산서원 이름으로 창건되었으나 임진왜란 때 소실되어 1602년 중건되고 1608년 광해군 때 덕천서원 이름으로 사액서원이 되고, 그 후에도 소실과 중건, 다시 철폐를 거치고 1930년대에 복원된다. 솟을외삼문인 시정문을 들어서면 중앙으로 정면 5칸의 강당 경의敬義당과 좌우로 동-서재가 있고 뒤로 내삼문을 들어서 정면 3칸의 사우 숭덕사가

산천재

덕천서원

세심정

있다.

사리의 여재실은 문중에서 남명과 숙부인 위패를 모시고 제를 올리는 별묘이고, 사리 산천재 뒷산에는 생전에 남명이 손수 정한 터에 검소한 남명 묘소가 남향을 바라보고 있다. 사리 남명기념관에 우암 송시열이 지은 신도비가 있고, 산천재 경내에 선조가 사후에 내린 사제문 賜祭文의 비석도 있다. 모든 사람이 세속에 아부해도 선생은 변하지 않았으니 이제 누구에 기대겠냐고 순수한 애도를 표했다.

세심정 시천면 사리 384

세심정은 남명의 제자 최영경이 1582년 덕천서원 앞에 휴식처로 지은 정자로 덕천강 도로변에 있다. 덕천서원의 운명과 같이했을 세심정도 중간에 취성정 등의 이름을 갖다가 다시 세심정으로 바뀌는 등 여러 번의 소실과 중건을 거쳐, 원래 모습을 지키고 있는 것인지 모르지만, 정자가 전해주는 의미는 세월에도 변함이 없을 것 같다. 서울에서 나고 남명의 문인으로 사헌부 지평을 사직한 수우당 최영경은 정여립 모반사건으로 정철 등 서인들이 주도하던 기축옥사에 연루되어 억울하게 옥에서 사망하고, 사후에 대사헌 추증이 이루어진다.

🜾 지리산 성모상

시천면 중산리 천왕봉을 가장 빠르게 오르는 길가에 거친 조각임에도 인자한 모습이 우러나는 지리산성모상이 돌계단 위에 보인다. 전해오는 얘기는 신라 박혁거세가 그의 어머니를 지리산 산신으로 봉해 나라의 수호신으로 제향을 했다거나, 지리산 천왕이 고려 왕건의 어머니 위숙왕후라고 했던 제왕운기에 근거하기도 하고, 달리는 단순히 토속신앙에 근거한 여신상으로 말하기도 한다. 그러나 아들을 지키는 어머니 성모상이라는 사실은 모두의 공감을 모은다. 성모상은 연화좌에 저고리를 입은 상반신 가슴 앞으로 두 손을 모은 채, 틀어 올린 머리에 둥근 얼굴, 오뚝한 코, 깊은 눈으로 사랑을 전하는 모습 등, 영락없는 우리의 헌신적인 어머니상이다. 연화좌대는 화강암인 데 반하여 몸체만 푸른빛을 띠고 있는 것이 옥석이나 또 다른 석질인 탓인지 보기 어려운 빛을 띠고 있다. 고려 말 이성계에 대적했던 왜장이 성모상의 귀를 떼어갔다가 죽었다는 전설이 진실인 듯 성모상에는 귀가 없다.

지리산 성모상

대포리 삼층석탑

삼장면 내원사를 오르다가 대포리로 들어가면 옛 절터였었는지 석축을 쌓아 만든 공터에 보물 1114호 대포리 삼층석탑이 외롭게 남아있다. 상하 2층 기단 위에 3층의 탑신과 상륜부를 한 모양이지만 상륜부 자체는 없어졌다. 하층 기단 면석은 각기 우주와 2개 탱주가 있고, 상층기단은 우주 탱주가 각 1개이고, 각층의 탑신과 옥개석이 하나의 돌이며 옥개석은 4개 받침을 하고 네 귀퉁이 끝이 살짝 들렸다. 1층 탑신이 도굴로 파괴되어 복원하며 새로 넣었다 하는데, 2-3층에 비해 커서 균형이 벗어난 모습으로 보이지만, 과연 상륜부가 어떤 크기에 어떤 모양을 하고 있었을 지가 전체 균형의 열쇠가 될 듯하다. 통일신라 때 양식으로 비교적 원형을 잘 지키고 있고 연연 세월의 고색도 기품을 잃지 않고 있다. 천왕봉에서 흘러내린 삼장천이 덕천강에 합류하는 대포리大浦里가 삼장三壯면의 중심인데, 세 장사가 난 곳이라는 전설과 산山·수水·인人 셋 모두가 뛰어난 곳이라는 유래가 전해진다.

대포리 삼층석탑

ⓢ 내원사

삼장면 내원리 내원사는 이름만으로는 오랜 사찰이 아니다. 657년 원효대가가 덕산사로 창건했고 후에 무염국사가 머물며 널리 알려지고, 조선 중기에 화재로 소실된 것을 1959년이 되어서야 재건하며 고쳐 불리는 이름이다. 짧지만 청량한 기운이 느껴지는 반야교를 건너서 비로전, 대웅전, 산신각, 요사채 등이 전부인 크지 않은 사찰이지만, 소실된 자리에서 오랜 세월 말없이 자리를 지키고 있는 보물 제1113호 삼층석탑이 맥을 이어주는 듯하다. 삼층석탑은 우주와 2개 탱주가 희미한 하층 기단과 우주와 1개의 탱주를 둔 상층기단 위에 우주를 새긴 탑신과 4단 옥개받침의 옥개석으로 구성되어 있고 상륜부는 훼손이 심한 상태이고 기단도 불에 심하게 그슬린 흔적이 보이지만, 탄탄한 구성비를 보인다. 전각 중에는 정면 3칸 산신각이 좌우 각 1칸이 칠성각과 천왕각으로 구분되는 독특한 형식을 보여준다. 경내 마당에 옮겨놓은 검은 기 바위에 두 손을 대고 만물과 하나가 되는 좋은 기를 느껴보라는 안내가 보인다.

지리산 900m 중턱에 있는 석남암 터에서 옮겨와 비로전에 모셔진 국내는 물론 동아시아에서 명문으로 밝혀진 최고最古의 지권인 비로자나불좌상이 국보 제233-1호이고, 같은 자리 불상 대좌 중대석에서 발견된 "석남암사지 석조비로자나불좌상 납석사리호"가 국보 제233-2호이다. 좌상은 영태 2년 즉 불국사 창건 해인 766년 법승과 법연에 의해, 신라의 요절한 화랑으로 추정되는 두온애랑을 발원하기 위해 제작되었

고, 납석으로 만들어진 암갈색 사리 항아리는 표면에 제작 기록과 발원문이 새겨져 있는 귀중한 자료로, 부산시립박물관에 보관되어 있다. 불교사와 불교미술 연구에 획기적인 가치를 인정해 2016년 국보로 승급됐다.

◉ 대원사

돌을 굴리는 물소리가 넘치는 삼장면 대원사 계곡을 따라서 들어가 만나는 대표적인 비구니 수행도량 대원사는 신라 진흥왕 548년 연기조사에 의해 창건돼 평원사의 이름을 했고, 임진왜란 때 전소해 1685년 중창해 대원암으로 부르다가, 1890년 다시 중창해 대원사가 되지만 1948년 여순반란사건 때 전소되어 1955년 중창된다. 짧은 역사에 문화재는 오직 다층석탑이지만 매우 정돈되어 있고 청정의 대원사계곡과 숲이 싱그럽게 어울리는 사찰이다. 일주문에서 걸어올라 봉상루 아래로 들어서면 정면으로 대웅전, 원통보전, 승방 천광전, 명부전과 염화실 뒤로 산왕각 등 전각 이외에도 템플스테이, 요사채 등이 경사면을 따라서 자연스레 배치되어 있다.

경내 높은 곳 비구니 선원 사리전 옆에 우뚝한 보물 제1112호 대원사 다층석탑은 신라 선덕여왕 때 자장율사가 부처님의 사리를 봉안하기 위해 건립한 것으로, 2층의 기단 중 위층 기단, 네 귀퉁이에 보통의 기둥 대신 문인석을 조각해 마치 문인이 떠받치고 있는 듯하고, 네 면에는 사천왕상으로 보이는 조각을 했다. 8층까지 올리며 각층의 체감비

내원사 삼층석탑

대원사 다층석탑

율이 정확해 1층부터 8층까지 기하학적 사선을 지키며, 마지막 8층이 크지도 작지도 않은 크기에 상륜부를 올려 하늘 높이 솟은 첨탑 모습이다. 전체적으로 외형이 날렵하면서도 자칫 잃을 수도 있는 안정감을 지키며 팔등신 아름다움을 뽐낸다. 임진왜란 때 파괴되어 1784년에 다시 세워졌으나 조선 전기의 양식이 녹아든 것으로 보인다. 철분이 함유된 화감암이 석양에 붉은 기운을 띠어 보이게 하는데, 전설은 나라에 경사가 있으면 탑에서 서광이 비치고 향기가 경내에 퍼진다고 하고, 또 마음이 맑은 사람에게는 연못에 비치는 탑의 그림자 속에서 탑 안에 있는 사리도 보인다는데 오랜 세월 지형이 변했는지 아니면 인근에 연못이 보이지 않는 것은 마음이 탁한 탓인지 되돌아보게 한다.

같은 지리산에서 내리는 8㎞ 내원사 계곡이 크고 작은 너럭바위가 아기자기하게 장식해 물놀이에 좋은 편이라면, 대원사 계곡은 12㎞의 깊은 계곡에서 풍부한 수량으로 우렁찬 소리를 내며 흐르는 물줄기가 만드는 용소, 폭포와 덩치 큰 바위가 어우러져 다양한 경관을 보인다.

이름만큼 예쁜 남사마을 예담촌

단성면 남사 예담촌은 옛 담장을 앞세운 이름, 조용한 골목길 긴 담장 너머로 보이는 무거운 지붕들은 옛 선비들의 고고한 멋을 은근히 드러낸다. 예담촌의 안내서를 들고 꼬불꼬불 호박돌이 박힌 황토담길을 걸으며, 담 너머 한옥들을 기웃거려 보는 맛이 과연 명품급이다. 모 사단법인이 한국에서 제일 아름다운 마을 제1호로 정한데다가 약 3㎞ 담장 길이 국가등록문화재 제281호로 지정된 배경이 그럴 만해 보인다. 반달 모양 휘돌아 흐르는 남사천 남쪽 남사리는 물이 만든 마을인 듯, 비 오는 날 물에 흠뻑 젖어 윤기가 번지는 토담 위 기와와 고옥의 검은 기와지붕이 비로소 생기를 찾은 듯 유난히 아름답다. 공자의 고향 산동성 곡부마을 뒷산 니구산과 사수泗水가 남사리를 닮았던지, 남사리에도 니구산이 있고 남사천은 사수천의 이름도 갖고 있어 공자를 숭상하던 선비들의 기운이 잠겨있는 듯하다.

고려말 여사촌 이름으로 진주목에 속했던 남사리에 원정공 하즙을 시작으로 진주하씨, 성주이씨, 밀양박씨, 연일정씨가 정착했고 현재는 성주이씨가 주류를 이루는 듯하다. 진주하씨 원정공 하즙이 심은 약 680년 원정매梅와 하즙의 증손으로 세종 때 영의정을 지낸 문정공 하연이 심은 600년 넘는 감나무가 지키는 하씨고가를 찾은 흥선대원군이 친필로 원정구려元正舊廬를 남긴 것을 보면 예부터 산청 삼매三梅 중에

서도 원정매의 동경심은 유난했던 듯하다. 마을 가득한 고옥을 감싸는 골목길을 돌며 사양정사, 이씨고가, 영모재와 사효재를 찾아보고 부평교를 건너 기산국악당, 이사재, 초포동교 건너 이동서당과 유림독립기념관을 찾는다.

예담촌 돌담길

ⓢ 사양정사

마을 안 사양정사는 조선 말 유학자 연일정씨 정제용의 추모를 위해 그의 아들 정덕영과 장손이 남사리로 이주해 와서 1920년경에 지은 정사이다. 정면 7칸 측면 2칸에 좌우 양쪽 끝 1칸 마루는 전면에 계자난간을 두른 누마루

사양정사

형식을 취했고 가운데 2칸 대청마루를 좌우로 전퇴를 둔 1칸과 2칸의 방을 꾸몄다. 백두산 느티나무를 어떻게 배로 운반해 와서 기둥에 사용했다 하는지, 전체적으로 무거운 지붕과 튼실한 구조를 하고 있어 정몽주 후손다운 기개가 느껴지기도 한다. 솟을 대문채도 4칸의 광을 포함해 7칸인 큰 규모로 한옥스테이를 위한 방을 꾸며 놓았다. 사수천 남쪽에 있어 사양泗陽 이름을 했다고 하고 마당에는 오랜 단풍과 배롱나무가 세월을 지키고 있다.

ⓢ 남사리 이씨고가

토담 아래 뿌리를 내린 300년 회화나무 두 그루가 골목 양쪽에서 X자 아치를 만들며 환영하는 남사리 이씨고가- 미로를 걷다가 길을 물었던 동네 노인도 두 팔을 X자로 만들어 알려줬듯이 회화나무 아치는 이씨고가는 물론 남사마을의 상징이다. 선비의 나무 회화나무가 만

든 아치 아래를 부부가 손잡고 걸으면 소문대로 백년해로가 보장될 듯이 신비한 모습이다. 토담 골목 끝에 소박하고 낮은 대문을 들어서면 의외로 규모 있고 반듯한 마당과 정면 4칸 측면 2칸 반의 사랑채가 나타난다. 사랑채 옆 3칸 중문채를 통해 들어서면 정면 6칸 측면 2칸 반의 안채와 왼쪽으로 정면 4칸의 아래채, 오른쪽으로는 광채가 자리해 ㄷ자 배치이고 뒤로 별도의 담 안으로 사당이 있다. 규모에 어울리지 않게 작은 대문채나, 안채와 사랑채 등 여타 건물의 배치를 보면 건축이 시대를 건너뛰며 증축된 것으로 보인다. 안채는 대청 오른쪽으로 작은방, 안방과 부엌이 있고 왼편으로 건넌방을 구조로 18세기에 지어지고 사랑채는 1910년경에 세워져 200년의 큰 시차를 보인다.

이씨고가 사랑채

이성계가 서울 정동에 정릉과 흥천사를 지었을 정도로 죽음을 슬퍼했던 계비 신덕왕후의 딸 경순공주와 남편 성주이씨 이제가 자식 없이 이방원에 의해 죽자 조카 이윤이 대를 잇게 되고, 이윤의 아들이자 성삼문의 이모부인 이숙순이 내려와 정착하며 입향조가 된다. 이성계는 계비가 낳은 방번과 방석을 잃고 경순공주라도 살리려 눈물로 머리를 깎아 정업원 비구니로 출가하게 했다. 왕자의 난과 계유정난으로 벌어진 비극의 씨가 회화나무로 자라서 뭇 사람의 발길을 막느라

X자형으로 자란 것은 아닌지. 근처에 성산이씨 재실인 영모재와 이제가 조선 태조 원년 조선 개국 공신으로 받은 보물 제1284호 공신교서 기념비가 있다.

이씨고가 입구 X자 회화나무

니사재

공자의 고향을 떠올리게 하는 남사천을 니사교로 건너 약 200m 니구산尼丘山 아래 니사재 尼泗齋를 찾는다. 암반 경사지에 석축을 켜켜이 쌓고 층층이 건물을 올린 니사재의 돌계단을 올라 거유문을 통해 들어서면 사수

니사재

천 건너 남사마을 정겨운 모습이 한눈에 들어온다. 정면 5칸 측면 2칸의 니사재는 문과에 급제하고 1562년 종사관으로 참전해 임꺽정의 난을 진압하는 공을 세워 대사헌과 호조판서를 지낸 밀양박씨 송월당 박호원을 위해 후손들이 1857년경 지은 재실이다. 재실 옆으로 작은 샘을 연결해 못을 만드는 등 알뜰하게 경사지 공간을 활용해 짜임새 있게 조성되었다. 아들 박정현과 손자 박인제 3대가 문과에 급제한 명문으로 이름을 얻었고, 송월당은 난을 진압하고 명종과 대면한 자리에서 "도적

은 백성이 곤궁한데 수령이 백성을 사랑하지 않을 때 생긴다."하며 문제의 근원과 대책을 서슴없이 밝힌다. 이런 인물을 이순신이 익히 알고 있었을 듯, 백의종군 길에 하루를 지냈다고 전해오는데 당시에는 지금 같은 이사재가 없어 농노의 집에서 묵었다는데 어느 잠자리인들 편했을까.

이동서당 사월리 1344-1

1919-20년에 면우 곽종석을 모신 이동서당이 세워지고 사우가 1991년 추가되었다. 사월리 초포에서 태어난 면우는 당시 영남 유림을 대표하는 유학자로 1919년 파리평화회의에 보낼 파리장서를 김창숙과 함께 주도해 체포되고 옥고 끝에 사망, 1963년 건국훈장 독립장에 추서됐다. 옆의 유림독립기념관은 2013년 세워져 면우를 중심으로 유품과 유림의 활동 상황을 전시하고 있다.

기산국악당

니사재 옆 넓은 대지에 5칸 솟을대문채 안으로 기념관과 교육관이 마주하고 중앙에 기산관이 배치된 기산국악당이 보인다. 명인 박귀희, 김소희 등과 뜻을 같이해 1960년 국악예술학교를 세워 초대 교장을 하는 등 국악의 이론 정립과 교육에 헌신했던 기산 박헌봉이 태어난 곳에 2013년 생가 복원을 하며, 교육을 위해 지은 한옥 3채에서 아직도 송진 냄새가 나는 듯하다. 어려서 서당에서 사서삼경 등 한학을 배우고 15세에 상경해 신학문을 공부하고 20세를 전후부터 가야금 등 국악을 배우기 시작해 풍류, 민속악, 가무도 연구하다가 해방을 맞아 본격적으로 국악 부흥과 교육에 힘쓴다.

사효재

성산이씨 이재를 모신 영모재 근처 사효재四孝齋는 1706년 아버지를 해치려는 칼을 자신의 몸으로 막아 화를 피하지만 결국 8년을 고생하다가 운명한 성주이씨 이윤현의 효심을 기려 나라에서 효자비를 내렸고 훗날 문중에서 재실을 만들었다. 그리 오랜 나무로 보이지는 않지만, 몸통을 비틀며 하늘로 자란 520살 향나무가 마당에서 사효재를 지킨다.

향나무는 성주이씨와 마을 제례에 향으로 사용된다 한다.

소남리 조씨고가 단성면 소남리 532-2

소남리 조씨고가는 1890년에 건축, 솟을대문채 안으로 사랑채, 광채, 안채 그리고 사당이 ㅁ형으로 구성된다. 안채는 정면 6칸 측면 2칸으로 왼쪽으로부터 부엌-방 2개-대청 2칸-방으로 배치되고, 사랑채는 ㄱ자로 정면 6칸 측면 2칸이며 끝으로 2칸 대청은 누마루 형식으로 난간을 둘렀고, 사당은 정면 4칸에 측면 2칸으로 큰 편이다. 함양의 안음현감을 지낸 함안조씨 조응경이 세거한 곳으로 그의 손자 대소헌大笑軒 조종도는 유성룡과 김성일 등과 교유하며 장예원 사평과 임진왜란

사효재

소남리 조씨고가 안채

때 단성현감을 지내며 적극 의병활동을 하고, 함양군수로 있던 정유재란 때는 인접 안음(안의)현감 곽준과 함양 황석산성에서 싸우다가 60세에 전사하고 부인도 따라서 순절해 이조판서에 추증, 소남리에 묘소가 있다. 남명 조식의 제자로 밝고 해학을 즐겼다는 세평에 어울리는 "대소헌세장" 편액이 그의 순절을 더욱 안타깝게 만드는 곳이다. 조종도는 함양 서하면 황석산성 아래 황암사에 곽준과 함께 배향되어 있다.

신안정사 단성면 강누리 745

신안정사는 1538년 지역 유림에 의해 창건, 주자와 우암 송시열의 영정이 봉안되어 있다. 1872년 중건을 거치고, 주자의 영정을 모신 사당은 최근 2006년 복원되었다. 5칸 대문채를 들어서 정면 5칸의 신안서사書社가 있고, 오른쪽 솟을삼문 안으로 정면 5칸의 신안정사와 뒤로 영정을 모신 정면 3칸의 신안영당이 있는데 두 구역은 중간의 협문으로 연결된다. 정사와 서당으로도 불리는 서사는 규모나 모양이 같지만, 정사는 가운데로 2칸 대청을 두고 있는 것이 다르고, 명나라 비운의 마지막 황제인 숭정제 의종이 글씨를 모사한 비례부동非禮不動 편액이 걸려있다. 넓게는 예에 맞지 않으면 말하지도 듣

신안정사

지도 보지도 행하지도 말라는 네 글자-송시열이 사랑한 문구는 괴산군 화양계곡 제5곡 등지에 암각이나 글씨로 전해져 오고 있다.

단속사지 삼층석탑 단성면 운리 302

탑동마을 단속사 옛터에 통일신라 양식으로 추정되는 보물 72호와 보물 73호 단속사지 삼층석탑이 동서쪽에서 나란히 남향하고 있다. 매끈한 면석에 우주 탱주를 둔 상하 기단 위에 우주를 새긴 삼층의 탑신, 5단 옥개받침으로 경쾌하게 들어 올리며 직선 처리한 옥개석, 그리고 상륜부는 사각 노반과 연화를 두른 듯한 복발과 훼손이 심한 보개로 구성되었는데 서탑은 그나마 훼손이 되어 짐작만 될 뿐이다. 직선과 기하학적 비례를 고려해 전체와 층간 높이와 폭을 계산해 만든 듯한 쌍탑은 단순하고 견고함에서 아름다움을 찾으라고 말하는 듯하다.

속세와의 단절을 의미하는 듯한 단속사는 763년 신충에 의해 창건되었다는 얘기도 있고, 748년경 신라 경덕왕의 총신 이준이 귀족들과의 갈등으로 50세에 물러나 불문에 귀의해 세운 교종사찰로 후에 당에서 유학하고 돌아온 신행선사에 의해 선종 사찰로 변했다고도 한다. 고려 때는 국사로 추증된 탄연, 효돈선사, 보조국사 지눌의 제자 진각국사 혜심, 만종과 원오국사 천영 등이 두루 거쳤던 큰 사찰로 조선 전기까지도 보광대전 등 많은 전각과 행랑채 등으로 전성기를 누렸다. 고려 무신정권 최우의 서자로 출가해 단속사 머물던 만종 때는 백성들의 원성을 살 정도로 재산을 쌓아가며 번창했지만, 조선의 억불정책으로 점차 쇠락하다가 정유재란에 완전히 소실돼 지금의 석탑과 아래쪽에 당간지주만 남겨 있다. 일으키기는 어려워도 쓰러지기는 한 순간이라는 말이 실감나는 폐사지에서 아직도 쌍탑이 미끈한 모습으로 지난날을 지킨다.

813년 신라 때 세운 신행선사탑은 멸실되고 탁본이 남아 신행이 30세에 출가해 76세인 779년 단속사에서 입적한 사실을 밝히고 있고, 고려 인종의 왕사을 지낸 대감국사의 1172년 탄연비도 탁본이 남아 입적 전 10여년을 단속사에서 보낸 사실 등을 전하고 있다. 이렇듯 삼국유사에도 등장할 정도로 단속사는 상당한 규모로 사세를 유지했었던 것으로 보인다. 10구체 향가인 원가怨歌를 지은 총신 신충도 763년에 물러나 단속사로 출가한 사실을 보면 단속사의 속세는 범인의 세상이라기보다 경주 권력의 피난처를 의미하는 모양이다. "뜰의 잣나무가, 가을이 되어도 안 이울어지니…" 신충의 원가는 8구체로 남아, 잣나무를 걸고 한 약속을 잊고 부르지 않는 신라 효성왕을 원망한다.

삼층탑 뒤로 돌아가면 600년이 넘은 정당매政堂梅와 사연을 밝히는 정당매비각이 있다. 진주강씨 인재 강희안의 조부인 강회백 강회중 형제가 단속사에서 수학할 때 심었다는 매화는 새싹을 못내 시들어가고 대신 수년 전에 가지를 잘라 후계목으로 키운다. 공양왕의 사위 강회계의 형 강회백은 고려말 문과에 급제해 정당매의 이름이 되는 종2품 정당문학政堂文學 겸 대사헌을 지냈고, 그의 손자 강희안은 세종이 이모부

가 되며 호조참의, 황해도관찰사와 중추원부사를 지냈고, 동생 강희맹은 세조-성종 때 형조, 병조 이조판서 등을 두루 지냈다. 강희백은 예담촌 하씨고가 원정매의 주인 원정공 하즙의 외손자로서 외가에서 자라며 집안의 매화 사랑이 각별해진 듯하다. 남명의 산천재에 있는 남명매, 정당매, 원정매 셋이 이룬 산청삼매가 언제까지 전설을 이어갈지, 초봄이면 매화를 찾아 여행하는 이들의 가슴을 졸이게 한다. 남명은 단속사에서 유정을 만나 시를 남겼는데 "정당매가 푸른 열매를 맺었을 때 [靑子政堂梅]" 만남을 기억하자고 얘기한다.

단속사지 동탑과 서탑

눈송이같이 흰 꽃이 일으킨 부민 혁명

삼우당三憂堂 문익점은 12세에 고려 말 목은 이색의 부친 이곡의 제자가 되어 이색과 수학을 같이해 20대에 이색과 함께 정동향시에 합격하고 32세에 정몽주와 같이 문과에 급제해 벼슬길에 오른다. 나라 걱정, 성리학이 정착 못 하는 세상 걱정, 부족한 자신에 대한 걱정으로 가득한 삼우당은 고려가 망하자 낙향해 면화 재배에 힘쓰다가 70세에 사망해 조선 정종, 태종 때에 그의 공을 인정받고 세종 때는 영의정으로 추증된다. 공민왕과 원나라의 갈등이 심했던 1363년 연경에 사신으로 갔던 삼우당의 원나라에서 행적이나, 목화가 과연 반출이 금지돼 붓 뚜껑에 숨겨왔는지, 또한 장인과 손자들의 역할에 대해서도 이견이 있기는 하지만, 문익점의 선택과 안목은 생활과 경제에 혁명적이었다. 고향인 산청에서 비밀리에 재배를 진행, 장인 정천익의 도움으로 3년 만에 성공해 고향 사람들과 씨를 나누고 재배를 돕는다. 재배의 성공은 시작에 불과, 목화에서 씨를 뽑아내는 씨아와 실을 뽑는 물레를 중국 승려에게서 배웠다고 전한다. 그의 손자 문래文來가 개발했다고 물레가 되고, 새로운 천에 달리 이름이 없어 무명이라 했다는 설도 있으나 다른 손자 문영文英이 직조한 천이라서 무명으로 부르게 되었다는 사연을 보면, 맨땅에서 궤도에 오르기까지 시행착오를 거치며 온 가족이 상당 기간 집중했던 듯하다.

단성면 사월리와 신안리 일대에 삼우당문익점선생 사적지가 넓게

조성되어 도천서원과 신안사재, 묘소, 목면시배 유지와 사적비, 면화전시관, 효자비각과 부민각을 둘러 볼 수 있다. 부유한 백성을 뜻하는 부민각은 문익점이 전래한 목화가 백성들 삶의 질을 얼마나 높였는지 보여준다. 고려 선비의 업적을 왕조가 바뀐 후 조선 세종이 그의 업적을 기려 부민후富民侯로 추증한 사실도 그렇다. 김굉필은 한시에서 "가을 밭에 핀 눈송이 같은 흰 꽃"이라 신기함을 얘기하고 김종직도 "우리나라가 생긴 지 몇몇 해, 백성에게 옷을 입힌 처음의 목화밭이 여기에…귀한 옷감이 되어 빛나고 무궁하여라.…"라고 칭송한다. 도천서원으로 들어가는 길목에 있는 문익점 신도비는 1834년 강화도에서 캐낸 돌을

문익점 선생 사적지 전경

등짐으로 3년 걸려 운반해 와서 세운 것으로 당대의 명필인 유한지가 전액을 쓰고 본문은 대사헌과 한성판윤을 지낸 고동 이익회가 해서체로 써서 유명하다. 두 명필이 쓴 현판이 강릉 경포대에서도 보인다.

도천서원

산청 도천서원 신안사재는 문익점을 기리기 위해 세조 때인 1461년 건립되어 후에 사액서원이 되고, 임진왜란 피해로 1612년 중건되고 정조 11년 사액이 된다. 서원철폐령으로 훼철되었다가 1891년 노산정사를 지어 제를 지내기도 했으나 1975년 삼우사 재건을 하며 도천서원의 이름을 찾고 오늘에 이른다. 남향과 서향의 ㄱ자 부지에 남향 솟을외삼문 양덕문을 들어가서 좌우로 정면 3칸의 동-서재가 있고 중앙에 도천서원과 뒤로 내삼문 안에 삼우사가 위치한다. 정면 7칸 측면 2칸 반의 비교적 큰 강당은 가운데 2칸 대청 좌우로 2칸과 3칸의 방을 두었는데 좌우측 끝 1칸 방은 툇마루 뒤로 앉혀 난간으로 둘렀고 좌측으로 석주를 높여 누마루 형식을 보인다. 단계리에서 태어나 뒷장 완계서원에도 모셔진 안동권씨 동계 권도가 추가로 배향되었다.

별도로 서향을 한 정면 8칸 대문채 안으로 정면 4칸에 측면 2칸의 신안사재는 제례 준비와 참석하는 제관들의 숙소 등 용도로 1551년 세워져 1804년 중건을 거쳤다.

🏛 안곡서원

　신안면 중촌리 안곡서원은 1913년 정면 5칸 측면 1칸의 강당과 1916년에는 정면 3칸 영당이 지어지며 성주이씨 중시조 이장경과 아들 이조년, 이조년의 아들 이포와 그의 손자 이인립과 앞장에서 기술된 증손자 이제 등 5대의 진영을 봉안해 제향하게 되었고 이후 영당 옆에 사우 경덕사를 세워 위패를 모시게 된다. 증손 이제와 이성계와 신덕왕후의 딸 경순공주와 결혼은 고려 말기의 명문임을 보여준다. 이장경은 막내 이조년을 포함 다섯 명 모두 과거 급제를 보게 되는데, 독특한 이름의 백년, 천년, 만년, 억년, 조년 형제에 관해서 전해지는 얘기도 감동을 준다. 아들을 몇이나 두려고 숫자를 이름에 인용했는지, 이장경의 야심만만한 삶이 엿보인다. 형제애도 돈독한 조년과 형 억년이 길을 걷다가 우연히 금덩이 두 조각을 발견하고 둘이 사이좋게 나누어 가졌다가 서로 남의 것마저 욕심낼까 두려워 물에 던져버린다. 그 나루가 서울 가양동 허준을 기리는 구암공원 공암나루터로 흔적이 남아있다는데 언젠가는 금덩이가 드러날지 모를 일이다.

> 이화에 월백하고 은한이 삼경인제, 일지춘심을 자규야 알랴마는,
> 다정도 병인 양하여 잠 못 들어 하노라.

　이조년이 고려 25대 충렬왕 왕위 계승 문제로 의견이 분분할 때 모함으로 귀양 갔다가 풀려나 고향에서 자연을 벗 삼아 지내던 시절에 지

은 시는 현대 감각으로도 서정이 넘친다. 고향에서 개성을 바라보며 불안한 나라 사정을 걱정하는 의미로도 해석되지만, 노년에 뒤돌아보는 회한에 자규처럼 밤새 울다가 피를 토하는 격정을 연상케 한다. 이방원이 주도한 형제의 난으로 희생된 이제가 세종 때 신원되어 태조의 묘정에 배향이 되었다지만 전통의 명문 성주이씨가 뒤바뀐 세상에서 어떻게 헤쳐나갔는지- 1913년(일제강점기)에서야 서당이 건립되었다.

배산서원 단성면 사월리

배산서원은 동갑내기 조식, 이황과 학문의 뜻을 같이하면서도 벼슬에 나아가지 않은 청향당 이원李源과 학문으로 따르던 그의 조카 죽각 이광우의 위패를 도천서원이 사액서원이 될 때 별도로 봉안하기 위해 덕연사로 세워졌다가 서원철폐령으로 훼철되고, 1919년 문묘와 도동사 2개의 사당과 강당이 증축되며 배산서원으로 된다. 중국에서 가져온 공자의 영정을 모신 문묘가 남향 비탈의 제일 상단에 있고, 정면 3칸 측면 1.5칸의 도동사는 이원, 이황, 조식, 이광우 4인의 위패를 모시고 중단에 있고, 제일 아래쪽에 정면 5칸 측면 2칸의 강당이 있다. 백범 김구, 성재 이시영과 독립운동가 박은식, 조완구 등의 낙성 축하 편액이 걸려있다. 이광우는 백부 이원에게서 소학 등을 배운 후에 20대에는 남명 조식을 찾아 문인이 되었다고 전해진다. 2000년 말에 이광우의 문집 죽각집의 목판은 물론 문짝 9점까지 도난당했다고 하니 문화재에 대한 몹쓸 탐욕은 여전히 전국적이다.

도천서원

안곡서원

배산서원

단성 사직단

단성향교

🔹 단성 사직단 단성면 사월리 산 54-1

　단성 사직단은 조선 초기에 건립되어 거의 원형을 유지하고 있다. 삼국시대로 거슬러 올라가는 사직단은 고려를 거치고 조선 개국과 함께 대향사, 기곡제, 기우제 등을 지내는 곳이었으나 일제강점기에 폐지되어 전국적으로 몇 군데 남아있지 않다. 노송 몇 그루가 허리를 굽히고 있는 마을 뒤 구릉지, 사방으로 둘러싼 낮은 돌담 사이로 난 계단을 통해 오르면 섬돌 위에 토지 신을 모시는 사단과 곡식의 신을 모시는 직단이 나란히 놓여 있다. 뒤로 계단을 오르면 지신과 곡신 위패를 모신 1칸 맞배지붕의 사당이 사직단을 내려다보고 있다. 비옥한 땅에서 곡식을 풍부하게 생산하는 것이 부국 부민의 으뜸이었던 농경사회 정성이 읽힌다.

🔹 단성향교

　단성면 강누리에 있는 단성향교의 건립 시기에 대한 이견이 존재하지만, 예상외로 오랜 고려 인종이나 충숙왕 때에 건립되어 세종 초기 근처 산기슭으로 이전되었다가 1752년 지금의 자리로 옮겨져 여러 차례 중수를 거쳤다고 한다. 솟을삼문을 좌우로 늘린 형식을 취한 권선문 이름의 정면 7칸 외문간채, 정면 7칸의 내삼문채와 복합 지붕, 그리고 명륜당의 지붕 모양 또한 향교로서는 흔하지 않은 독창성이 있다. 홍살문과 권선문을 지나 누각 형식의 정면 5칸 명륜당 밑으로 들어가면 마당 좌우에 동-서재가 있고 계단을 올라, 내삼문을 지나면 좌우에 2칸 동-서무와 중앙에 3칸 대성전이 나타난다. 가운데 대청 아래로 통로 계단을 낸 명륜당은 2층 누각 아래로 머리 숙여 들게 하는 사찰 형식과 비슷하고, 강당 대청 뒷면을 뒷마당과 같은 높이로 개방했다. 정면 4칸에 계자난간을 둔 반 누마루 형식의 4분합문 동재와 3분합문을 단 서재 등 셋이 마당을 가운데 두고 마주한다. 내삼문채도 특이하게 큰 정면 7칸으로 가운데 3칸을 내삼문으로 사용하고 양쪽 끝으로 1칸씩을 일반 출입문으로 했는데 양끝 맞배지붕 또한 방향을 틀어 박공이 보이게 만들었다. 단성호적장부를 보관하는 옛 장경고는 향안실 이름을 갖고 보안을 위해 견고한 벽채와 문으로 만들어졌다.

호적장부는 주소, 호주와 처, 신분, 본관, 가족, 성명-나이, 4대조(고조부), 소유 노비 등의 내용을 3년 식년에 한 번씩 작성해 한 부는 보관하고 한 부는 돌려줘 호적단자가 되고, 별도로 2부를 작성해 호조와 도관찰사에 보낸다. 가장 이른 것으로는 1606년 산음현 편이 규장각에서 보관되고 있지만, 향교는 1678년부터 1789년까지 호적대장 필사본을 소장하고 있어 당시 향촌 사회의 구성과 생활상을 이해하는데 소중한 자료가 된다. 당시 향교에는 47명의 학생 중에 양반이 17명, 평민 16명, 서얼 등이 14명으로 전 계층에서 열기가 대단했던 기록을 보인다. 임진과 병자년 양란 후 비교적 안정기였던 숙종 때인 1678년 단성현 호적대장은 양반 13%, 상민 35%와 47%가 노비인 인구 구성을 보여준다. 과연 조선은 노비 3명이 1명의 양반을 먹여 살린 양반을 위한 노비의 나라였을까. 호적대장은 일본의 반출 시도에서 되찾은 것이고, 1800년대 일부

는 아직도 일본 대학에 소장되어있다니, 일본의 조선에 대한 시기와 욕심은 전방위였던 모양이다. 향교는 단성민란이 거사되었던 역사적 현장이기도 하다. 1862년 3월 14일 발생한 단성민란은 부패한 관리에 분노해 일어나 토호세력가 김량이 가세해 현청을 장악한 변형의 우발적 민란이었다고 볼 수 있다. 그러나 이를 기폭제로 약 10일 후 진주민란이 시작되고 경상도 전라도 충청도까지 급속하게 퍼지는 소위 임술민란이 약3개월 지속되었다. 환곡의 폐해로 촉발된 민란이 끝나고 단성현의 환곡 반 이상이 탕감되었다니 조정이 정신을 차렸을 법한데도 부패는 꿈틀거리며 숨을 죽이고 있었을 뿐이었다. 철종 때 발생한 임술민란은 1894년 동학란의 예고편이었던 셈이다.

산청 8경 - 정취암에 펼쳐진 지리산 영봉들

신등면 대성산(590m) 중턱 암벽에 힘겹게 자리를 잡은 정취암과 위에서 내려다보이는 경치는 산청 9경 가운데 제8경으로 꼽을 만큼 일품이다. 신라 신문왕 때인 686년 동해에서 솟아오른 두 줄기 서광이 비춰는 곳을 의상대사가 따르니 한 곳은 금강산이라 원통암을 세우고, 다른 한 줄기는 대성산을 비춰 관음 성지 정취사를 창건했다는 전설이 있

정취암 원통보전 원경

다. 벼랑 좁은 터에 석축을 쌓은 자리에 올린 작은 전각들이 멀리서 올려다보면 마치 제비집같이 아슬아슬해 보이기도 한다.

화불과 불꽃무늬를 새긴 화려한 보관의 목조관음보살좌상은 조선 효종 때 큰 화재로 소실해 중건하며 재현해 원통보전에 모신 것이라 한다. 조선 후기 18세기 양식으로 보는 약 50㎝ 크기 목조관음보살좌상은 전각의 크기에 어울리지 않게 작아 보이는 단독 불로 모셔졌는데 복련 좌대를 포함해 하나의 통 목재로 만들었다니 더 크게 만들기도 어려웠을 법하다. 뒤로 돌계단을 오르면 석가모니 불상과 16 나한상을 모신 응진전이 있고 산신각에는 1833년 제작된 산신탱화가 평범해 보이지 않는다. 호랑이 등에 올라 동자를 데리고 행차를 하는 모습의 산신이 긴 수염과 꽁지머리를 빼면 평범한 얼굴이어서 친근감을 준다. 응진전 뒤로 더 올라 바위에 걸터앉아 간을 졸이며 발 아래 펼쳐진 절경을 즐기는 것이 절대 빼어놓을 수 없는 멋이다.

율곡사

신등면 율현리 정수산 해발 400m에 위치한 율곡사 대웅전이 보물 374호이다. 651년경 원효대사가 세웠고 930년 신라 경순왕 때 감악조사가 중창하고 숙종 때에 대대적으로 중수했던 기록이 있는 반면에 930년이 창건이라는 설도 강하다. 오랜 역사로 보면 현재보다는 상당히 큰 규모였을 것으로 추측되지만 현재는 대웅전, 삼성각, 관심당과 요사채가 있다. 목조아미타삼존불좌상을 모시고 있는 정면 3칸 측면 3칸 대웅전 안으로 우물천정과 불단 위 닫집이 화려하고 정교하다. 겹처마 다포계로 구성된 팔작지붕을 활주로 받치고 있는데 대웅전 후면 벽체 양편으로 문을 낸 것도 특이하다. 대웅전에는 재미있는 전설이 있다. 대웅전 공사가 끝나고 내부 단청을 하는 화공이 작업하는 일주일간 문을 열지 말 것을 요청하고 들어가 문을 닫는다. 7일을 목전에 두고 조급한 상좌승이 안을 몰래 들여다보니 파랑새가 부리에 붓을 물고 이리저리 날아다니며 그림을 그리고 있다가 열린 문소리에 그만 놀래서 문틈으로 급히 날아가 정수산(841m) 능선에 있는 새 모양의 암봉 새신바위에 앉았다는 전설이다. 그래서 대웅전 안 단청에는 미처 끝내지 못하고 남긴 곳이 있다는데 아무리 두리번거려도 눈에 들지 않는 것이 무지한 눈 탓인지 아니면 설화는 설화일 뿐인지 - 아무튼 여행은 흥미로운 보물찾기의 연속이다. 율곡사는 명확한 화기로 1684년 숙종 때 그려지고 1729년 영조 때 보수된 사실을 밝히는 보물 제1316호 괘불탱화도 소장하고 있다. 섬세한 법의 소매 끝단을 바닥까지 내리고 화려한 보관을 쓴 채 홀로 선 아름다운 보살상과 하단에 왕과 왕비 그리고 세자의 안녕을 기원하는 글에 모두 주목한다. "주상전하수만세, 왕비전하수천추, 세자저하수제년"이라 한다. 10m까지도 큰 괘불을 요즘은 크레인으로 대웅전 앞 야단법석에 건다는데, 옛날에는 작업 자체가 야단법석한 일이었을 것이다.

　　정취암과 율곡사는 척지리를 가운데 두고 다른 능선에 위치, 직선거리로 5㎞ 남짓한 이웃이다. 유학파 의상과 국내파 원효는 서로를 존

율곡사 대웅전

율곡사 목조아미타삼존불상

중하는 사이, 의상이 하늘에서 내려주는 공양을 정취암에서 받는다는 것을 알고 마침 원효가 찾아 기다려보지만 때가 지나도 내려오지 않아 율곡사로 되돌아간다. 원효가 떠난 뒤에 의상이 천녀에게 늦게 내려온 연유를 묻자, 원효를 지키는 신장들이 두려워 떠나기를 기다렸다는 대답을 듣고, 원효는 자신보다 도량이 높다는 사실을 깨달았다 전해온다. 보리죽을 먹어도 팔부신장이 지켜주는 원효와 천녀의 천공을 받던 의상 - 천녀도 두려워하는 원효의 신장 얘기를 듣고 의상이 자신의 부족함을 다시 깨달았다는 곳이다. 양양에 원효가 세운 영혈사와 의상이 세운 낙산사도 서로 10㎞ 떨어진 거리에 비슷한 전설을 갖고 있다.

도전리 마애불상군

생비량면 도전리 길가 양천강이 내려다보이는 석벽에 작고 단순한 모양의 도전리 마애불상군이 암각 되어있다. 다양한 형태와 크기로, 작은 것은 약 10cm 내외에서 크게는 약 40cm 크기의 암각 석불 약 30여 구가 약 7m 넓이에 6단층으로 남아있지만, 훼손이 많아 원래 몇 개였을지 가늠이 가지 않는다. 길가에서 올려다보면 쉬 눈에 띄지 않는 곳에 무슨 목적으로 만들었는지 - 마모가 심해 눈코입이 분명치 않은 둥근 얼굴에 연화대좌 위 결가부좌로 앉은 비슷비슷한 모습이지만 어깨를 덮은 법의와 수인 등에서 약간씩 차이를 보이는, 드물게 재미있는 노천 석벽의 석불 전시장이다. 생소한 생비량면 이름은 가야 때 지명이라고도 하고, 다른 전설은 고을에 있었던 절의 비량比良스님을 마을 사람들이 그리워하며 사후에도 같이 하고픈 희망과 믿음으로 생生 자를 넣어 만든 이름으로 전해진다.

도전리 마애불상군

🕮 아름다운 옛골 단계리

단계천이 신등천에 합수하는 단계리, 약 2km 아름다운 돌담길을 끼고 고택들이 고즈넉하게 자리한다. 아래 완계서원에서 향사되는 안동권씨 동계 권도의 5대조가 진양유씨 처가에 정착하고, 후손 대에 순천박씨가 처가로 들어오며 정착해 지금도 권씨, 박씨, 최씨 고택이 돋보이는 곳이다. 등록문화재 260호로 지정된 단계마을 옛담장 길에서도 단계초등학교 긴 담장이 특히 아름답고, 학교 옛 정문 솟을삼문도 독특한 멋이지만 문에 걸린 삭비문의 깊은 뜻에 감탄하지 않을 수 없다. 논어 학이편에 나오는 여조삭비如鳥數飛는 날기 위해 자주 날갯짓을 하는 새 같이 부지런히 연습과 연마할 것을 얘기한다.

완계서원

🔵 완계서원 신등면 단계리 113

완계서원은 앞장의 도천서원에도 배향된 동계 권도의 학행을 기리기 위해 1614년 창건되어 1788년 사액되고 권극량을 추배했다가 고종 때 철폐되고 1883년 강당 중수와 1985년에 중건을 거친다. 안동권씨 동계 권도는 단계리에서 태어나 과거에 합격하고 인조가 이괄의 난으로 피난할 때에 호종한 공을 세우고 1640년 대사간을 끝으로 사후에 이조판서로 추증된다. 안동권씨 동산 권극량은 권도의 조카로 초시에 합격 후에는 벼슬을 멀리하며 진주 하동 등지에서 머물며 학문을 익히며 지낸다. 솟을삼문을 들어서 정면 5칸 측면 2칸으로 분합문을 한 강당이 있고, 뒤로 삼문을 들어 정면 3칸의 사우 경덕사가 단청으로 고이 단장하고 있다. 인근 양전리 90번지에는 번암 채제공이 쓴 동계 신도비도 있고, 옆에 있는 장승배기생태공원 연지도 찾을 만하다.

🔵 용담정사 신등면 단계리 신차로 545

용담정사는 임진왜란 때 김성일의 종사관으로 참전하고 삼사의 주요 벼슬을 했던 순천박씨 용담 박이장을 기리기 위해 후손들이 일제강점기 1920년대에 지은 부조묘이다. 솟을외삼문을 들어서 정면 5칸 측면 2칸의 용담정사는 중앙 대청을 중심으로 좌우에 온돌을 두었고, 정사 옆 협문을 들어서 사당을 두어, 전체적으로 좌우 횡단으로 배치되었다. 용담은 합천에서 태어나 23세에 남명의 제자가 되어 오건, 최영경 등과 교유하고, 문과에 급제해 사간원 정언을 지낸 함양인 박여량 등과 함께

했고, 후에 노수신을 찾아 학문에 정진, 40세 때 문과에 급제해 이조정랑, 사간원 정언, 홍문관 교리, 대사간 등을 지냈다. 68세에 영창대군과 인목대비를 옹호한 이유로 물러나 향리에서 학문을 강론하다가 76세에 세상을 떠난다. 둘째 아들 박공구는 효종이 봉림대군일 때 사부로, 사후에 효종이 묘비명을 친필로 내린 어필비각이 고령 운수면에 있다.

⊙ 단계리 석조여래좌상

단계천이 신등천(사정천)에 합류하는 신등면 단계리는 수해가 자주 발생해 이를 막기 위해 고려 때 세운 단계리 석조여래좌상이 단계리 767-3번지 신등면 복지회관 마당에 보호되고 있다. 작은 전각 속 좌상은 오른팔은 잃고 가슴에 올린 왼손에 약병을 쥔 약사여래불로 보이나 얼굴의 눈코 형태와 가부좌한 무릎 형태도, 대좌의 연꽃을 뒤엎은 복련을 조각한 하대 위 상대도 분명하지 않다. 마을의 지형이 배의 형상이라서 배를 물에 띄우려고 물이 자주 범람한다는 믿음과 불상이 두 팔로 배를 저어 떠날까 두려워 오른팔이 떨어져 나간 것이라는 전설에 옛사람들의 재치를 사랑하지 않을 수 없다.

⊙ 황매평전

산청과 합천군을 가르는 1,108m 황매산 정상 아래 800-900m 능선에 시원하게 넓은 평원이 있어 황매평전이라 불리는데 봄이면 철쭉이 피고, 여름에는 푸른 평전이 펼쳐지고, 가을이면 억새가 장관을 이룬다. 고위평탄면을 용어로 쓰지만 쉽게 평전平田으로 불리는 초지로서 한때는 목장지로 이용되었다 하며, 천만 명 관객을 돌파한 영화 "태극기 휘날리며" 촬영지이기도 하다. 차황면 법평리 1-2번지 주차장이 해발 750m 정도이니 정상 등산을 굳이 원하지 않는다면 임도를 따라서 올라 평전을 걸으며 사계절 감상할 수 있는 곳이다. 산청을 찾으면 5월 초 황매산철쭉제를 시작으로 사계절 변하는 장관을 빼어놓을 수 없다.

용담정사

단계리 석조여래좌상

영월군

단종 불멸의 성지가 된 땅

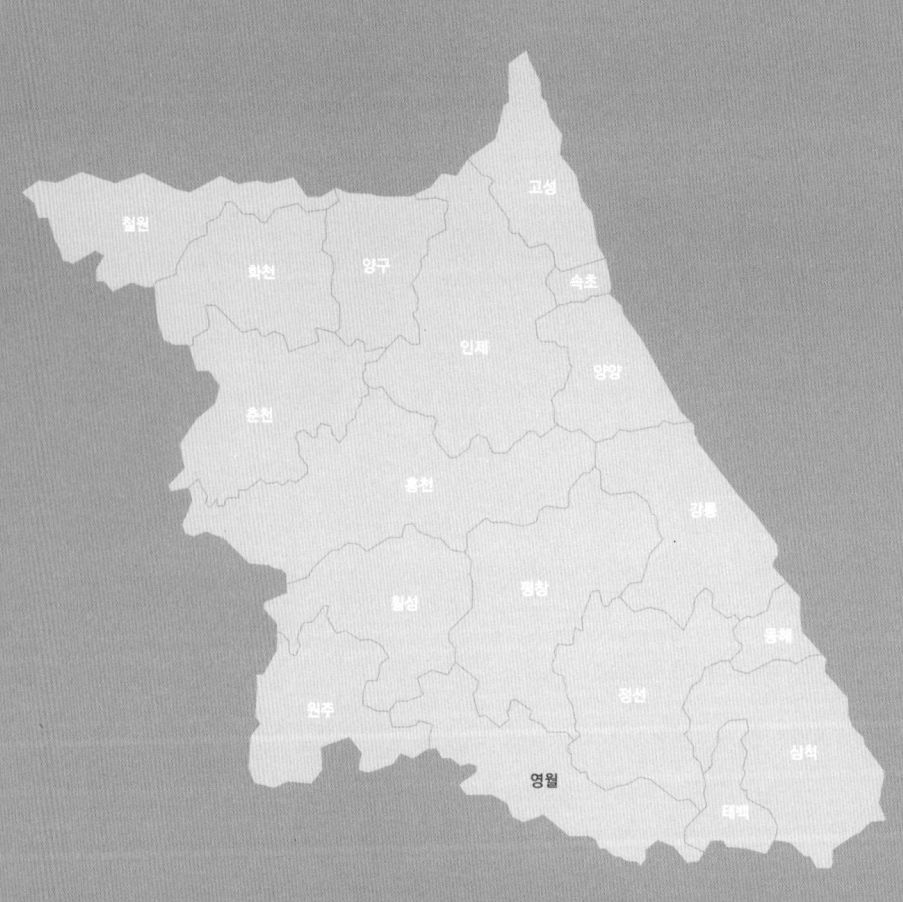

　　　　　　　　강원도의 제일 남쪽에 위치, 북으로 평창군과 정선군, 동으로 태백시, 서쪽으로 원주에 둘러싸이고 남쪽으로 충청북도 제천시와 단양군 그리고 경상북도 영주시와 접하고 있는 영월군은 군의 동쪽으로 태백산맥이 뻗어 내려오다가 남쪽에서 소백산맥이 갈리는 산악지대에 위치한다. 평창에서 흘러오는 평창강이 군의 서쪽에서 흘러오는 주천강과 합해 서강을 이루고, 서강은 다시 정선에서 흘러드는 동강과 영월읍에서 합류하고, 동쪽 김삿갓면에서 흘러드는 옥동천까지 더해 남한강이 되어 단양과 충주호를 거쳐 한강으로 흘러든다. 쉬 깊이를 드러내지 않는 첩첩산중이 키워낸 총연장 320㎞, 18개의 맑고도 풍부한 물길에서 거꾸로 바라보면, 그 물길은 또한 깊은 산 곳곳에 영양을 공급하는 핏줄처럼 퍼져 서로 공존하는 자연법칙에 순응한다. 거대한 석회암 지대로 시멘트 공장이 생기고 산봉우리가 잘려나가기도 하지만 아름다운 석회암 동굴이 발달해 있다. 연장 1㎞ 정도가 개방되고 있는 고씨동굴은 임진왜란 때 의병장 고씨 일행이 숨어 지냈다는 전설이 있고, 연장 350m 수직 동굴인 용담동굴, 연장 200m로 짧지만 화려한 수정동굴로도 불리는 연하동굴, 연장 450m로 작은 물이 많고 폭포와 골이 발달한 대야동굴 등이 숨어있다.

동강은 쉬운 접근을 허락하지 않는 곳에 어라연 등의 비경이 숨어 있고, 빠르게 굽이쳐 흐르는 맑은 물살이 래프팅에 매력적이다. 주천강과 평창강은 천연기념물 제543호 요선암 돌개구멍, 명승 제76호 선돌, 명승 제75호 한반도지형 등의 절경을 만들고, 동쪽의 옥동천 주위로 내리계곡과 김삿갓계곡, 그리고 상동읍 깊숙한 곳에 짙은 녹색의 이끼를 쓴 바위 사이로 흰 거품을 내며 흐르는 청정 이끼계곡과 어린이가 놀기 좋고 아기자기한 칠랑이 계곡 – 높고 가파른 산세가 만든 맑은 물길과 신선한 계곡들이 도처에 있다. 특히 약 3시간 이상 걸어 약 500m 잣봉 전망대를 찾거나, 가장 좋기로는 래프팅을 통해 더 가까이 접할 수 있는 명승 제14호 어라연 계곡은 푸른 숲이 굽이치는 맑은 물살과 어울려 손때 묻지 않은 동강 최고 천혜의 자연 풍광을 선사한다. 강원도 특산인 곤드레밥, 옹심이와 칡칼국수, 다슬기국밥, 보리밥 등 토속음식도 여행 중 참맛이다.

차를 몰고 다니다 보면 손짓해 부르는 박물관 안내판, 인구 천 만의 도시에서도 보기 어려운 전문 분야의 박물관이 영월 산간에 30개에 이른다는 사실이 놀랍다. 책 박물관을 시작으로 곤충박물관, 동강사진박물관, 호야지리박물관, 화석, 다구, 동굴생태, 초등교육, 미디어기자,

인도미술, 민화, 아프리카미술박물관 등 흔하지 않은 주제의 전시가 호기심을 부른다. 무엇이 박물관을 산간에 불러들였는지, 아직도 군청은 더 많은 박물관을 유치하려고 노력하고 있다. 인구 약 1,500명당 1개의 박물관이라면 기네스북에 도전해 볼만도 하지 않을까.

백제 땅에서 시작, 고구려 때 내성현에서 내성군으로, 신라에 속해서도 내성현에서 내성군으로 불리다가 고려 때 영월로 되고, 조선조에

한반도 지형 서강에 떠가는 뗏목

는 도호부로 잠시 격상을 받기도 한 영월군은 근대에 이르러 석탄과 중석 등의 광물자원으로 경제적 부침을 겪는다. 상동읍의 상동광산은 1920년대부터 텅스텐 채광을 시작으로 한때는 인구 약 3만 명의 호황을 누리다가 채산성 악화로 1990년대 폐광되며 최근 겨우 천여 명 주민으로 쇠락했지만, 희소광물에 대한 기대로 외국인투자를 향한 희망의 끈을 놓지 않고 있다. 마차리 마차탄광은 일제강점기에 개발되어 1960년대에도 북적대던 탄광촌으로 산업의 중요한 역할하기도 했지만 1972년 폐광되어 있다가 최근 탄광문화촌으로 옛날을 조명하는 탄광 문화의 축으로 탈바꿈을 한다.

아직도 우리 가슴에 연민과 아련한 아픔으로 남아있는 슬픈 역사 속의 단종 유배지 관련 문화재들이 영월읍과 청령포에 있고, 천재 시인 방랑 김삿갓 가족이 숨어든 흔적도 김삿갓면에 남아있다. 짧은 단종의 삶에도 불구하고 유구한 세월 광범위하고도 뿌리 깊게 자취가 남아있으며, 김삿갓을 아끼는 마음은 동쪽의 하동면을 김삿갓면으로 명칭을 바꾸고, 평창강이 유유히 감아 돌아 흐르는 한반도지형을 위해 서면을 한반도면으로 개명하고 주천면도 무릉도원면으로 변경하며 인지도를 높이는 의욕을 보인다. 언젠가는 은유적 표현 영월이 좀 더 직선적인 단종군으로 변할 날이 올지도 모를 일이다. 매년 4월이면 무형문화재 제22호 단종제례 중심으로 단종문화제가 열리고, 9월이면 김삿갓문화제 등이 열려 전국의 관심을 모은다.

원주를 거쳐 영월군에 들어서, 주천면 솔치재로 시작해 청령포에 도착하기까지 단종 유배길은 멀고도 험했다. 얼마나 넘기 험하고 힘든 길이었는지 단종이 넘은 고개 사연도 애잔하다. 무릉도원면 신일리 물미마을에 단종이 물을 마신 우물 어음정, 마지막 밤을 쉬어간 공순원 주막, 고생하며 넘었던 신천리 군등치君登峙, 타고 가던 말이 방울을 잃었다는 방울재를 지나고, 구름 사이로 나타난 밝은 해를 향해 숙연히 절을 했다는 배일치拜日峙 고개 등을 넘고 넘어, 절망과 고행이 기다리는 종착지 청령포로 들어가는 길고 긴 길은 마음을 숙연하게 만드는 순례길이 되었다. 영월읍에 들어서 금강정과 민충사, 낙화암, 관풍헌, 자규루, 영모전, 창절사, 보덕사와 금몽암 그리고 장릉은 단종과 단종을 사후까지 모신 충신들의 유적들이 모여 있다. 어떤 영혼에게는 살아 지옥이었던 곳이 죽어 불멸의 성지와 천국이 되고, 미운 사람 서둘러 보내고 영화를 누리다가 편히 누운 영혼들은 인과응보의 낙인이 찍혀 영원히 쉬지 못하게 만든 곳이 영월이다.

숙종, 영조, 정조 세 임금의 시가 걸린 정자

🏔 어음정

무릉도원면 신일리, 솔치재 물미마을에 언제 생겼는지 물미묘원(솔치로 240-120) 아래 단종이 물을 마셨다는 어음정이 보존되어 있다. 한여름 불볕더위, 고개를 넘는 고된 길에서 갈증을 달래는 물맛이 과연 범인이 느끼는 단맛이었을까. 이후로 마을 이름이 물미마을이 되고 샘은 어음정이 된다. 솔치재에서 주천까지 10.5㎞ 통곡의 길, 주천에서 배일치 마을 7㎞ 충절의 길, 이어서 청령포까지 15.5㎞를 인륜의 길 등으로 나누어 부르는 총연장 43㎞, 약 100리 영월의 단종 유배길은 88번 도로와 곁을 하는 말 그대로 단종 순례길이다. 역원의 시설도 이용 못 하고 주막에서 밤을 보내며 수많은 고개를 넘는 고달픈 고행 끝에 도착한 곳이 적막강산 청령포다.

🏔 빙허루 무릉도원면 신일리 산356번지

영월 주천현 관아 근처에 청허루와 빙허루가 있었다. 숙종이 노산군을 복위해 단종 시호를 부여하고 종묘에 모시며 묘를 왕릉으로 격상하고 장릉 능호도 내린다. 일을 추진하며 숙종은 영월에 많은 관심을 두게 되고 주천현에 빙허루와 청허루가 있다는 사실을 알게 되어 "청허빙허양루"시를 지어 청허루에 걸게 한다.

어음정

빙허루

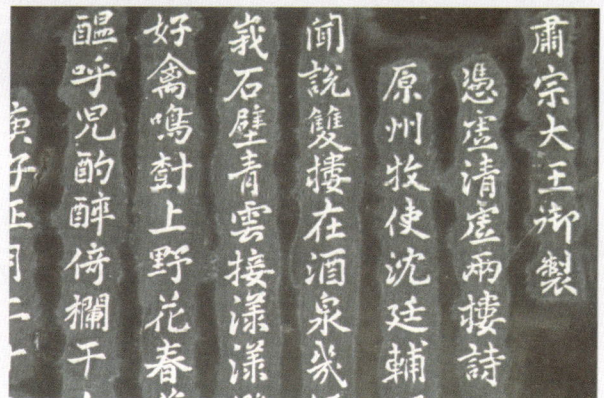

빙허루의 숙종어제시 현판

들으니 주천에 두 누각이 있다는데….
술 들고 루에 올라 아이에게 따르게 하고,
취해 난간에 기대어 낮잠을 자네.

후에 청허루가 소실되자 1758년 중건하고 영조가 선왕의 행적에 감동해 그 시에 덧붙여 글을 내리게 되고, 다시 소실되자 1788년에는 이번에는 정조가 영조의 뒤를 이어 감회의 시를 더 붙인다. 이렇게 영월은 세 임금의 마음을 하나로 모아 그 증빙이 되는 글이 걸리게 되는 감동의 역사를 안고 있다.

청허루 무릉도원면 주천리 1376-36

주천강가 망산 위에 선 빙허루는 정면 3칸 측면 2칸의 2층 누각으로 1층 누하주 사이를 통해 2층을 오르는 계단을 두었다. 누각에 오르면 발아래 주천강, 강 건너 동쪽 둔치 길가에 3층 석탑, 김종길가옥과

청허루

샘물박물관이 보이고 서쪽으로 의호총도 눈에 들어온다. "주천에 글 내린 얘기가 아직도 있네, 청허루는 이로써 더 명승이 되지." 정조가 마지막으로 첨자한 글이다.

빙허루가 있는 망산 아래 옛날 주천酒泉을 가리키는 상징물이 조성되어 있다. 주천의 유래는 망산 아래 바위샘에서 술이 나온다는 전설에 있다. 고구려 때도 주연현으로 불리며 양반이 뜨면 술이 나오고 상놈이 뜨면 물이 나와 불만 많은 상놈이 부쉈다는 얘기가 있고, 다른 한편으로는 양반이 뜨면 청주가 나오고 상놈이 뜨면 탁주가 나와, 기이하게 여기던 상놈이 양반의 행색으로 떴는데도 여전히 탁주가 나오자 화가 나서 부쉈다는 전설이 남아있는 곳이다. 양반을 냉소하던 김삿갓이 전설을 알았다면 어떤 시를 남겼을지, 암벽 아래 작은 샘은 초라한 모습이다.

무릉도원면 주천리 술샘박물관 부지에 청허루 복원 공사가 2016년 완료되었다. 빙허루와 자리가 바뀌었다는 얘기도 있지만, 관아가 있었던 지금의 주천면사무소와 가까운 샘물박물관 부지 높은 곳에 세워져 건너편 망산 빙허정과 마주하고 있으니 주천강을 사이에 두고 있었다는 기록과 부합한다. 다만 남은 과제, 빙허루가 무릉리 요선정에 걸린 세 임금님 시 현판을 회수하려다가 실패한 일을 청허루가 다시 시도할지, 송사로 갈 수밖에 없다면 판결이 어떻게 날지가 관심거리다. 청허루도 정면 3칸 측면 2칸의 팔작지붕 2층 누각으로 계단을 통해 오르면 마루 사방을 계자난간으로 두른 경쾌한 모습이다. 부지 내 술샘박물관에는 상설전시관을 몇 개 구획해서 술의 종류, 누룩 빚기, 주조 용기와 기구, 전통 양조 설비, 주막 등을 재현해 놓고 있다.

🏔 의호총 무릉도원면 신일리 148

망산의 길 건너 있는 나지막한 금산 아래 호랑이 무덤 의호총에 천막을 치고 의호제를 끝낸 사람들이 마침 모두 빠져나간다. 숙종 때 금사하라는 효자가 부친상을 당한 지 얼마 안 돼 모친이 병이 나자 급히 약을 구하러 나서는데 갑자기 불어난 강물에 발만 구르고 있던 차에 호랑이가 나타나서 효자를 등에 태우고 물을 건너게 해 모친을 구하게 돕는다. 숙종이 승하한 1720년에는 효자가 초막을 짓고 3년 국상을 지킬 때도 호랑이가 곁을 떠나지 않고 같이 지내다가 3년 시묘가 끝난 후 3일 만에 죽는다. 그 후로도 효자가 어려울 때면 호랑이가 꿈에 나타나서 길을 알려줘 집안이 번성했다 한다. 산신각이나 삼성각 산신탱화에 산신과 같이하는 백수의 제왕 호랑이는 용맹과 위엄을 상징하는 동시에 선한 사람을 곁에서 보호하고 액을 막아주는 친화적 존재로 많은 전설에서 인용된다. 1743년 강원도 관찰사를 보좌하는 정3품 순영중군이 지나다가 얘기를 듣고 무덤에 세운 의호총 비석이 엄연하다.

🏔 주천리 삼층석탑

주천리 삼층석탑에서 주천강 건너 망산 위 빙허정을 올려다보면 뭔지 서로 은근한 인연을 암시하고 있어 보인다. 제방 논가에 있었던 것을 제방을 높이면서 옮겨 놓았다 한다. 상하 2층 기단 위에 앉은 삼층석탑으로 옥개받침은 1층은 2단이고 위로 2-3층은 1단 받침인데, 1층 옥개석과 2층 탑신 그리고 2층 옥개석과 3층 탑신이 하나의 돌인 특징을 보

인다. 기단 하대는 높이가 낮고 한쪽 모서리가 크게 떨어져 나갔으며 상대의 면석 네 귀퉁이에 우주와 가운데 탱주를 조각했다. 상륜부 노반과 복발이 통돌로 얹혔고, 특이하게도 3층 옥개석이 2층 옥개석보다 폭이 약간 넓고 1-2층이 검은 이끼를 입고 있는 것에 비해 3층은 밝은색으로, 시기를 달리해 후에 끼워 맞춘 듯하다. 고려 후기 양식으로 추정되고, 수주면 법흥사로 안내하는 목적으로 세워졌다는 이야기도 전해진다. 단종이 유배를 오며 지났던 통곡의 길에서 석탑과 어떤 교감이 있었을지 자못 상상력을 돋운다.

김종길 가옥 무릉도원면 주천1리 1196

김해 김씨 안경공파 종택인 김종길 가옥과 주천리 삼층석탑은 가까운 거리를 두고 있다. 당호를 조견당으로 하는 가옥은 숙종 때 김낙배가 송시열 등과의 당쟁을 피해 충북과 원주에서 은둔생활을 하다가 귀인의 권유로 망산 건너편에 정착해 종택이 된다. 주인의 부탁으로 한 스님이 반야심경에 나오는 "세상을 밝게 비추어 있는 그대로 보라"는 의미의 조견照見을 인용해 지어준 당호 조견당으로 1827년 완공되었다. 주천에 정착해서 물류의 중심축이었던 인근 나루를 매입해 북으로 황해도외 남으로는 영남까지 움직이는 물류를 통한 상업에 뛰어든다. 또한, 양반 신분에 집착하지 않고 상업 활동에 실리적인 중인의 신분으로 큰 부를 축적하게 되어, 대략 40칸 규모의 집을 지으려는 계획이었으나 따르는 사람들이 워낙 늘어나서 10년 가까이 걸려 99칸이 넘는 120칸

의호총

주천리 삼층석탑

김종길 가옥
(오른쪽이 밤나무 고목)

가까운 대저택으로 발전한다. ㄱ자형 안채는 대청 왼쪽으로 윗방, 안방, 사랑방, 부엌이 있고 오른쪽으로 조건당 현판이 걸린 건넌방과 부엌이다. 이 외에도 사랑채와 행랑채가 최근에 복원되어 있다. 안채를 제외한 건물 대부분은 한국전쟁 때 인민군의 연대본부로 이용되며 연합군의 폭격으로 대부분 소실되고 지금의 크기로 남아있다. 500년 밤나무에 걸린 인공기가 폭격을 유발했다는데 지금의 안채나마 남아있는 것도 밤나무 덕이라니…. 200년 종가를 뒤흔든 밤나무는 간신히 남은 밑동만 갖고도 끈질긴 생명을 유지하고 있다. 곡식이 귀할 때 밥을 대신해서 밥나무로 불리다가 변해서 밤나무가 되었다더니 종가의 번창을 밤나무가 지켰을까. 종손이 아직도 지키고 있는 덕인지 고옥은 은은한 오방색의 화방벽과 지붕 합각마다 넣은 해, 달과 별의 문양들이 제 색을 잃지 않고 우리만의 섬세하고 소상素尚한 멋을 지키고 있다.

주천강 바닥에 남겨진 신선 발자국

요선정 무릉도원면 무릉리 1423

요선정

주천강가 높은 절벽 끝에 지방의 원세하, 곽대웅, 이응호 등 요선계邀僊契 3인의 주도로 일제강점기 1915년 마을에서 정면·측면 각 2간의 정자 요선정을 세우고 청허루에 걸려있던 숙종, 영조, 정조 세 임금님의 어제 시 편액을 일본인에게서 되찾아 요선정에 걸게 된다. 세월이 흘러 빙허루에서 반환을 요청하자 송사를 거치면서도 지켜냈다. 법흥사 징효대사가 원래 있던 암자를 자주 찾아 포교 활동을 하고 열반을 했던 곳으로도 알려진 일대는 역사와 절경이 어우러진 명승이다. 법흥천이 주천강으로 합류하는 기암절벽에 선 요선정에서 물길을 내려다보면 기묘한 암반 사이로 흐르는 맑은 물과 푸른 숲이 어우러진 절경이 눈부시다.

법흥천을 따라서 법흥계곡을 들어서면 캠핑족이 환호하는 또 다른 세상이 전개된다. 사자산에서 발원한 맑은 물과 송림이 만드는 계곡에는 캠핑장과 펜션이 즐비해 가히 캠핑 계곡이라 불러도 손색이 없을 듯, 아이돌 그룹의 캠핑도 촬영되어 유명세를 탄다. 늘어나는 방문으로 맑

은 물이 오염될까 걱정이 앞설 정도로 아끼고픈 계곡이다.

무릉리 마애여래좌상

멀리서 보면 알을 품고 앉은 암탉 모양의 큰 바위 불상, 머리와 가슴은 양각하고 하체는 음각에 가깝게 조각한 무릉리 마애여래불상은 언뜻 입상으로 보이지만 가까이하면 결가부좌상이다. 높이 3.5m의 큰 바위에 새긴 불상 두부의 육계, 큰 코와 귀, 통통하고 귀여운 볼살, 왼손을 들어 손바닥을 보이고 오른손은 가슴에 얹은 두 팔, 무리하게 굽힌 좌상의 두 다리, 여섯 잎 앙련의 좌대 등 미적인 비율과 요소를 멀리하고 자연석 원형에 맞춰 넣은 불상이다. 어느 시인이 장난스러운 웃음을 거둘 수가 없다 했지만, 불상이 꼭 예술성이 있어서 불상이 아니지 않은가. 눈보다 가슴에 담을 수 있는 불상이다. 불상 뒤 절벽에 선 소나무 가지 사이로 보이는 하늘의 푸른빛이 주천강 맑은 물에 내려앉았다.

무릉리 마애여래좌상

요선정 석탑

요선정 앞에 점판암이라고도 불리는 청석 요선정 석탑이 단층 화강암 기단 위에 선 모습이 애처롭다. 지대석과 단층 기단 위로 시멘트로 보강된 5층의 탑신석과 4층의 옥개석이 있고, 5층 옥개석과 상륜부는 멸실되어 원형을 추정하기 쉽지 않은 모습이다. 기단의 면석은 네 모서리에 기둥을 새겼는데 위의 갑석이 뒤집혀 놓인 것으로도 보고 있다. 탑의 주변 조사과정에서 발견된 유물은 통일신라를 거쳐서 고려 때에는 작은 암자 남산사南山寺가 자리하고 있었던 것으로 추정하고 있어 언제인가는 복원이 될지도 모르겠다. 문외한에게 처음 다가온 기형의 불완전 석탑에 정리가 혼란스럽다.

요선암

요선정 아래 미륵암 강변으로 내려서면 천연기념물 제543호 요선암遼僊岩 돌개구멍이 일정한 법칙도 없이 제멋대로 숭숭 뚫린 흰빛 암반을 감싸며 활기차게 흐르는 맑은 물길에 펼쳐져 있다. 멀리서 보면 마치 고개를 든 물개 무리가 일렁이는 물길 사이에 휴식을 취하고 있는 듯한 모습이고, 가까이 가서 보면 너럭바위 여기저기 돌개구멍이 무수하다. 강바닥을 덮은 매끈한 흰색 암반 위로 포트홀이라고도 하는 돌개구멍이 맑은 물길 사이로 다양한 모습을 드러내며 약 200m 구간에 펼쳐져 있다. 돌개구멍이 얼마나 긴 세월을 지나야 지금의 모습을 보이는지, 먼 훗날은 어떤 모습으로 남아있을지, 그 신비함을 과학적 해석만으로는 선뜻 다가오지 않는다. 평창군수를 하던 명필 양사언이 신선을 맞던 돌이라는 의미로 썼다는 각자 요선암이 세월에 벌써 닳아 찾을 수가 없는 것인지, 보이지도 닿을 수도 없는 자연의 힘이 어깨를 누른다.

🏔 법흥사

영월 수주면 법흥리와 횡성을 경계하는 험준한 사자산(1,160m)에 신라 자장율사가 진신사리를 봉안한 5대 사찰의 하나인 흥녕사를 창건하고 9세기 후반 징효대사 때 크게 번창했으나 궁예가 활동하던 후삼국의 소용돌이 속에 891년 소실되어 고려 초 중건되고, 조선 영조·정조 때 소실과 중창을 거치다가 1902년 법흥사 이름으로 중창된다. 사자산을 알리는 일주문을 지나 원음루를 들어서면 대웅전, 조사전, 만다라전 등의 전각이 있고, 만다라전 옆으로 단풍과 서어나무가 뒤섞인 300여 미터 소나무 길을 오르면 적멸보궁과 자장율사 토굴이 제일 높은 곳

요선암

에 있다. 자장율사가 수행하던 석분은 큰 무덤 봉분처럼 덮여 있고, 석실 입구도 막혀 있어 안을 볼 수 없으나, 설명으로는 내부 석실이 약 1평 남짓한 넓이에 성인이 몸을 낮춰야 하는 정도의 높이 1.6m라 한다. 옆에 선 석조부도의 8면 앞뒤로 문비, 인왕상과 사천왕상 등이 정교하게 조각되어 주인공의 무게를 느낄 수 있으나 누구인지는 분명치 않다.

징효대사

징효대사 절중은 7세에 출가해 부석사와 장곡사를 거쳐, 21세경에 사자산문의 개산조이며 화순 쌍봉사를 창건한 철감선사 도윤을 금강산으로 찾아가 가르침을 받는 등 약30년 간 공부하고, 57세에 흥녕사를 근본 도량으로 해서 구산선문九山禪門의 하나인 사자산문獅子山門을 실질적으로 중흥시킨다. 산문이 번성하며 각지에서 찾는 수행자들이 늘어나 길을 안내하는 석탑을 제천과 영월 주천리와 수주면 무릉리 등 세 곳에 세워야 했을 정도였다는 얘기도 있다. 늦은 나이에 국사 제의를 받았으나 거절하고 75세에 입적한 때가 900년 이른 봄이었다.

징효대사탑비

보물 제612호 흥녕사지 징효대사탑비는 대사가 입적한 신라 말기에 추진되었으나 944년 고려 혜종 원년에 보인寶印 탑호를 받아 세워진다. 거북 모양 받침돌 위에 비신을 올리고 용머리 머릿돌이 장식되어 있다. 손가락이 가지런한 앞발을 딛고 여의주를 입에 문 거북 머리는 정면을

적멸보궁
(뒤로 자장율사의 석분)

징효대사탑비

징효대사부도

주시하고 있으며, 네 마리 용이 귀퉁이에서 머리를 들고 머릿돌 이수의 전액에는 전서체로 탑의 신분을 밝히고 탑신 비문에는 일생의 행적과 공을 새겼다.

징효대사 부도

징효대사 부도는 지대석 위 8각 하대석 각 면에 안상을 새기고 그 위를 복련으로 장식하고 중대석은 8각에 우주를 만들고 둥근 상대석은 두 겹 앙련을 새겼다. 상하로 약간의 곡선을 넣어 멀리서 둥근 원형으로 착시 되기도 하는 팔각 몸돌 앞뒤로 감실을 조각했으며 8각 지붕돌은 처마에 귀꽃을 조각했고, 상륜부는 지붕돌과 같은 모습으로 상단에 연화 보주를 장식했다. 옆의 탑비와 같은 시기에 제작된 것으로 본다.

무릉리 삼층석탑 무릉도원면 무릉리 1488-1

무릉리 삼층석탑은 무릉도원면에서 무릉리 길을 따라 요선정으로 좌회전하기 전에 건너는 다리 못 미쳐 왼편 길가에 있다. 원래는 30여 미터 더 떨어진 논에 있었던 것을 길 높이로 단을 만들어 세웠다. 탑이 있으면 옛 절터였을 가능성도 있지만, 흥녕선원을 찾는 사람들을 위해 제천의 장락리와 영월 주천리 3층석탑과 함께 흥녕선원을 찾는 사람들 길 안내를 위해 세웠다 한다.

원주나 충주, 제천에서 법흥사를 찾는 도로 선상에 있고 주천리

3층석탑과 모양이 흡사한 점도 수긍을 하게 만든다. 2층 기단 위 1층 탑신석은 통돌로 우주를 새겼고, 1층 옥개석과 2층 탑신, 2층 옥개와 3층 탑신 그리고 3층 옥개와 상륜부 노반이 하나의 돌로 조각된 점 등 유사한 점이 보인다. 오랜 세월에 검은 이끼를 쓴 애처로운 모습으로 법흥사를 오르내리는 사람들을 말없이 지켜보고 있다.

무릉리 삼층석탑

생육신 눈물이 서강에 흘러 청령포에

관란정 제천시 송학면 장곡리 산14-2

영월군 한반도면과 접한 제천시 송학면 장곡리에 관란정이 서강(평창강) 벼랑 위에 서 있다. 1423년 세종 때 문과에 급제하고 문종 때 직제학을 지내다가 단종 폐위를 보고 원주로 낙향했던 생육신의 한 사람인 원주원씨 관란 원호의 후손들이 세운 정자이다. 단종이 노산군으로 강등되어 영월에 유배를 오자, 청룡포로 물이 흐르는 서강 벼랑 위에 초옥 관란재를 짓고 매일 조석으로 절을 올리고, 단종 사후에는 3년 상까지 지낸 충절의 관란을 후손들이 기리기 위해 1845년 그의 호를 인용한 관란정을 1665년 세웠던 유허비 곁에 지었다. 정면 2칸 측면 2칸의 팔작지붕을 한 정자는 1941년과 1971년 보수를 거쳤다.

"간밤의 우던 여흘 슬피 우러 지내여라, 이제야 생각하니 님이 우러 보내도다, 저 물이 거스러 흐르고져, 나도 우러 녜리라." 여울 울음이 님의 울음이 되고 곧 나의 울음이 되니 차마 물길을 거꾸로 돌리고 싶은 애절한 심정을 관란이 오열한다. 영화를 헌 신짝처럼 던져버리고 주군을 따르던 생육신의 눈물이 서강 물길에 어린다. 그렇게 강가에서 많은 시간

관란정

을 보내던 중, 빨래하러 나왔던 여인이 원호에 그 사연을 묻자 원호는 "신이 어찌 두 임금을 섬기고 부인이 어찌 두 남편을 섬길 수 있겠냐."는 뜻으로 대답을 하자 여인은 내일이 마침 재혼의 날인데 자신도 어찌 두 남편을 섬기겠냐고 깨달은 바를 말하고 재혼을 포기하고 수절하게 되었다는 전설도 전해 내려온다. 숭정기원후 을사를 표시한 유허비와 이항복의 시를 보면 관란정은 17세기 전후에 이미 어떤 형태로든 있었던 듯하다.

🔺 모현사 무릉도원면 무릉3리 1165

관란정의 주인 관란 원호의 충절을 기리기 위해 세운 사당 모현사가 무릉도원면 무릉3리 1165에 있다. 단종이 죽자 관란정에서 3년 상을 치르고 고향 원주로 귀향, 칩거할 때 세조의 호조참의 벼슬을 거절하고 철저히 외부와 차단하는 은거로 여생을 보낸다. 손자 원숙강이 예종 때 사관으로 세조실록 사초에 참여했다가 민수사옥으로도 불리는 필화에 연루되어 한명회 등의 추국 끝에 주살을 당하자, 자손들에게 학문으로 출사하기보다 생업에 종사할 것을 당부한다. 숙종은 1699년 원호가 은거하던 자리에 연시각 사액 정려를 내렸고, 정조 때 정간공 시호와 함께 이

모현사

조판서에 추증된다. 후에 연시각을 모태로 모현사가 세워지고 현판은 고종 때 판서를 지낸 심상훈이 써서 달았다. 솟을삼문을 들어가서 중앙에 단칸 사당 모현사가 단출한 모습이다. 원호의 묘역은 원주시 판부면 서곡리에 조성되어 있다.

16세기 후반에 쓴 것으로 보는 뛰어난 문장가 백호 임제의 한문체 단편소설 원생元生몽유록, 일명 원자허전元子虛傳(자허는 원호의 자)은 강직한 선비 원호가 꿈속에서 단종과 사육신의 모임에 인도되어 성지 권력의 모순과 부조리한 세상을 꾸짖는 현장을 함께 하다가 꿈에서 깨어난다는 얘기로, 세조의 왕위찬탈을 빗대는 내용을 담고 있다. 꿈속에서 단종이 자허를 맞아 "내 항상 경의 꽃다운 지조를 그리워했소." 금기시되던 글이 숙종 때에서야 국역본도 만들어지며 일반에 읽히기 시작했다.

한반도 지형 한반도면 옹정리 산 180번지

삼면이 평창강(서강) 물길로 둘러싸여 북쪽과 동쪽이 높아 백두대간으로 보이고 서쪽은 낮아져 모래밭이 서해안 갯벌을 연상케 하고, 반도 중간의 잘록한 허리에다 호랑이 발치에 해당하는 반도 서남단 등, 한반도를 빼닮은 명승 제75호 한반도지형이 면의 명칭까지 바뀐 한반도면 옹정리에 위치한다. 주차장에서 계단을 올라 숲길을 왕복 반 시간은 부지런히 걸어야 전망대에서 한반도를 내려다보며 선암마을에서 운영하는 뗏목에 관광객을 태우고 한가히 움직이는 전경도 목격할 수 있다. 인공적으로 만들지는 않았을지 의심하는 사람이 있을 정도로 그럴

듯해 보이는 한반도지형을 돌아 유유히 흐르는 평창강 물길 위로 한가로이 움직이는 뗏목이 연출하는 경치가 수백 년을 거스르는 한 폭의 동양화를 보는 듯하다.

북쌍리가옥 남면 북쌍리 782

서강이 앞으로 흐르는 북쌍리가옥은 一자 사랑채와 ㄱ자 안채가 ㄷ자 배치를 하고 있는 아담한 고옥이다. 대문채를 겸한 一자형 사랑채는 가운데 방을 두고 대청과 대문을 좌우로 하고, 대문을 들어서 보이는 안채는 대청을 중심으로 좌측에 안방과 부엌 그리고 직각으로 우측에 건넌방을 둔 ㄱ자 배치로 100년 이상 전의 건축물로 추정되는데 그 이전에도 어떤 형태로든지 고옥이 있었을 듯해 보인다.

들골마을 앞 서강이 청령포까지는 불과 20여 리 지척, 그 옛날 단종의 슬픔을 나누었을 거리 아닌가. 서강이 은은히 흐르는 강변, 들이 넓은 들골마을에 들어선 소박한 구조와 아담한 모습의 고옥을 석양 무렵에 찾으면 누구나 살던 고향집을 그리게 할 것이다.

북쌍리 가옥

서곡정사 서면 쌍용리 140-2

서곡정사 석조약사여래입상과 뒷마당에 있는 삼층석탑은 모두 쌍용역 뒤 쌍용사로 알려진 절터에 있었으나 1980년경 광산개발로 옮겨놓은 것이다. 약사여래입상은 1.5m 높이에 광배, 불상과 대좌가 하나의 돌로 조각되어 있는데 대좌는 복련 위에 앙련을 올려놓아 중간이 잘록한 모양이고, 가지런한 맨발 위 몸체의 옷 주름은 부드러운 U자형으로 좌우 균형을 잡았고 양팔의 옷 주름도 자연스레 흘러 좌우가 대칭된다. 광배에 화려한 불꽃무늬 흔적은 안 보이나 육계, 큰 귀, 통통한 얼굴, 삼도, 왼손에 들고 있는 약합 등, 전체적으로 명확한 선형을 유지하며 단순하지만 아주 깔끔한 처리가 훌륭하다. 평범하고 부드러운 곡선 선형, 소박한 표정과 매끄러운 표면 구성 등 이름 없는 불상에 인심 쓰듯 더 애정을 주고픈 마음이 여행의 또 다른 즐거움이다.

서곡정사 삼층석탑은 지대석과 상하 2층 기단을 모두 잃고 상대갑석만 따라온 모습을 하고 있다. 우주를 새긴 탑신에 비해 4단 받침의 옥개석의 폭이 비교적 넓어 아래를 누르는 무거운 비례를 보이는데 다행히도 옥계받침의 단을 약하고 얇게 넣어 둔탁한 느낌은 없다. 망실된 것으로 추정되는 상하층 기단과 노반만 남아있는 상륜부로 추정해 보면, 그런대로 균형미는 느낄 수 있다. 신라 양식을 이은 고려 초기 건립으로 추정하고 있다. 아름답고 건강했던 옛 모습을 잃고 뒷방으로 물러서 알 수 없는 세월 누구를 위해 존재감을 지켜야 했는지, 불심이 일으킨 석조 문화재의 생명력을 인간은 넘볼 수 없다.

🏠 창원리가옥 남면 원골길 170-9

남면 원골길 산자락에 자리한 창원리가옥은 대문 좌우로 창고와 외양간이 있는 대문채가 있고 대문을 들어서 ㄱ자 안채는 대청을 중심으로 안방과 부엌 그리고 건넌방이고, 대문채에서 ㄱ자 사랑채가 연결돼 전체적으로 터진 ㅁ자 배치를 하고 있다. 정면 5칸의 사랑채는 우측으로 1칸 대청과 2칸 방 앞으로 툇마루로 연결하고 대청 외벽으로 창문이 없는 창을 내는 등, 사랑채 전면이 지나치게 개방돼 보이는 것이 시야를 차단하는 담장이 있었을 법한 추측을 부른다. 고택에 대한 내력을 알 수 없어 북쌍리가옥과 함께 지역 명칭을 인용해 창원리고택으로 최근 변경했다.

🏠 창령사지 오백나한 남면 창원2리 1075

초로봉(570m) 북동쪽 400m 중턱에서 경지를 정리하던 토지 소유자가 우연히 석조나한상을 발견하고 해당 약 330평을 기증, 2001-2002년 공식적인 창령사터 발굴 조사가 이루어진다. 원형을 지킨 64점을 포함해 모두 300여 점의 석조나한상이 발굴되어 개별 보수 작업을 끝내고 춘천박물관이 주관한 2018년 특별전시회는 연장할 정도로 성황을 이루었다. 2019년 5월에는 서울 국립중앙박물관에서 88점을 선정해 영월 창령사지 오백나한을 주제로 특별전시를 다시 열었다. 두건을 쓴 나한, 수행하는 나한, 바위 위에 앉은 나한, 손을 모은 나한, 생각에 잠긴 나한, 암굴 속 나한, 보주를 든 나한, 바위 뒤에 앉은 나한, 두건을 쓰고

서곡정사 석조약사여래입상

창원리가옥

창령사지 오백나한 전시

홀을 든 나한, 선정에 든 나한, 찬양하는 나한-대부분이 가사를 입고 좌대도 없이 반가부좌를 하고 있지만, 하나같이 다른 자세와 우리가 주변에서 언뜻 본 듯한 표정을 하고 있다. 함께 발굴된 기와 편으로 창령사蒼嶺寺 터였던 것으로 확인되었고, 기록으로 추정해 고려 후기에 창건되어 조선 중기까지 존재했던 것으로 밝혀지고, 발굴 유구를 통해 나한전 이외에 불전과 선방 등이 더 있었던 것으로 보고 있다. 창령사 나한상이 특별전시에서 많은 사람을 끌어들이는 매력이 무엇일까. 바위 뒤에 몸을 숨기고 얼굴과 오른쪽 어깨를 드러낸 나한상이 파격의 압권이다. 너의 지난밤 일을 알고 있지만 괜찮다는 착한 우리 이웃집 아저씨의 미소, 엄하면서도 뒤로는 성원을 아끼지 않는 아버지의 미소, 사위에 흡족한 장인의 미소, 무엇이든 감싸주는 형님의 미소, 혼자만의 깨달음에 머쓱한 선승의 미소일 수도 있는-오백의 석조 나한을 누가 어떻게 조각을 했을지, 조각승은 과연 누구의 어떤 미소를 보여주는 것인지, 경이로운 작품에 좀체 자리를 뜨지 못하게 하는 힘이 지배한다. 나한상이 전하는 청령사의 규모와 목이 잘리는 등 급작스럽고 인위적인 파손 상태로 보아 어떤 정치적 사건에 연관해 볼 수도 있어 더 슬픈 나한상의 모습이다.

🏔 마차리탄광문화촌

영월은 근대 한국의 경제 발전과 함께했던 광산지역으로 한때는 탄광이 20여 곳에 이르렀고 상동읍 상동광산은 전국 중석 생산의 8할을 생산하기도 했다. 일제강점기인 1943년초 가동 시작한 영월화력발전소에 석탄 공급을 위해 북면 마차리 탄광은 연간 30여만 톤을 생산해 12㎞ 길이의 케이블 삭도를 48개 철탑으로 연결해 1톤 솔개바가지에 싣고 고공 운송을 하다가 1972년 폐광되었다. 북면 밤재로 351, 마차리 탄광문화촌은 당시의 열악했던 탄광 생활을 재현해 놓고 추억과 이해를 돕는 근대 문화 생활박물관이다.

마차리탄광문화촌, 마차리 옛 거리 재현

영월 향시 장원이 만든 삿갓 방랑

김삿갓 유적지

조선 후기 기세가 당당했던 신 안동김씨 혹은 장동김씨로 선천부사를 지내던 조부 김익순이 홍경래의 난 때 적에 투항한 죄로 가문이 멸문 지경에 이르러 부친도 잃고, 모친에 의해 김병연은 황해도 곡산에 숨어 자라다가 어머니와 함께 평창 등을 거쳐 영월에 정착한다. 지금은 김삿갓면으로 바뀐 하동면 와석리 노루목, 경북 영주시와 충북 단양군을 경계로 하는 3도 접경 첩첩산중에 은거 피난처를 정한다.

모친의 노력으로 김병연은 공부를 계속하다가 마침 영월 동헌에서 향시가 열려, 모친의 함구로 자신의 출신을 정확히 모르던 상황에서 시험 제목에 맞게 김익순의 행적을 비판한 글로 장원을 한다. 그러나 비판의 대상 김익순이 자신의 조부인 것을 알게 되자 통렬한 자책감에 빠져 모든 것을 포기하고 삿갓으로 부끄러운 얼굴을 가리고 정처 없는 방랑길을 택한다. 양반들이 지배하는 부패한 세상을 냉소적으로 비판하며 서민들의 공감을 일으키는 많은 시를 남기고 57세 방랑 35년 만에 전라남도 화순 동복에서 사망, 둘째 아들이 지금의 자리로 이장해 왔다.

묘소를 중심으로 김삿갓 유적지가 있고 2㎞ 오르면 6칸 정도 초가가 복원되어 있다. 유적지 앞 김삿갓천으로 이름이 바뀐 곡동천을 건너 김삿갓문학관이 있고 근처에 민화박물관과 묵산미술박물관 등이 들어

선 마을 일대가 산뜻하게 조성되어 있다. 유적지에서 출발 마대산 정상을 돌아 김삿갓 생가를 거쳐 내려오는 약 7㎞ 약 4시간 이상 걸리는 등산로 안내도 보인다.

🏔 산꼬라데이 길

추익한이 단종의 죽음을 알고 올라서 한양을 바라보며 통곡을 했다는 전설의 망경대산(1,087m) 남쪽, 김삿갓면 산꼬라데이로 이름한 산길은 빨리빨리 현대사의 한 단면을 보여주는 고원의 숲길이다. 강원도 사투리로 산골짜기를 의미하는 산꼬라데이 길은 예밀리 예밀포도 농원에서 출발해 예밀길, 짧아도 구절양장인 굽이길, 만봉사와 명상길, 폐탄광 옥동광업소와 납석광업소를 지나는 광부의 길 등, 약 20㎞ 거리에 평균 해발 약 700m를 오르내리는 둘레길이다. 종착지는 1960년대에 1만 명이 넘는 유동인구가 북적대던 심산 고원의 마을 주문리 모운동暮雲洞이다. 별표 연탄의 옥동광산 전성기, 모운동은 산속의 소도시가 되어 극장, 이미용소, 학교 등 웬만한 시설을 갖추고 있었지만, 폐광돼 지금은 30여 가구만 옹기종기 남아서 집집이 벽화와 꽃으로 단장하고 동화 마을로 재탄생했다. 비 온 후에 안개와 구름이 모인다는 고원 깊은 산속 넓지 않은 공간에 짧은 기간에 어떻게 만 명이 넘는 유동인구가 모여 작은 도시가 생성된 것도 수수께끼인데, 어떻게 그렇게 또 쉽게 해체가 될 수 있다는 말인지…. 현대판 신화와 전설 속의 모운동은 이름대로 바람 따라 구름이 모였다 흩어진 곳이다.

김병연 묘

김삿갓 난고 유적비

산꼬라데이길 아래
모운동 전경

김삿갓 예밀와인

88번 도로에서 산꼬라데이길 초입, 예밀리禮密里로 들어가는 길은 예밀길이며 포도길이다. 포도길 좌우로 들어선 수만 평 포도밭이 장관이고 마을 한가운데 예밀와이너리는 마을의 힘으로 2011년 완공해 2015년부터 와인 출시를 시작해 김삿갓예밀와인 상표로 레드와인과 로제 등을 생산하고 국내 와인 대상을 차지할 수준에 이르렀다 한다. 조만간 주종을 추가하고 장기적으로 브랜디 생산까지 계획하며 의욕을 키워가고 있다. 예밀리 이장이 대표하고 사무장이 실무를 도맡아 하는 작은 와이너리가 김삿갓묘역을 찾다가 우연히 들려 와인과 족욕체험이 힐링이지만, 예밀을 위해 산꼬라데이를 찾는 때가 오기를 기대해 본다.

만봉불화박물관

불화에 관심이 있다면 예밀리에서 예밀길을 따라 문자 그대로 구절양장의 굽이길을 올라 2013년 준공한 만봉사 만봉불화박물관을 찾으면 흡족할 수 있다. 10여 년 전 100세를 앞두고 입적한 만봉스님은 스승으로부터 금어로 인정을 받았고, 중요무형문화재 48호로 문화재 단청 작업에도 참여하고, 불화박물관을 지어 작품을 전시하고 있다. 화려한

만봉불화박물관 범종루

단청의 사천왕상과 종루를 갖춘 범종각을 들어서 정면 대웅전 양편으로 회랑형 전시실을 연결했다. 7개 전시실과 영상실 등에 관음도, 팔상도, 금색으로 그린 금니 십팔나한도, 극락도 등 작품 이외에도 19세기 시왕초본도, 청화백자와 고려문양 등이 전시된 박물관을 굳이 만경대산(1,088m) 산간에 세운 뜻은 어디 있을까. 한 땀 한 땀 정성으로 불신의 세계를 묘사한 탱화초에 색색이 채색을 하는 불화는 불심의 바탕 없이는 불가한 예술혼의 결정이고 수양의 표현으로 독특한 예술의 한 장르이다.

▲ 정종대왕 태실비 영월읍 정양리 산 133번지

영월읍 정양리 영월발전소 옆 넓은 주차장에서 우측 능선을 따라서 정양산성을 오르다가 만나는 작은 봉우리에 정종대왕 태실비가 자리하고 있다. 왕실에서 자손의 무병장수를 기원해 출생하면 그 태를 잘 씻고 말려 이중으로 된 항아리에 넣어 명당에 묻고 작은 비석으로 표시를 해 놓았다가, 혹시 임금이 되면 돌항아리 위에 석조물을 만들어 격을 높인다. 1752년 9월 22일 출생한 정조의 태를 이듬해 묻었다가 1800년 지금의 모습으로 태실비와 석조물을 조성했다. 큰 비석에 정

정종대왕태실비

종대왕태실이라 한 것은 정조正祖의 묘호가 처음에 조선 제2대 정종定宗과 구분하여 순조 때 정종正宗으로 정했으나 고종 때 급을 높이기 위해 정조로 바뀐 탓이다. 원래는 화력발전소 작은 뒷산에 있었으나 1929년경 고양시 서삼릉으로 전국 명산에 산재하던 태실을 이전할 때 같이 옮겨가고, 석조물만 1998년 지금의 자리에 복원한 것이다. 호젓한 작은 봉우리에서 남한강을 남향으로 햇볕을 받는, 선사들의 승탑과도 흡사한 모양의 태실비에서 후대의 생명력과 존엄을 중시하는 왕실의 견고한 의지가 엿보인다. 정양리 산1-1, 사적 제446호 정양산성은 평균 해발 500m 지역에 최대 높이 약 11m 성벽으로 약 1km 내성과 약 600m 외성으로 구성, 비교적 보존 상태가 좋은 편이다. 6세기 삼국시대에 축조되어 오랜 기간 전략적으로 중요한 역할을 한 것으로 보인다.

꼴두바위

영월의 동쪽 끝 상동광산으로 알려진 상동읍 구래리 꼴두바위는 알고 보면 꽤 알려진 명물이다. 쌍두 머리에 몸체는 삼각형으로 편하게 자리를 잡았고, 몸체 표면 조각조각이 부서지고 떨어져 나가서 다양한 명암을 만들고, 틈틈이 작은 소나무가 뿌리를 내리고 오묘한 표정을 한다. 기묘한 형상의 바위에 응당 전설이 빠질 수가 없다. 옛날 젊은 부부가 노모를 모시고 하는 주막에서 벌이가 충분해 행복했지만, 자식이 없어 구박을 받으며 산다. 도승을 찾아 아들을 낳게 해달라고 부탁을 하자 꼴두바위에 올라 100일 치성을 드리면 가능하지만, 대신에 주막은

어려워지고 가난을 면치 못하게 될 것이라 말한다. 그래도 매일 치성을 드리자 말대로 다시 가난해지고 시어머니는 그래서 또다시 학대를 계속, 며느리는 백일을 채우지 못하고 한을 품은 채 죽는다. 불쌍하게 죽은 며느리를 대신해 하늘은 중석을 내려 한을 풀어주었다고 한다. 마을 사람들은 돌로 꼴두각시를 만들어 제사를 지내 주었으나 일제가 파괴해서 지금은 꼴두바위 앞 작은 사당과 현대식 조각의 며느리 상이 금빛을 입고 서 있다.

꼴두바위 아래 사당

또 다른 전설은 강원도관찰사 정철이 지나가다가 바위를 보고 절을 하며 만 명이 넘는 마을이 생길 것이라 말했다 한다. 깔끔하게 조성된 공원 옆으로 난 길을 오르면 오래되 폐기된 시설과 건물이 나타나고 조금 더 오르면 중석 광산 작은 사무실 앞으로 대형 트럭이 한가히 오르내리며 명맥을 유지하고 있다. 중석이 호황일 때 인구가 3만 명을 넘어 읍으로 승격됐으나 지금은 고작 천여 명을 넘는 작은 읍이 되었다. 그러나 묘하게도 광산은 백운산(1,427m)의 남쪽이고 정상 북사면으로 정선군 하이원리조트와 강원랜드, 그리고 동쪽으로 골프장도 생겨 밤에도 불을 밝히는 카지노와 리조트를 찾는 사람들이 하루에도 만 명 가까이 된다고 하니 예언은 아직 유효한 셈이다. 정감록에서 십승지의 하나로 영월 정동(방향) 상류를 꼽았는데 굽이굽이 영월읍 동강으로 흐르는 옥동천의 상류 상동읍 일대를 지칭하는지도 모르겠다.

무거운 적막이 걷히고 내려앉은 평화

🔺 청령포

단종은 그렇게 떠났지만, 통곡의 유배지 청령포는 매년 수많은 사람이 찾는 천년의 성지가 되었다. 유배지의 처절함이 지배했던 고립무원의 섬 아닌 섬 청령포는 그래서 더 흔한 식당이나 기념품점도 범접할 수 없는 역사의 성역으로 지켜지고 있다. 급하게 흐르는 물길을 배로 건너고 또 자갈밭을 걸어 낙락장송이 하늘을 가리는 솔밭 사이로 가면 단종 어소와 유지비각, 금표비, 관음송, 노산대, 망향탑 등이 들어서 있다. 넓지 않은 면적에 짧은 동선이지만, 하나하나가 던지는 얘기가 너무나도 무거워 쉬 발걸음을 옮길 수 없는 역사의 성지다. 성인聖人이 박해를 받고 세상을 떠난 자리와도 크게 다르지 않은 사적 제50호 청령포는 태백산 산신령으로 언젠가 환생해 구원해 줄 것을 바라는 영월의 민초들이 지킨 성지가 되었다.

단종이 사망한 지 241년 후 1698년 숙종 24년에 복위되어 묘호를 정하게 되고 영조 2년인 1726년 동서로 삼백 척 그리고 남북으로 사백구십척 구역에 사람의 접근을 막는 금표비를 세운다. 영조 39년 1763년 예조판서가 청령포를 방문해 영조에게 담의 기초는 있으나 가시덤불에 가려 분간이 어렵다고 보고하자 영조는 어필로 단묘재본부시유지 8자를 새긴 비석을 세워 자리를 분명히 한다.

청령포 유배지 일원

청령포 관음송

낙화암

어소 담장 안으로 단종이 머물던 기와지붕 본채와 궁녀 관노가 기거하던 초가가 복원되어 있다. 담장 밖 솔밭 한가운데 두 가지로 갈라져 하늘로 뻗은 높이 30m 금강송은 단종이 자주 앉아 시간을 보내는 모습을 지켜보고 또 슬픈 독백도 들었다고 해서 관음 두 글자가 붙여진다. 후에 나무색이 검은색으로 변해 나라의 변을 알려주었다는 전설을 간직한 채 천연기념물 제349호 관음송은 변함없이 하늘을 향해 뻗어간다. 단종 어소는 지금같이 정연한 모습은 아니었던 듯, 단종의 어제시御製詩는 적막한 영월 황량한 산속, 산은 깊고 호랑이 표범도 많아서 해도 저물기 전에 사립문을 닫아야 했던 황량한 환경을 표현한다.

육육봉 산비탈을 올라 천애 절벽 끝 작은 암반에 매일 올라 한양을 바라보며 시름에 겨워했다고 불리는 노산대가 있고, 오를 때마다 여기저기 흩어진 돌을 주워 쌓아 올렸다는 작은 돌탑은 세월에 허물어진 것을 1974년에 복원해 망향탑으로 불리는데 망경탑이 더 적절하지 않을지 모르겠다.

낙화암

"영월부 동쪽 5리쯤에 낙화암이 있는데, 높이가 40-50장으로 강을 임해 사파르게 높이 솟아 있다. 단종이 승하하신 후, 시녀 종인이 이 바위에 올라 강물에 몸을 던져 죽으매, 읍인이 그것을 가엾게 여겨 이름을 낙화라 했다. 시녀종인이 다투어 동강에 몸을 던져 죽으니, 떠오른 시체가 강에 그득했고, 이날 뇌우가 크게 일고, 열풍에 나무가 뽑혔으며 검은 안개가 하늘을 가득 메워 밤새도록 흩어지지 않았다." 영월문화원에서 정리한 민충사 창건기 일부 표현이 과장도 같지만, 당시의 열병같이 퍼진 민심을 충실히 대변했을 것으로 보인다. 강 건너에서 바라보이는 낙화암은 그 세월을 이미 잊고 있는지 아니면 되새기기 힘에 겨운지, 모든 것을 품고 동강은 조용히 흐른다. 낙화암의 실존은 정조 때 그려진 8폭 병풍 월중도越中圖에도 보인다.

민충사

단종이 사약을 받고 세상을 떠나자 단종을 모시던(일설에는 약 90여명) 시종과 시녀가 낙화암에 몸을 던진 사실에 영조는 1742년 그들의 충절을 기리고 영혼을 위로하기 위해 사당 민충사를 짓게 하고, 1758년 영조의 하교를 받은 강원도관찰사 심수가 개수를 하며 민충 사액을 받는다. 1791년 정조 때와 한국전쟁 후 1956년 중수와 계속된 보수를 거치며 오늘에 이른다. 동강변 낙화암 위에 있는 금강정 뒤편에 정면 3칸 측면 2칸의 민충사를 당시 영월부사 홍성보의 창건기가 밝힌다. "…유독 이들만 아직까지 제단을 세워 성절에 보답하는 것을 결하고 있으니, 떠돌며 굶주린 혼백이 떼 지어 소리

민충사

내 울며… 동강과 청령포 사이를 오가며 지낼 것이므로… 낙화암 약간 서쪽 정결한 한 구역을 택해 집을 짓고… 이로써 혼령이 머무는 장소로 삼는다." 절절한 시가 영혼을 위로한다.

금강정

민충사 바로 아래 아름다운 동강을 발아래 내려 보는 금강정은 세종 때인 1428년 세워져 17-19세기에 걸쳐 여러 번의 중수를 거친다. 1399년 문과에 급제해 이조정랑, 직예문관을 지낸 지영월군사 김복항이 처음 세웠고 세월이 지나 무너진 것을 보고 후대 군수가 재건하고 1792년에는 영월부사로 온 박팽년의 후손 박기정이 중수한 것으로 보인다. 이황이나 송시열도 들려서 시와 글을 남겼고 정자 안쪽으로 이승만 대통령이 쓴 금강정 현판도 걸려있다. 정면 4칸 측면 3칸으로 겹처마 팔작지붕에 우물마루와 연등천정이고 평난간을 둘러 정면 좌측으로 출입을 하게 한다.

금강정

관풍헌

　사적 제534호 영월부 관아 객사에 딸린 동헌 관풍헌은 조선 초기 태조 때 객사와 함께 건립되어, 청령포에 홍수가 나자 단종이 옮겨와 머물다가 1457년 세조가 내린 사약을 받고 17세에 승하한 슬픈 역사의 현장이다. 세월이 흐르며 폐허로 방치되어 있다가 정조 때 중수되며, 정면 5칸 측면 2칸의 전형적인 누각 형태를 갖추고 있는데, 중앙의 정청과는 담으로 구분되고 외삼문과 내삼문을 따로 했는데 앞에는 백운루가 있었다 한다. 연결된 객사가 보덕사 포교당으로 이용되고 있다니 파격이 따로 없다.

객사 관풍헌

자규루

　관풍헌 동쪽에 있던 누각 매죽루가 단종이 자주 올라 고뇌에 찬 자규시를 읊은 계기로 이름이 자규루로 바뀐다. 1428년 창건되어 연산조에 중건을 거치고 1605년 대홍수로 폐허가 되어 1791년 강원도 관찰사가 중건해 단종의 시를 봉안하며 유지되어왔다. 정면 3칸 측면 2칸의 2층 누각으로 누의 상하 모두 원형 기둥이고 옆의 계단을 통해 오르게 하고, 계자난간을 두르고 있다.

　"한 마리 원한 맺힌 새가 왕궁에서 나와… 자규 울음 그친 새벽 조각달은 밝고… 하늘은 귀가 멀었는지 애끓는 소리를 듣지 못하고…" 단종 두 글자만 들어도 가슴이 저리고 멍멍해지는 이들에게 무심한 하늘을 원망하는 시는 절규가 되어 가슴을 파고든다.

자규루

🔺 영월향교

영월읍 영흥리 영월향교는 조선 초기 1398년경에 창건된 것으로 보인다. 성종, 선조, 광해군, 정조, 순조 때까지 보수와 중건을 거치다가 한국전쟁 때 풍화루, 명륜당, 내삼문 등이 전소되어 중건과 보수로 이어져 왔다. 하층에 판문을 두고 외삼문 형식을 취한 정면 3칸 측면 2칸의 팔작지붕 누각 풍화루를 들어가서, 좌우로 정면 3칸 측면 1칸의 동-서재 그리고 중앙에 정면 5칸 측면 2칸의 팔작지붕 명륜당이 있다. 뒤로 내삼문을 들어서면 정면 3칸의 동-서무와 중앙으로 정면 5칸 측면 2칸에 전면 퇴칸을 두고 맞배지붕을 한 비교적 큰 대성전으로 구성, 일반적인 전학후무 배치를 하고 있다. 명륜당은 중앙 3칸 대청은 4분합문으로 처리하고 양쪽 좌우 온돌방을 두었다.

🔺 하송리 은행나무 영월읍 하송1리 190-4

천연기념물 제76호 하송리 은행나무 나이를 천년에서 천이백 년으로 추정하고 있다. 높이 36m 둘레 18m 노거수 앞에 서면 위대한 자연의 생명력에 절로 숙연해진다. 영월 엄씨의 시조 엄임의가 심었다는 나무가 처음에는 대정사 사찰 정면에 있었지만, 사찰이 사라지고 집들이 들어서기 시작해 지금은 마을 한가운데서 마을의 정자나무 구실을 하고 있다. 동강과 서강이 합수하는 곳에 있는 영월읍이 마치 물에 뜬 배 지형임에도 불구하고 잦은 홍수에서 견디는 것은 은행나무가 돛대 역할을 하기 때문이라는 전설이 있다. 또 다른 전설은 나무속에 신통한

뱀이 살고 있어서 동물이나 곤충이 근접을 못 하고, 어린이가 나무에서 떨어져도 다치지 않고, 정성으로 빌면 자식을 얻는다는 믿음의 신령한 나무로 마을의 사랑을 받고 있다. 원래 줄기는 죽어서 새싹이 자라나 커진 것이라니 앞으로도 얼마를 더 그렇게 살아 마을과 함께하려는지 아직도 굳건한 자세로 서 있다.

영월향교 대성전

하송리 은행나무

🏔 충절사

살아서 추익한이고 죽어서 엄흥도라는 이야기의 주인공들 – 엄흥도 정사종 추익한 세 충신의 영정을 모신 사당 충절사가 영월읍 영흥리에 있다. 영월의 호장이었던 영월엄씨 엄흥도는 목숨을 걸고 단종의 시신을 모신 공으로 영조와 순조를 거쳐 공조판서로 추증되었고 고종은 충의공 시호를 내린다. 정사종은 문과에 급제해 군위 현감 등을 하다가 단종이 유배되자 벼슬을 버리고 낙향, 엄흥도를 도와 단종의 시신을 모신 후에 청령포 강에 뛰어들어 순절한다. 추익한은 세종 때 문과에 급제해 호조정랑과 한성부윤을 지내다가 영월에 낙향, 여생을 보내던 차에 친구 박팽년의 부탁도 겸해서 단종을 자주 찾아 과일 등을 진상하며 위로한다.

🏔 영모전

영월읍 영흥리 영모전은 단종의 영정을 모신 사당으로, 충신 추익한이 백마를 탄 단종에 산머루를 올리는 그림이 걸려있다. 1517년 성황당이 있던 자리에 영정과 위패를 모시려고 세워서 1792년 개축 때 목상으로 모셨다가 1927년 목상을 없애고 다시 영정을 모시게 되었고, 한국전쟁 때 훼손이 되어 영월군에서 김기창 화백에 의뢰해 영정을 만든다. 단종을 거의 신으로 모시는 영월에서 특히 영모전이 있는 영흥 11리 마을 중심으로 서낭제로 산신제와 대왕제를 지낸다. 전각은 정면 3칸 측면 2칸에 5량 구조로 비교적 단순한 구조를 하고 있다. 전설은 어느 날

추익한이 다시 과일을 진상하기 위해 가던 중에 단종이 백마를 타고 태백산으로 가는 환영을 보고 도착해 보니 이미 단종은 승하한 뒤였다. 태백산 산신령 전설은 여기서부터 시작하며 민간에 알려진 듯, 태백산 정상 부근에 1955년 조선국태백산단종대왕지비 비문이 적힌 정면 3칸의 단종비각이 세워진다.

충절사

영모전

죽어 241년 뒤 왕릉 되어도 - 왕후의 무덤은 400리 먼 곳에

🏔 창절서원

단종의 묘를 찾아내서 중종 때 1516년 형식적인 봉분을 만들고, 1580년 선조 때 묘역과 석물이 갖춰지고, 1681년 숙종 때 노산대군으로 추봉되어 묘역 내에 1685년 사육신을 기리는 육신사가 창건되고, 1698년에는 드디어 단종 묘호가 복위되고 능호도 장릉으로 정해지는 등 순차적으로 묘역이 정리되자, 묘역 안에 있는 사육신을 모신 육신사의 존치 문제가 부각된다. 육신사가 1705년 묘역 밖 지금의 위치에 이건되고 1709년에는 창절사 사액이 내려지고 1788년 대대적 보수하고 창절서원으로 승격된다. 1791년에는 생육신 중 김시습과 단종의 모친 현덕왕후의 소릉 복위를 주장했던 남효온이 사당에 추배되고, 1833년에는 엄흥도와 박심문도 추배 되어 모두 10위를 모시게 된다. 매월당 김시습은 세조의 왕위 찬탈에 절망해 설악산을 찾아 오세암에서 출가하고 경주 남산의 금오산 용장사에 머물 때 금오신화를 쓰는 등 법명 설잠으로 여러 곳에 머물다가 부여 무량사에서 입적했고, 고려 말 두문동 72현의 한 사람인 박침의 손자 박심문은 세종 때 부제학을 지낸 박강생의 셋째 아

창절서원 창절사

들로 1436년 과거에 급제해 김종서의 종사관 등을 지내고 1456년 명나라에 다녀오다가 함께 도모하던 성삼문 등이 참형을 당하자 순절을 택한 문종의 신임을 받던 고명대신이었다. 정면 3칸 측면 2칸에 3개 판문을 한 배견루를 들어서 정면 5칸 측면 2칸 강당 창절서원은 3칸 사분합문을 한 대청과 좌우로 온돌과 협실을 두고 있고, 정면 4칸 동재와 서재를 지나 육신사 편액의 솟을 내삼문을 들어서면 동무와 서무를 좌우로 두고 정면에 정면 5칸의 큰 규모 창절사가 중심을 지킨다. "이 몸이 죽어가서 무엇이 될고 하니…", 죽어서는 낙낙장송이 되어 백설 속에서도 홀로 푸른빛 절개를 지킬 것을 읊은 충신 성삼문의 혼이 머무는 곳…, 장송은 없어도 따뜻한 오후 햇살 아래 이제야 찾은 듯 평화가 고요히 머물고 있다.

🏔 장릉

장릉은 1580년 상석, 4각 장명등, 망주석 한 쌍, 문인석 한쌍, 석수 등이 세워져 지내다가 1698년 단종의 묘호가 정해지고 장릉의 이름을 갖는다. 경내에 정자각, 단종비각, 영천, 배식단, 장판옥, 재실 그리고 엄흥도정려각과 역사관까지 있어 다른 왕릉에 없는 전각들을 갖추고 있는 규모지만, 정작 왕릉에서 보편적인 난간석 병풍석 문인석 등이 보이지 않는 검소한 모습이다. 단종의 정비 정순왕후는 청계천 영도교에서 이별을 마지막으로 끝내 다시 보지 못했다. 동대문 밖, 지금의 숭인동 청룡사 옆 정업원 초옥에서 세조의 도움도 거부하고 힘겨운 일생을 보내다가 82세에 세상을 떠나 남양주 진건읍 사릉에 묻혀, 죽어서도 같이하지 못한다. 정업원 근처 동망봉 큰 바위에 올라 동쪽 영월을 향해 통곡하는 것이 일상, 영조가 정업원 옛터를 밝히는 비석을 세워 아직도 건재하지만 매일 올랐던 큰 바위에 새긴 각자 동망봉은 창신동 채석장 개발로 사라진 듯하다. 1999년 정순왕후 사릉에서 옮겨온 소나무 정령송精靈松을 단종릉 앞 소로에 심어 슬픈 두 영혼을 위로하고 있는데, 아직은 어리고 가냘픈 줄기에도 신기하게 능을 향해 굽어 있다. 숙종이 일생 단종을 그리워한 정순왕후에게 내린 능호 사릉思陵의 모든 소나무

장릉

도 영월을 향해 기울어 있었다는 얘기도 전해온다.

　　장릉이 모습을 갖춰가는 데는 당시 영월부사 박기정이 많은 역할을 한다. 순천박씨 박기정은 박팽년의 12세손으로 사육신의 참화에서 어떻게 혈통을 이어올 수 있었는지 기적에 가깝다. 박팽년의 형제들은 물론 박팽년과 두 아들 박헌 박순 등 셋도 모두 멸문지화의 몰살이 되었지만 둘째 아들 박순의 부인이 마침 임신 중, 조정에서는 낳아서 아들이면 죽이라 명을 내린다. 둘째 며느리는 불행히도 아들을 낳았지만, 마침 같이 임신을 하고 있던 여종은 딸을 낳게 되자, 두 아기는 드라마같이 바뀌어 박팽년의 손자 박일산은 여종의 손에 키워진다. 세월이 흘러 박일산의 후손 박기정은 1784년 문과에 급제해 홍문관 부교리를 하다가 1791년 정조가 배식단을 지어 268명의 제사를 올릴 때 주관하게 되고, 결국은 1792년 영월부사로 명을 받아 단종의 유적을 정비하는 역할을 맡게 된다. 묘역을 중심으로 일대에서 이루어졌던 대역사는 질서 있게 진행되는데, 공역에 동원되지도 않은 백성들도 자발적인 참여하자 그 소식이 조정에까지 알려진다. 완공 후, 단종과 박팽년이 함께 모셔지는 제사에서 박기정의 감격이 어떠했을지 – 불혹을 넘긴 후손이 감격의 눈물을 흘렸다하고, 정조가 일을 마치고 돌아온 그에게 감회를 물었다고도 한다. 청령포, 장릉 일대는 물론 일대의 사냥 등도 중건을 하며 그림으로 남긴 보물 제1536호 8폭화첩 월중도와 자규루도 그리고 기록으로 남긴 장릉사보가 이 시기에 만들어진 것으로 보인다. 대구시 달성군 하빈면 묘리는 박팽년의 2남 박순의 처가로 그곳에서 부인이 아들을 키우며 순천박씨 세거지 큰 마을이 된다. 사육신을 모신 육신사기념 관과 박팽년과 아들 손자까지 3대가 임금으로부터 정려를 받은 삼충각 이 있다.

배견정

장릉을 들어가 오른쪽으로 향하면 거북바위 옆에 정자 배견정이 검소한 모습으로 한 귀퉁이를 지킨다. 방형으로 네 기둥이 받치는 지붕 아래 1칸 마루가 전부이지만 창건의 의미는 모든 유적에 남겨진 아픔을 함께 품는다. 단종의 죽음을 슬퍼해 낙화암에서 순절한 시녀들이 두견이 되어 묘소를 찾아 우는 안타까움에, 편히 쉬며 지내라 지어준 정자이다. 영월부사 박기정이 단종 유적을 정비하면서 세우며 암반에는 배견암이 각자되어 있다. 작고 단순한 모습의 정자가 주는 메시지는 짧고도 강렬하다.

박충원 낙촌비각

배견암 옆 작은 비각에는 1973년 후손들이 세운 밀양박씨 낙촌 박충원 비가 있다. 1531년 식년시 문과에 급제해 이조좌랑, 홍문관 교리와 종사관 등을 지내고 1541년부터 영월군수로 지내며 전임 군수 3명이 연달아 사망해 민심이 동요하자, 단종이 복권되기 전인데도 불구하고 노산군묘에 제를 올려 어수선한 민심을 진정시켰다 한다. 예리하고도 현명한 판단을 실행에 옮긴 낙촌은 무탈하게 5년간 영월군수를 마친 후

에 도승지, 관찰사, 대사헌, 이조판서를 포함 6조의 판서 등을 성공적으로 지내고 75세에 떠난다.

영조 9년 1733년 어명으로 세운 조선국단종대왕장릉 비석의 후면에는 문종과 현덕왕후의 적자로 태어나 왕세자로 책봉, 상왕이 되고 영월에서 17세로 훙서해 숙종 때 복위되며 묘호를 단종으로 영녕전에 모셔지는 일생이 간략하게 서술되어 있다.

영천

장릉 서쪽에 제사 때 우물 영천은 깊이 불과 1.5m 작은 우물이지만 평소에 물이 없다가도 한식 때만 되면 물이 생겨 제사에 도움을 주었다는 전설이 잠겨있다.

배식단

ㄱ자 담 안으로 1791년 정조 때 4개의 단으로 축조된 배식단配食壇에서 매년 한식 때 정조가 직접 지은 축문으로 제사를 올린다. 배식단은 충신-신분-공적을 구분해 단을 조성했는데 정단正壇은 안평대군과 금성대군 등 6 종영, 김종서 등 3 상신, 단종 매형 해주정씨 정종 등 4 외척, 김문기 등 3 중신 그리고 사육신과 박연의 아들 박셰우 엄흥도 등 모두 32 충신위가 모셔진다. 또한, 남-북 별別단으로 구분해 환관 노비 군사 궁녀 무녀 등 모두 268위를 모시는 제단으로 만들었다.

🏔 장판옥

　배식단 맞은편 정면 3칸의 장판옥은 배식단에서 제사를 끝낸 위판이 모셔지는 곳이다. 배식단에 맞춘 4개의 위판에는 모든 이의 이름이 적혀있다. 배식단은 정조와 순조에 걸쳐 역사와 정치적으로 상당한 의미를 두고 엄중하고 세밀한 작업을 통해 만들어졌다.

🏔 보덕사

　장릉 옆길을 따라서 오르면 먼저 보덕사가 나타나고 조금 더 가면 금몽암을 만난다. 보덕사는 장릉에 제사를 지낼 때 제사를 돕기도 하던 수호사찰이었다. 686년 의상조사가 지덕암으로 창건됐다는 얘기와는 차이를 보이는 창건에 대한 혼선에도 불구하고 고려와 조선을 거치며 중건을 해왔고, 노산군이 유배를 올 때 노릉사로 불리다가 숙종 때 단종의 원찰이 되며 태백산 보덕사가 되고, 단종어각은 백마를 탄 영정을 봉안하고 있다. 천왕문, 극낙보전, 사성전, 산신각, 칠성각 등이 있는 전통 사찰이지만 해우소가 유독 강원도 문화재로 지정되어 있다.

　고종 때인 1882년 세워진 것을 밝히는 상량문이 제일 오래된 해우소임을 증명하고 특히 원형을 잘 유지하고 있다는 사실이 놀랍다. 아래 마당에서 보면 정면 3칸 측면 1칸의 2층 누각 형태로 1층은 오물 처리를 하고 실제 출입은 뒤쪽으로 모두 12칸이 구분되어 있다. 고색창연한 검은 색 판재로 벽을 한 외관으로 얼마나 많은 사람의 근심을 풀어주었는지 당당하고도 넉넉한 모습이다.

금몽암 영월읍 영흥리 1117

금몽암은 단종이 유배를 오기 전 꿈속에서 본 곳과 흡사하여 세조 3년에 금몽암이 되어 단종의 원당 역할을 하다가 임진왜란 때 소실되어 여러 번 중수를 거친다. 사찰보다는 사대부 가옥 배치와 비슷한 구조인데 영조 때 금몽암으로 재건되고 보덕사의 부속 암자가 된다. 경사지에 높은 돌계단을 올라서 돌담 사이로 난 문을 들어서 축대 위에 앉은 ㄱ자형 건물은 사찰이라기보다는 사대부의 사랑채와 안채를 연접시킨 구조와 모양을 하고 있다. 문을 들어서서 정면으로 축대에 선 금몽암과 연결하기 위해 누각 형식의 우화루를 두었다. 담장 우측으로도 작은 홍살을 넣은 일각 협문을 만들어 출입하게 했고, 금몽암의 후면은 ㄷ자형의 살림집 구조를 하고 있다. 별도로 산령각, 보덕사와 비슷한 해우소와 석조여래입상 그리고 250년 호두나무가 보호되고 있다. 산간 좁은 자리에 꼭 끼어 앉은 아름다운 암자는 장릉을 찾았던 무거운 발걸음을 가볍게 만든다.

배견정

낙촌비각 박충원 기적비

배식단

보덕사 단종어각

단종어각내 추익한이
머루를 바치는 단종 영정

금몽암

영동군

와인 익는 고을에 양산과 한천 팔경

남북으로 긴 충청북도에서도 제일 남쪽에 위치, 경상북도 전라북도 충청남도 3도를 접하고 있다. 동쪽에 경상북도 김천과 상주시, 서쪽으로 충청남도 금산군, 남쪽으로 전라북도 무주군 그리고 북쪽에 충청북도 옥천군을 접한다. 군의 남쪽 삼도봉(1,176m)은 충청, 영남, 호남의 삼도三道가 머리를 맞대는 접점으로 1990년 삼도화합 기념탑이 세워졌다. 소백산맥에 이어지는 남쪽 삼도봉, 석기봉, 정상이 민두름하다는 민주지산岷周之山 등 모두 1,200m 내외의 높은 산 아래 상촌면 물한리에서 발원해 북쪽으로 흐르는 초강천이 길고 아름다운 물한계곡을 지나, 동쪽의 황학산(1,111m)에서 시작하는 물을 받고 계속 북으로 흘러 황간에서 백화산(933m) 아래로 흐르는 석천도 받아 월류봉에 이르러 한천팔경을 만든다. 고향에 흐르던 그리운 강물 같은 초강은 그렇게 서쪽으로 계속 흘러 세를 키워가며 66㎞ 여행 끝에 심천면 심천리에서 금강에 합류한다. 무주에서 넘어오는 금강 또한 심천에 이르기 전 양산면에서 양산팔경과 송호관광지를 만들며 이름값을 한다. 양강면 산막리에서 시작하는 약 25㎞ 영동천도 영동읍을 지나서 심천면에서 금강에 세를 더하고 심천면 달이산(551m) 옥계폭포도 금강에 합류해 옥천으로 넘어간다. 모든 수계는 남쪽의 고산 북사면에서 발원해서 북이나 서로 흐르다가 금강에 합류하고, 황간과 영동 분지를 중심으로 농경지가 분포한다.

역사적으로 신라의 북쪽 변방으로 처음에는 길동이라는 이름으로 시작해 통일신라 때 영동 이름을 얻게 되는데, 경주와 부여의 중간에 위치해 성치산성, 대왕산성, 마니산성 등이 전략적 요충지였고, 특히 대왕산성에서 신라와 백제의 유물이 공히 발견되는 것으로 보면 며칠 만에 주인이 바뀌는 역사를 추측해 볼 수 있다. 또한 영동은 영남과 한양의 중간에 위치, 추풍령과 괘방령 등의 길목에서 임진왜란에 큰 피해를 입기도 했다. 조선 태종 때 경상도에서 충청도에 속하게 되고 영동과 황간의 현(縣) 체계가 유동적으로 변하다가 일제 강점기에 황간이 영동에 병합되며 현재를 골격을 갖추고, 후에 일부 지역의 편입과 조정을 거치며 오늘에 이른다.

가을이면 영동읍의 도로는 붉은 감나무 가로수길이 되고, 영동읍 마천리에 각종 과실수를 심은 과수원과 온실 등을 갖춘 과일나라 테마공원을 조성해 농가의 반 이상이 과수업에 종사하는 영동의 얼굴로 앞세운다. 특히 포도 생산과 와인 제조의 이상적인 협업체계로 전국최대의 와인 생산지로 성장, 영동와인터널을 대표적인 볼거리, 체험거리로

홍보하고 있다. 군내에 기업형 와이너리를 포함해 약 40개의 농가형 와이너리가 있어 와인산업특구 또는 한국의 와인 1번지라는 자부심이 허세가 아닌 듯하다. 물 맑고 산이 깊어 올갱이국밥, 어죽, 매운탕 등이 토속음식으로 찾을 만하고, 삼도가 접한 영동 여행을 다니다 보면 3개 도道에 접하고 있는 지역에 따라서는 말씨와 풍속이 약간의 차이를 보이는 것도 찾는 흥미를 더한다.

8월 말에 포도축제, 9월 말이면 난계국악축제와 와인축제, 1월 말 겨울 축제로 곶감축제가 자리 잡아 가고 있다. 포도따기와 포도밟기가 실감나고, 와인축제에서는 40여 와이너리 맛을 보는 재미도 색다르다. 국악축제는 어가행렬과 제례가 돋보이고 국악연주 체험과 악기제조 체험이 흥미롭고, 구정을 앞둔 겨울 축제인 곶감축제도 다른 체험 거리- 교통이 편리해 당일치기도 부담 없는 축제들이다. 505호 지방도로 중 서북쪽의 심천면과 학산면 구간은 문화와 관광의 벨트로 손색이 없고, 한천팔경의 황간면에서 무주로 향하는 49번 지방도는 천혜의 자연림 곁을 달리는 드라이브 길이다. 특히 민주지산에 이어진 각호산 아래 해발 약 800m 도마령을 넘는 24 굽잇길은 굽이치는 단풍 물결을 찾아 만추가 되면 사진삭가들이 모여든다. 도마령 넘어 민주지산 700m 중턱 민주지산 자연휴양림은 계곡을 따라서 객실이 숲속에 산재-10㎞ 넘는 임도는 산악자전거와 트래킹에 훌륭하고 정상도 어렵지 않게 오를 수 있다.

산짐승도 가락 맞춰 춤추게 한 난계의 음악

♣ 국악체험촌 난계사

박혁거세를 시조로 하는 밀양박씨 복야공파의 7세손 박시용이 고려말 밀양에서 개경으로 과거를 보러 가는 길은 과거시험에 추풍낙엽이라고 피하는 추풍령보다는 합격 방이 걸린다는 매곡면 쾌방령을 넘었을 것이고, 그랬다면 심천면 고당리 고당포 나루쯤에서 금강을 건넜을 것이다. 당시 31자의 긴 관직을 보유한 전객시령 김령이가 마침 집에서 낮잠을 자다가 황룡이 승천하는 꿈을 이상히 여겨서 집 앞 물가에 나가보니 젊은이가 버드나무 아래서 쉬고 있었다. 범상치 않은 모습에 끌려 과거에 합격할 것이니 반드시 귀향길에 들러 달라고 청한다. 그의 말대로 박시용은 과거에 급제해 귀향길에 찾게 되고 김영이는 셋째 딸과 맺어주고 장인과 사위가 된다. 박시용은 벼슬이 대제학에 이르고 어지러운 고려 말 정세에 낙망해 처가인 영동으로 낙향한다. 박시용은 아들 박천석과 박천귀를 두었는데 박천석은 아들 박연을 낳았고 박천귀는 아들 박흥생과 박흥거를 둔다. 심천면 금강 변 일대에 이들의 유적이 남아 있는데 특히 난계 박연의 묘소, 사당 난계사 그리고 국악체험촌이 정연하게 조성되어 있다.

난계는 심천면 고당리에서 태어나 33세 때 문과에 급제해 사간원 정언, 사헌부 지평으로 벼슬길을 시작해 세종의 세자 시절 스승이 되고, 세종 즉위 후에는 국악 정립을 위해 관습도감 악학별좌에 임명되어 향

악, 당악과 아악을 연구 정리하는 한편, 정확한 표준음정을 정해 주는 율관을 만들어 편경 12매를 제작하는 등 악기 개조와 체계를 세웠다. 향악을 벗어나 제례 종묘악을 비롯한 아악 정착에 공헌한 학자인 동시에 음악의 이론도 정립하며 60대 후반에 예문관 대제학에 이르렀고 사후 영조 때 문헌공 시호를 받는다. 거문고의 왕산악, 가야금 우륵과 함께 3대 악성으로 꼽히는 난계는 젊어서 광대에게서라도 피리를 배우는 것을 마다하지 않았고 과거를 보려 한양으로 갔을 때도 악공을 찾아 배우는 열정을 보였다. 난계가 76세 때인 1454년 계유정난에서 집현전 한림학사 막내아들 박계우가 처형되고 자신도 고산으로 유배되었다가 풀려나 심천면 고당리에서 지내다가 81세 생을 마감한다. 사육신 정변에 2년 앞선 안평대군과 수양대군의 갈등에서 희생된 아들 박계우는 물론이고 며느리, 아녀자들도 참판의 종으로 내몰리고 온 가족이 흩어지는 참상을 지켜봐야 했던 난계의 말년은 불행이었으나 박계우는 정조 때 단종의 장릉 배식단 32 충신위에 오른다. 앉으나 서나 가슴에 손을 얹고 연주하는 모습을 보였다는 서거정의 표현대로 음악에 살며 세종 앞에서도 절대음감의 천재성을 발휘하는 등 국악 발전의 틀을 다진 천재 난계를 기리는 난계사가 심천면 고당리 국악체험촌 부지 내에 조성되어 있다.

♠ 난계사 천고각

국악체험촌 제일 윗자리 천고각 천고는 기네스북에도 오른 세계 최대의 북이다.

40마리 소가죽을 사용해 1년 이상 걸려 제작한 천고는 무게가 무려 7톤, 지름 5.5m 길이 6m의 거대한 크기가 압도적이기도 하지만 북소리의 울림이 맑고, 작은 골짜기에 퍼지는 공명도 커서 북소리가 가히 하늘까지 퍼진다는 천고 의미에 어울린다. 우연히 천둥 번개가 예보된 날 찾아 언덕을 걸어 오르며 울려 퍼지는 북소리가 마치 천둥소리가 아닌가 놀랐는데 학생들이 단체로 줄을 서서 치는 북소리였고 그 소리에 자신들도 놀라는 표정이 더 압권이다. 세 번을 정성스레 치면 복이 온다는 천고 체험지 일대는 여행객에게 편한 일정을 제공한다. 2만여 평의 부지 내에 소리창조관 등 3개의 건물에 숙박, 식당과 공연장 등이 있고, 소리창조관에서는 각종 국악기를 직접 연주하는 체험은 물론 사물놀이 난타 체험도 가능하고, 욕심을 내면 간단한 장구 단소 등 작은 악기 제작에도 도전해 볼 수 있다. 단체 학생들이 만드는 요란하고 힘이 실린 장구 난타 소리가 강당 밖으로 뛰어 넘쳐 나온다.

♠ 세덕사 심천면 고당리 553

난계사 근처 4번 국도변에 있는 세덕사는 약 1,000평 대지 위에 8개 동으로 구성되어 있다. 솟을삼문 세덕문을 들어서 내삼문 안으로 사당인 정면 4칸의 세덕사에 박연과 조부 대제학 박시용과 부친 박천

난계사

난계사 천고각

석과 숙부 박천귀 그리고 4촌 형제 국당 박흥생과 박흥거 6위 등을 모시고 있다. 이외에도 박흥생, 박흥거 형제의 쌍효각이 있고, 비록 제수를 받아들이지 않았으나 태종이 등극 전부터 친하던 박천귀를 한성판윤으로 명한 교지 현판이 보관되어있는 어서각, 비각, 의선재, 삼화재와 쌍청루 등이 남향을 향해 넓게 배치되어 있다. 원래는 초강서원으로 세워져 있던 것을 고종 때 서원철폐로 1871년 세덕사로 다시 세웠고, 한국전쟁 등으로 훼철된 것을 1974년 재건, 건물 자체로는 역사가 오래되지 않았지만 출중한 문중의 역사를 담고 있다. 박연의 부친 박천석은 증이조판서, 박흥생은 창평 현감, 그의 동생 이요당 박흥거는 사헌부 감찰 전중어사를 제수 받았다. 박연과 흥생과 흥거 사촌형제는 뒤에 나오는 상촌 김자수에게서 동문수학을 했다. 고당리에 있는 박흥생의 묘비를 송시열이 비문을 짓고 남구만이 썼다 한다.

▲ 옥계폭포

심천면 고당리 달이산 계곡을 찾아 들어가면 박연이 찾아 피리를 불고 송시열도 찾았다는 옥계폭포가 수줍은 듯 숨어 있다. 여성을 상징하는 옥자를 인용한 데서 알 수 있듯이 가늘고 섬세하게 떨어지는 폭포의 물줄기가 곱고도 아름답다. 옥계폭포를 찾은 박연이 폭포수 아래서 피리를 불 때 마침 바위틈에 숨어 있는 난초를 보고 감동해 난계를 호로 정했다고 전해지는 인연도 있다. 갈수기에 찾은 탓인지 아니면 원래 그런지 적은 수량이 웅장한 울림을 만들지 못하지만 가늘고 여리게

세덕사

옥계폭포

20여 미터를 조심스레 수줍은 모습으로 떨어지는 물줄기는 섬세한 여인의 가는 숨소리같이 들리고, 물줄기가 기댄 석벽과 푸른 숲도 숨죽여 듣고 있는 듯하다.

김자수 유적지 심천면 각계리 388

김자수 유적지에는 고려말 충청관찰사를 지낸 경주김씨 상촌桑村 김자수와 문종 때 판관을 지낸 손자 김영년 등 후손이 지내며 후학을 키우던 선지당先志堂과 9세손 김은과 김추 형제가 1720년 경종 때 효행으로 정려를 받고 세운 정면 2칸 측면 1칸의 정려각이 있다. 지금의 선지당은 중종 때 중앙 3칸의 대청마루와 좌우로 1칸씩 방을 둔 정면 5칸 구조로 세워졌고 1816년에 중수되었다. 김자수는 고려 공민왕 때인 문과에 급제해 사간원의 정6품 말직에 불과한 좌정언 신분으로 우왕의 하명이 부당함을 주장하다 전라도로 귀양을 갔으나 공양왕 때에 다시 인정을 받아 세자 교육을 맡으며 후에 형조판서와 충청관찰사를 거친다. 그러나 조선이 개국하자 교유하던 정몽주 등과 같은 길을 걸으며 태조를 피해 안동 지역으로 은거하고, 태종이 형조판서로 다시 부르자 정몽주의 묘소가 있는 지금의 용인군 모현면을 찾아 후손에게 죽으면 묘비도 세우지

김자수 유적지 선지당

말라는 유언을 남기고 자살을 택한다.

> 평생 충효의 뜻을 오늘에 누가 있어 알아주나…
> 하늘만은 마땅히 알리…

절명시 속의 충절을 찾아 8대손 학주 김홍욱이 글을 남긴다.

> 선조의 명성이 드높았구나… 전조의 충신이 스스로 목숨을 끊으니…

묘를 정몽주 묘소 인근인 지금의 경기도 광주시 오포면 신현리에 만들고, 묘비를 세우지 말라는 유언을 절묘하게 피하며 지켜, 신도비를 세우지 않고 땅에 눕혀놓아 와비로 불린다.

일성재 김은과 회려 김추 형제는 부모 병에 단지해 피를 만드는 등 지극정성으로 모시고 3년 시묘살이로 효행을 다해 숙종 때 정려를 받고 호조좌랑에 증직된다. 형제의 자손 중에서 과거 급제자도 배출한다. 선지당 당호 현판은 같은 경주김씨 후손으로 순조 때 대사헌, 이조판서, 한성판윤 등을 지낸 김자경이 썼고, 그의 아들 추사 김정희도 시경의 문구 장의자손長宜子孫 편액을 남겨 자손의 번창을 기원했다 한다.

김노경의 조부 김한신은 영조의 딸 화순옹주와 13세에 결혼했으나 38세에 후손도 없이 사망, 옹주는 영조의 만류에도 남편의 죽음에 곡기를 끊고 뒤를 따라 왕실 유일의 열녀가 되는 숭고한 길을 택했다.

소석고택 은진송씨 집성촌 심천면 초강리

　국가민속문화재 제132호 소석고택은 송시열의 후손이며 문정공파 23세손인 소석少石 송병필이 1885년경 지은 것으로 영동읍에 장남 송복헌이 지은 국가민속문화재 제140호 규당고택과도 비슷한 시기에 지어진 것으로 추정된다. 영동천과 초강천이 휘돌아 흘러 금강과 만나는 비옥한 땅에서 소작이 수천 석에 이르렀다는 부농의 가옥은 원래 지금의 안채와 사랑채 사이 너른 마당에 행랑채와 광채 등이 있었으나 1920년 전후에 철거된 듯하다. 안채는 정면 6칸 측면 3칸의 一자형으로 앞에 퇴칸을 두고 부엌, 안방, 웃방과 2칸 대청과 건넌방을 둔 단순한 구조이다. 정면 7칸 측면 4칸의 사랑채는 뒤로도 돌출이 있어 ㄷ자 평면보다는 H자 평면으로도 보이고, 용마루가 겹치는 부분을 합각 처리를 한 팔작지붕으로 멋진 외관을 보인다. 전후에 퇴를 둔 정면 2칸 사랑방과 정면 2칸 대청 좌우로 양쪽 날개를 단 형태로, 서쪽 날개에는 뒤로부터 뒷방, 3면의 각 방에 불을 때는 아궁이를 둔 부엌, 앞방이 있고, 동쪽은 뒤로부터 아궁이 부엌, 방 2개와 누마루를 두고 있다. 양쪽 날개는 서쪽이 더 앞으로 길고 동쪽은 폭이 더 넓어 동서 대칭이 균형을 이루는 편은 아니다. 안채의 동쪽으로 초가지붕의 정면 4칸 측면 1칸의 곳간채는 두

소석고택 사랑채

채를 한 지붕으로 연결한 형식이고, 폐쇄형 판벽으로 어디가 문인지 쉬 구분이 안 될 정도로 굳게 잠겨있다. 소석은 조선말 어려운 시기에 힘든 지방관 회덕 현감과 단양 군수 등을 지냈다.

▲ 심천역사

철거라는 쉽지 않은 고심 끝에 남겨져 자리를 지키고 있는 심천역은 간이역으로 그 보존가치가 높다는 문화재청의 판단으로 등록문화재가 된다. 전국에서 선택된 12곳 간이역의 하나인 심천역을 심천면사무소 맞은편 광장에서 바라보면 80여 년 짧은 세월이어도 옛 향수를 떠올리기에 충분하다. 경부선 복선 공사와 함께 1934년 현 위치에 들어서며 서울을 오가는 유일한 교통수단으로 애환의 한 세월을 보내며 사랑을 받았겠지만, 지금은 하루에 상행 4편과 하행 5편 등 9번을 서는 한가한 정거장이 되어, 열차 승차권 구입이 곧 고향 역을 지키는 작은 실천이라고 애향을 호소한다.

어느 인기 노랫말이 떠오른다. "…슬픔은 간이역에서 코스모스로 피고, 스쳐 불어온 넌 향긋한 바람…" 사랑하는 이를 떠나보낸 슬픔이 코스모스 꽃이 되어 지키는 고향을 홀연히 다시 바람같이 찾아 준다면 그것이 나에게 커다란 행복이라 한다. 무언시 가슴을 울긱하게 히는 쓸쓸함과 고독이 번지는 무색의 심천역이 한낮의 조름에 잠겨있다. 한동안 잊고 있었던 쓸쓸함이 그동안 비어있던 가슴 한구석을 채워주는 행복한 느낌도 찾아든다. 역사를 나와 왼편으로 약국을 지나 오른편 식당으로 돌면 맞은편으로 면사무소가 있고, 길 좌우로 작은 식당들과 다방, 수리점, 복지회관, 119구조대 등 초등학교까지 길지 않은 거리가 가슴 한 켠에 남아 있는 따스했던 고향의 모습이다.

♣ 관어대 심천면 금정리 51번지

금강에 연한 기암 석벽 위에 관어대가 날렵한 모습이다. 금강 건너에서 바라다보이는 관어대의 모습도, 관어대에서 내려다보이는 전경도 매우 뛰어나다. 조선 중기 17세기 초의 학자 여흥민씨 석계 민욱이 아우 민성과 어린 시절 강가에서 물고기가 노는 모습을 즐겨 보았다는 사연으로 관어대라 부른다. 정면 2칸 측면 1칸의 날씬한 팔작지붕을 하고, 원형 화강석 주초에 8각 화강석 기둥을 세웠고 추녀를 활주로 받친 견고한 구조이다.

민욱은 박사종, 조헌, 김장생의 문인으로 1610년 생원시에 합격하고도 대과를 포기한 채 김집, 송방조, 송시영 등과 폭넓은 교유를 하며 학문에 전념했고, 1707년에 효행으로 공조좌랑에 추증된다. 1871년 후손의 손에 의해 정리된 시문소집 4권 2책의 석계집이 남아 있고 묘소가 부근에 있다. 소를 올려 광해군의 인목대비 폐출과 영창대군 유배에 반대하고, 인조 때 이괄의 난에서는 공주까지 가서 왕을 호위하는 등 학자로서의 기개도 높았다.

심천역사

관어대

모링이 돌아 양산으로 가세, 전설 속의 양산가

군의 서쪽에 있는 양산면 양산팔경은 영동군의 얼굴이다. 천태산 영국사에서 시작해 강선대, 비봉산, 봉황대, 함벽정, 자풍서당, 용암과 여의정 등이 그렇다. 양산은 신라 무열왕 때 백제와 치열한 쟁탈전을 벌이던 땅이었다. 금강을 끼고 발달한 이 지역을 놓고 두 나라는 격전을 치르며 많은 희생자를 낸 곳이고, 경주에서 부여로 이르는 길목 양산전투에서 패해 죽은 화랑의 혼을 위로한 신라 양산가의 고향이다.

▲ 송호국민관광지

양산면 송호리 금강가 송호국민관광지를 찾아 나서면 약 10만 평 부지에 수령 100년은 쉬 넘는 울창한 소나무 숲이 전개된다. 금강에서 불어오는 바람이 소나무 향기를 실어서 퍼뜨리는 대지에 산책로, 물놀이시설과 놀이터, 캠프장이 넓게 자리하고 있다. 문과에 급제해 벼슬에 나간 만취당 박응종이 명종 때 황해도 연안부사를 지내다가 물러나며 그곳의 아름다운 해송 종자를 받아와 키운 소나무들이 일제 강점기 경부선 철도 공사에 침목용으로 베어져 많이 줄었지만, 아직도 풍성하고 건강한 숲으

송호국민관광지 송림

로 살아 금강을 지킨다. 이 일대가 바로 신라와 백제가 자주 부딪치는 격전지로 신라 무열왕의 사위인 장수 김흠운이 용감히 싸우다 전사한 곳이다. 송림 앞 금강에 반쯤 물에 잠겨 크게 볼품이 없어 보이는 용암이 건너편 강선대에서 목욕하던 선녀에 한눈팔다가 하늘에 오르지 못한 용이라는 전설 때문에 양산팔경이 되듯이, 전설 하나쯤은 품고 있어야 팔경에 끼는 모양이다.

▲ 여의정

송호국민관광지 금강 변 약 5m 높이 작은 바위에 절묘하게 앉은 멋진 정자 여의정은 심천면 고당리 세덕사 안에 있는 쌍효각의 주인공 이요당 박흥거의 후손 만취당 박응종이 관직을 물러나 후학을 가르치던 곳으로 후대인 1935년 밀양박씨 문중에서 다시 지어 여의정如意亭으로 부르게 된다. 암반에 뿌리를 내린 몇 그루 나무에 둘러싸인 정면 2칸 측면 1칸인 팔작지붕 정자에서 바라보면 앞으로 송림이고 뒤로는 금강 푸른 물이 유유히 흐른다. 인근에 박응종의 연안부사 밀양박공유허비가 서 있고 또한 거친 외관의 석탑과 식불입상이 어울리지 않게 자리를 하고 있어, 연유가 궁금증을 불러일으킨다. 옛날에는 금강에 배가 다녔다 하는

여의정

데 물길이 얼마나 바뀌었는지 모르겠지만 한가로이 떠가는 돛단배라도 더하면 얼마나 아름다웠을지. 물속에 반쯤 잠긴 용암이 곧 여의주이고 뭍에 나와서 여의정이 된 것인가.

▲ 이의정 유적지 양산면 봉곡리 산380-1

이의정 유적지는 이의정이 28세 때 무과에 급제해 여러 직책을 거쳐 외직 보령현감으로 재직하고 있을 때 임진왜란을 맞자 의병을 일으켜 1593년 제2차 진주성 전투에 참전, 김천일 최경희 장군과 함께 싸우다가 끝내 패하

이의정 유적지 충의사

게 되자 남강에 투신, 한창나이 38세에 안타깝게 순국한 고려 이규보의 8대손 이의정을 기리는 곳이다. 전공으로 병조참의에 추증되고, 유적지에는 시신도 없이 옷가지를 거두어 조성한 묘소와 그를 기리기 위해 1996년 세운 사당 충의사, 1722년 경종의 명정으로 세운 충신각, 정조 말년에 발의해 1801년 순조 때 세운 신도비가 있다. 진주 충렬사에도 봉안된 이의정의 옷가지는 누가 수습해 고향으로 돌아왔을까. 그가 남긴 옷가지를 애마가 물고 돌아와 전하고는 탈진해 바로 죽었다는 감동적인 전설도 전해온다.

🌲 가곡리 고분 양산면 가곡리 1141-7

505번 지방도로 변에 있는 직경 5m 높이 약 2m 고분이 수수께끼를 간직하고 있다. 진주성 싸움에서 순절한 이의정의 옷을 물고 온 말 무덤이라는 전설은 모 대학교의 발굴 조사로 신빙성을 잃어가고, 655년 신라와 백제 간의 양산전투에서 신라 내물왕의 8대손이자 태종무열왕 사위 김흠운이 용감히 싸우다가 장렬히 전사했다는 역사에 무게가 있어 보인다. 발굴된 유물이 신라 양식과 무늬를 보이고, 쇠칼이나 쇠 살촉 특히 청동과 대금구는 신라 귀족급의 허리

가곡리 고분 (말무덤)

장식이기 때문이다. 그러한 가설도 경주에서 먼 변방에 속하는 영동에 귀족의 고분을 만들었다는 사실이 의문을 남기기는 하지만, 지역에 전해 내려오는 화랑 김흠운의 안타까운 전사를 노래하는 양산가를 보면 사실에 근접해 보이기도 한다. "도야지 같은 원수의 나라, 나의 조국을 침노하나뇨, 용맹스러운 화랑의 무리, 나라 위한 충성 어이 참으리… 돌이며 바라보니 양신의 구름, 타오르는 불기능 살벌하고나…" "양신으로 가세, 양산을 가요, 모링이 돌아서 양산을 가요…" 죽음을 각오하고 뛰어든 성골 화랑의 결의와 슬픈 이야기를 담은 신라의 노래가 무덤가에 맴도는 듯하다. 노산 이은상도 더한다. "천 년 전 옛 영웅 피 흘린 싸움

터가, 오늘은 들국화 가을바람에 나부끼고, … 양산가 슬픈 가락 어느 적에 끈허지고… 흠운의 거룩한 한마디 큰 글자로 써두세."

🌲 강선대

　양산면 봉곡리 강선대는 비봉산과 마니산 사이를 흐르는 금강 변, 선녀가 내려와 놀던 곳이라는 전설에 어울리게 멋진 경관 한가운데 자리하고 있다. 금강에 물이 불어나면 섬이 되는 작은 암봉 위, 노송에 가려진 육모 지붕이 겨우 보인다. 어느 날 선녀가 아름다운 경관에 감탄해 하늘에서 내려와서 목욕하던 중에 여의정 앞 물속에 사는 용바위가 선녀의 아름다움에 취해 다가오자 놀라서 황급히 옷을 입고 하늘로 올랐다는 전설의 강선대가 절경의 중심에 있다. 인조 때 예조판서를 지낸 시인 동악 이안눌은 "하늘에서 선녀가 내려오니, 옥피리 소리 울려 퍼지고 아름다운 구름[紫雲]도 돌아왔다는데…" 강선대의 선경을 감탄하는 시를 남겼다.

　강선대를 가려면 작은 구름다리를 건너는데, 다리 초입에도 조금 더 큰 복사판 육모정자가 있어 주로 마을 사람들이 이용하고 강선대는 신선의 하강을 위해 비워놓고 있는 듯하다. 대여섯 명의 부인들이 모여 앉아 소곤거리는 초입의 정자를 조용히 지나 강선대에 오르니 금강 건너 송호국민관광지 소나무 숲이 보이고 강선대를 에워싼 노송들은 선경을 조용히 지킨다. 초입 정자에 모여 앉아 있는 여인네들이 혹시나 그 옛날 선녀를 따라 왔다가 절경에 감탄해 눌러앉은 후손들이나 아닌지,

강선대에서 보이는 사방의 정겨운 풍광을 안고 오후 해가 느리게 기울고 있다.

🌲 함벽정 양산면 봉곡리 산54-3

양산팔경의 5경인 함벽정은 강선대에서 봉곡리를 돌아 금강 변으로 방향을 잡고 들어가다가 주인 없는 농가 마당에 차를 세우고 오솔길을 잠시 걷다보면 나타난다. 금강을 앞에 두고 양산의 넓은 들이 한

강선대

눈에 들어오는 곳에 자리한 정면 2칸 측면 2칸에 1칸 방을 두고 우물마루에 난간을 두른 아담한 모습이다. 근처의 한천정과 마찬가지로 인천이씨 백우재 이시연의 문인들이 뜻을 모아 1897년 세워진 것으로 추정하고 있다. 함

함벽정

벽정에서 약 1㎞ 정도 더 가면, 역시 금강 변에 봉황대와 그 뒤 산허리 금강이 내려 보이는 곳에 2012년 새로이 세운 한천정도 있고, 강 건너로는 낙조가 아름다운 비봉산(450m)의 포근한 전경이 펼쳐진다. 양산 출신 이시연은 학문이 높았고 백우재문집을 남겼으며 그의 묘소는 학산면 삼정동에 있다.

🌲 자풍서당 양강면 두평길 2-153

조선 초기 폐사지에 창건된 것으로 추측되는 정면 5칸 측면 2칸 자풍서당은 16세기에 동천 이충범이 중수해 강학한 곳이라고 하며 1626년에서 1720년 사이에 여러 차례 중수를 거친다. 처음에는 풍곡당으로 부르다가 1614년 한강 정구가 머물며 강학을 하며 자풍당으로 부르게 되는데, 글 읽는 모습이 얼마나 아름다웠는지 양산8경의 하나로 오른다. 이충범은 1588년 명종 때 문과에 급제해 남해 현감과 여러 지역 군수를 지내다가 임진왜란 때 의병으로 참전해 선무공신에 오르고 예조

자풍서당 앞마당 왼편 제 모습을 잃은 오층석탑

참판 증직을 받는다. 그의 아들 이시립도 부친을 따라서 참전해 원종공신 2등에 오른다. 관찰사와 대사헌 등을 지낸 대학자 정구와 정온 등과도 교유해 사림의 존경을 받았다. 이충범의 형 이문범도 80세 고령임에도 아들 이시신과 함께 참전해 부자가 목숨을 함께 잃고 증직 받은 충절의 가문이다. 동생 이충범이 형 부자의 시신을 거두어 영동 양산면에 안장한다. 크게 훼손된 두평리 오층석탑이 폐사지를 암시하는 듯하다.

▲ 성장환 고택 학산면 봉림리 708

국가민속문화재 제144호 성장환 고택은 1900년대 초에 지어진 것으로 보이는 문간채, 사랑채, 안채 그리고 제일 깊은 뒤로 작은 사당을 두고 있다. 3칸 문간채를 들어서면 우측으로 4칸 광채가 있고 더 들어가서 정면으로 안채가 보인다. 좌우 처마 안으로 반 칸 퇴를 둔 정면 6칸 측면 2칸으로, 유일하게 기와지붕을 한 안채는 대청을 두고 오른쪽으로 안방과 부엌 왼쪽으로 건넌방을 一사로 배치해 우진각 지붕을 하고 있다. 사랑채는 정면 3칸에 툇마루를 앞에 둔 방 2개와 작은방 뒤로 아궁이를 두었고, 앞으로 3칸 헛간이 있다. 정면 3칸 문간채는 안에서 보아 우측에 방을 두고 가운데 헛간 그리고 대문이다. 목재 건축 기법으로 보아서 제일 오래된 18세기 건물로 추정된다는 정면 4칸 측면 2칸의 광채는 왼쪽으로 3칸은 판벽에 문이 있고 맨 오른쪽은 개방된 헛간인데 판벽 규격이 일정하지 않고 매끄럽지 않은 것이 혹시 통풍을 위해 일부러 그리 한 것인지 눈에 띄게 거슬리기도 한다.

성장환 고택

문간채에서 안채로 바로 진입되고, 사랑채를 담으로 둘러 일각문을 통해서 들어가게 한 것이나, 안채 옆으로 어지간히 큰 단칸 뒤주를 드러내 만든 것도 특이하다. 뒤주와 광채로 보아서는 엔간한 부농일 텐데도 초가 위주로 검소하게 짓고 자신을 낮추며 살은 듯하다. 사당 뒤 높은 숲으로 백로와 왜가리 떼가 날아 앉는다니 조상의 혼이라도 찾아 지키고 있는 것은 아닌가.

🌲 가곡리 고가 양산면 가곡리 467

가곡리 고가는 1917년 건립된 것으로 정면 3칸 대문채를 들어 정면 6칸 측면 3칸 一자형 사랑채가 있고, 왼편으로 들어서 안마당을 앞에 두고 같은 모습의 一자형 안채가 있다. 안채는 동쪽으로부터 작은 광을 낀 2칸 부엌, 2칸 안방, 1칸 대청 그리고 1칸 건넌방으로 배치되어 있는데 건넌방은 앞으로 아궁이를 위해 툇마루를 높이고 난간을 두어

누의 형식을 택한 멋을 보이기도 한다. 사랑채도 가운데 3칸에 퇴를 두어 약간의 변화를 꾀한 이외는 안채와 비슷한 배치이고 특이한 기교를 찾을 수가 없는 단순하고 실용적 평면으로 보인다. 기와에 "조선개국오백이십오년 부귀남자" 글자를 보고 조선개국 1392년을 기준으로 건립연도를 확인한 것이라는데, 나라 잃은 일제 강점기에도 조선은 여전히 백성들의 가슴에 살아있었고, 돈과 벼슬 그리고 아들 얻는 것이 사는 의미였던 시대를 가리키는 듯하다. 조선에서 연호는 새 왕이 즉위한 해를 기준으로 정해 왔으나, 일시적으로 1894년(고종 31)을 개국기년 開國紀年 503년으로 사용했던 때가 있었다. 일제 강점기에 명치, 대정, 소화 등 일본 연호를 공식적으로 사용할 때 백성들 개개인은 불복하고 있었음을 상징적으로 보여준다.

가곡리 고가

공민왕이 난을 피해 나라의 안녕을 빌었던 고찰

🌲 영국사

옥천군 이원면과 영동군 양산면을 가르는 천태산(715m) 아래 영국사는 동으로 마니산성이 있던 마니산 향노봉 등에서도 가깝다. 창건 역사가 불명한 가운데 영국사 자체에서는 668년 창건되어 12세기 원각국사에 의해 중창된 것으로 보고 있다. 그렇다면 고려 문종의 넷째 아들로 개경에 국청사를 세워 천태종을 개창한 대각국사 의천과 스승 교웅의 제자 원각국사가 혼자 남게 되자 개경을 떠나 지륵산에서 중창 – 후에 지륵산이 천태산이 되고 국청사가 된 것이나 아닌지 추측해 본다. 1361년 20만 군대로 침략한 홍건적의 난을 피해 개경을 떠난 공민왕은 안동으로 피하는 중간에 백제 때부터 있었던 마니산성에 안착해서 당시 국청사를 찾아 나라의 안녕을 빌게 되어 영국사寧國寺가 되었다 한다.

영국사는 주차장에서도 약 700여 미터 길을 따라 올라 삼신할멈바위, 작은 삼단폭포를 지나 산중턱 비교적 편안한 부지에 자리하고 있다. 여러 주요 문화재로 보물 제532호 영국사 승탑, 제533호 삼층석탑, 제534호 원각국사비, 제535호 망탑봉 삼층석탑과 제1397호 영산

1,100년 은행나무

회후불탱, 천연기념물 제223호 은행나무가 있고, 지방유형문화재로 대웅전, 석종형부도와 구형부도 등이 등록되어 있다. 만세루를 지나서 정면에 대웅전과 그 왼편으로 극락보전, 뒤로 산신각, 그리고 삼층석탑은 대웅전 마당 오른쪽으로 약간 빗겨서 있으며 망탑봉 삼층석탑은 동쪽으로 500여 미터 떨어진 작은 봉우리 정상 반석에 앉혀 있다. 천태산은 영국사에서 출발, 왕복 3시간여의 등산 코스가 있어 절을 찾는 이들의 또 다른 애호를 받는다.

천왕문이 없는 영국사에서 천왕목 역할을 하며 국난에 울었다는 전설의 천연기념물 제223호 은행나무가 천년 고찰의 무게를 함께한다. 양평 용문사 은행나무에 버금가는 높이 31m, 둘레 11m 천 년 노거수는 신기하게도 자체로 한 가지가 늘어져 땅에 뿌리를 내린 암나무, 아직도 많은 열매를 맺는 건강한 모습으로 영국사를 찾는 사람을 압도한다. 몇 년 전에는 산림청에서 유전자원 복제 육성을 위해 DNA 추출을 했다는데 언젠가 주변에 더 많은 건강한 자손들과 사천왕목 가족을 이루는 날을 기대해 본다.

▲ 영국사 승탑

원각국사를 모시기 위해 1180년 만들어진 부도, 보물 제532호 영국사 승탑은 기단부의 8각 하대 위 중대는 각 면에 안상 무늬를 엷게 새기고 상대는 위아래 2단으로 앙련무늬를 새겼다. 8각 모서리에 기둥을 조각한 탑신의 한 면에 문짝과 자물쇠 문비가 부각되고, 8각 지붕돌은 기왓골을 새겨 처마 끝을 경쾌하게 추켜올렸고, 상륜부는 둥근 복발과 보주가 장식되어 있다. 군더더기 없이 비율과 균형이 썩 잘 잡힌 몸체에 절제된 조각이 국사의 생애와도 조화를 이루는 듯 하다.

영국사 승탑

▲ 원각국사비

보물 제534호 원각국사비는 일찍이 9살에 출가해 22세인 인종 때 승과에 급제하고 고려 의종 때인 1153년 선사가 되고 여러 차례 사양에도 불구하고 명종의 간청으로 1170년 임금의 왕사가 되고 1174년 입적하자 속성 담양전씨 덕소德素의 생애와 업적을 기려 승탑과 같이 세워졌다. 용머리와 거북으로 구성된 귀부 위 비좌에 올려진 비신은 하부 한쪽이 크게 떨어져 나가서 위태롭게 서 있고, 제자리를 못 찾고 옆에 놓여있는 머릿돌 이수부에는 보통의 구름과 용 문양에 원각국사비명이 새겨져 있다. 1142년 36세 때 대각국사 의천의 뒤를 이었던 스승 교웅이

원각국사비

입적한 후 덕소는 실질적으로 천태종을 이끌었고 입적을 해서 영국사에 안장된 6년 후에 원각국사 시호가 내려진다. 1170년 명종 때 시작된 100년 무신정권 체제하에 왕권은 실추되고 국정은 매우 혼란해 불심과 원각국사를 통해 나라의 안위와 자신의 위안을 구하려 하지 않았을까.

🌲 영국사 삼층석탑

보물 제533호 영국사 삼층석탑이 대웅전 앞에 있다. 2층 기단 위에 3층의 탑신을 올린 신라 시대 일반적인 형식이다. 기단의 하단은 각 면에 3개씩 안상을 새겼고 상대는 네 면마다 전면을 거의 차지하는 안상이 돋보인다. 탑신에는 크고 견고한 우주를 새겼고 2, 3층은 1층보다 급격히 크기를 줄였으며 옥개석은 4단 받침을 해 네 귀퉁이를 살짝 들어 올렸다. 1층 탑신 중에 한 면에는 양쪽 우주 사이 공간을 꽉 채운 크기의 문짝에 자물쇠와 문고리 문비 장식을 분명하게 부각해 주의를 끈다. 상륜부는 부재들이 없어졌거나 훼손된 채로 사찰 내에 보관되어있다는 안내대로 원형을 유지하지 못하고 있다. 단순한 구조에 절제되었지만 섬세한 표현을 한 석탑이다.

영국사 삼층석탑

♣ 영산회후불탱

보물 제1397호 영산회후불탱은 조선시대 불화로는 비교적 이른 1709년에 인문, 민기, 세정 등 3인의 불화승이 적색과 녹색 위주의 대체로 밝은 색감으로 영취산에서 석가불이 설법하는 장면을 그린 영산회상도인데 현재는 서울 불교중앙박물관에서 소장하고 있다. 중앙에 석가모니불 좌우로 문수 보현보살이 마주하고 상단으로 갈수록 인물의 크기가 작아지는 동시에 색조도 어두워지는 원근법을 구사한 느낌을 준다.

♣ 청절사 학산면 지내리 550

하동정씨 세거지에 있는 청절사는 조선 초 문신 문절공 정수충의 영정을 모시고 있는 사당이다. 어려서 모친을 일찍 여위고 부친의 병을 수발하며 효를 다하다가 24세에 부친상을 마치고 늦은 33세에 여흥민씨와 결혼한다. 부모 봉양에 전념하고 젊어서 벼슬에 뜻 없이 지내다가 학덕으로 추천되어 44세에 환관 교육을 맡다가 수양대군의 추천으로 세종의 8남 영응대군의 스승이 되며, 1450년 50세에 식년문과에 급제하고 1455년 세조에 의해 좌익공신 3등에 오른다. 오랫동안 세조의 신임을 받으며 대사헌 좌찬성을 지내고 64세에 중풍에 걸렸어도 정헌대부에 이어 숭정대부에 오른 후 69세에 사망한다. 부친 정제는 사헌부 감찰과 조부 정희는 문과에 급제해 사헌부 집의를 각기 지냈다. 부친의 본향인 대구 청백서원에 배향되었지만, 임진왜란 때 소실되어 후손들과

유림이 1700년경 이곳에 청절사를 세웠다. 솟을 외삼문을 들어 정면 4칸 측면 2칸의 청절사가 있고 뒤로 영정각이 있다. 묘소는 부친의 묘소가 있던 대구 팔공산 자락, 세조가 넓게 하사한 하동정씨 선산 묘역에 자리하고 있다. 세조가 걱정해 줄 정도로 청빈해 집은 바람과 햇볕을 가릴 만하면 된다는 신념으로 살았고, 사람은 어질려고 하면 부자가 못되고, 부자가 되면 어질지 못해진다고 했다. 청절의 뜻이 간단하고도 명료하다. 영정은 세조 때 제작된 공신상을 후에 옮겨 그리면서 별도의 영정중모기를 통해 그 과정과 축문 등을 기록으로 남겨 관심을 끌고 있다.

청절사

얼음같이 맑고 옥처럼 윤이 나는 옹서지간

▲ 김영이와 장비 단소

　김영이와 장비단소가 양강면 남전리 산622에 빙옥정과 함께 있다. 앞서 언급된 바와 같이, 꿈결에 황룡을 본 김영이가 셋째 사위로 맞아들였던 난계 박연의 조부 밀양박씨 박시용 외에도 손위 두 사위도 탁월한 인재로 네 옹서 모두가 빙옥에 걸맞는 인물들이었다. 첫째 사위는 순천 박씨 박원용으로 이부시랑을 지냈고 그의 부친은 대제학이었다. 둘째 사위 구례장씨 장비는 한성판윤을 지냈고 그의 부친도 호부시랑을 지낸 명문이었다. 몽고의 침략으로 혼란한 고려 후기에 전객시령을 지내고 사후에 영산군으로 추봉된 김영이와 세 사위가 관직을 포기하고 고향에서 강론과 후학 양성에 전념하며 어울린다. 그의 아들 김길원이 공민왕 때 판도판서를 지내고 홍건적의 난에 공을 세워 영산부원군에 봉해지자, 후손들이 김영이를 시조로 해 영산 즉 오늘의 영동을 본관으로 정하게 된다. 조선조에 후손들이 1764년 추모하는 정자를 짓고 중국고사 빙청옥윤을 인용해 빙옥정으로 이름을 하고, 김영이와 사위 장비만 묘가 없는 단소를 나란히 마련하고 매년 시제를 올린다. 김영이의 아들 김길원, 손자 김종경, 고손인 괴애 김수온 등 모두 뛰어난 인물로 영동에 연고를 두고 있다.

♣ 빙옥정

단소 앞 빙옥정은 영동천을 바라보는 암반 위에 정면 측면 2칸에 팔작지붕을 하고, 사방으로 개방시켜 난간을 두른 아담한 정자이다. 빙청옥윤氷淸玉潤은 얼음처럼 맑고 구슬처럼 윤이 난다는 말인데, 빙청은 장인을, 옥윤은 사위를 의미해서 장인과 사위의 인물됨이 모두 뛰어남을 뜻한다. 김영이와 세 사위가 이렇게 뛰어난데 이보다 더 잘 어울리는 이름이 달리 있을지 절로 무릎을 치게 만든다. 중건기 등의 여러 편액이 빙청옥윤의 의미를 나름대로 풀이한다.

♣ 영동 김참판댁

예조참판을 지낸 김기현이 낙향해 사들이고 늘린 가옥으로 보이는 국가민속문화재 제142호 김참판댁이 양강면 괴목리 괴목1길 13-5에 있다. 18세기에 안채가 지어지고 19세기에 안사랑채에 이어 문간채와 광채 등이 시차를 두고 지어진 것으로 보고 있다. 안채는 ㄷ자형 구조에 가운데를 부엌 안방 대청을 一자로 하고, 부엌 쪽 날개에 아랫방 그리고 대청 쪽 날개에 건넌방과 아랫방 등을 두었는데 양 날개의 지붕이 정면에서 보아서 한쪽은 팔작지붕이고 반대쪽은 맞배지붕으로 대칭에 변화를 주었다. 가끔 보이는 형식이지만 맞배지붕 쪽 박공이 조금은 낯설어 미완성으로 보이는 것이, 혹시 맞배지붕 쪽을 가리거나 연접하는 건축물이 어떤 형태로든 있었을 것이라는 추측을 부른다. 별당으로도 사용한 듯한 안사랑채는 대청 웃방 안방 부엌과 모퉁이 방을 一자로 배치하고 툇마루를 둘러 동선을 편하게 했다. 별도의 사랑채가 원래 안채의 앞에 있었다는 얘기도 있는데, 안채와 함께 지어졌다가 소실되자 작은 규모로 안사랑채를 빗겨 짓지 않았을까 한다. 이 외에도 문간채, 광채와 헛간 등이 있고 전체적으로 배치와 구조가 단순 명쾌하고 세부 처리 기법의 완성도가 높아 보이고 뒤로 무성한 팽나무 숲이 운치를 더한다.

▲ 심원리 부도, 지봉리 좌불상

영동읍 부용리 영동향토문화전시관 잔디밭에 심원리 부도와 지봉리 좌불상을 모두 볼 수 있다. 부도는 심원리 계곡 폐사지에 있던 것을 영동초등학교 운동장에 옮겨졌다가 온 것이고, 좌불상도 추풍령면 지봉리 도로변에 있던 것을 도로확장으로 버려졌다가 수습돼 옮겨온 것이다. 부도는 누구의 것인지 불명하지만 방형의 하대석과 연화문의 상대석에 앉혀진 연화 꽃봉오리가 때가 익으면 곧 필 것 같은 생생한 모습이 마치 주인의 환생을 기다리는 기원을 담은 듯해 보인다. 좌불상은 광배와 대좌를 갖춘 격식을 엿볼 수 있으나 여러 부위가 손상을 입어 우울해 보이는 모습과 아래턱을 내민 입술이 무언가 지난 세월의 진실을 아끼고 있는 모습이다. 바람, 비, 눈, 서리를 얼마나 싫도록 맞고 살아왔을까, 오래 기다려 봐도 끝내는 속으로 삭이고 말 것 같은 좌불상이다.

▲ 영동향교

　영동읍 영동향교 창건 시기는 불명하지만, 조선 초기로 추정이 되고 임진왜란 때 소실되어 1660년 복원하고 한 차례 이건을 거쳐 1754년 지금의 위치에 자리 잡는다. 외삼문을 들어서 마주 보이는 명륜당은 정면 4칸 측면 2칸이고 옆으로 난 협문으로 들어가면 내삼문이 나오고 안으로 정면 3칸 대성전이 있다. 대개의 향교에서 보이는 동-서재와 동-서무는 없는 단출한 모습이다. 박연이 영동향교에서 한때 수학한 것으로 전해진다. 외삼문 안으로 거의 붙어 자라는 은행나무는 최후 이건 시기로 볼 때 270년 가까이 되어 보인다. 거의 모든 향교에는 오랜 은행나무가 보이는데 공자의 고향인 중국 산동성 곡부현에 제자를 가르치던 옛 터 행단杏壇을 상징해서 심는 듯하다. 행杏 자가 살구나무와 은행나무를 뜻해서 혼란을 부르기도 하지만 은행나무는 향교를 상징하는 나무로 서울 성균관 대성전 뜰에 있는 두 그루 은행나무도 약 500년 수령으로 추정하고 있다.

▲ 규당고택

　계산리 국가민속문화재 제140호 규당고택은 소석고택을 지은 송병필의 장자인 규당 송복헌이 지었다. 송복헌은 어린 시절을 초강리 소석고택에서 보내다가 1886년경에 계산리로 분가 독립하며 지었다. 후에 경부선이 개설되고 한양이 가까워져 1920년경에 서울에도 주거를 마련하며 사업 등 부지런한 경제활동으로 부를 모아, 고향에 많은 지원을 해 주민들의 칭송을 얻는다. 정면 6칸 측면 5칸 ㄱ자 안채와 11칸 ㄴ자 광채가 마주해 튼 ㅁ자형인데, 너른 마당에 기타 건물은 남아 있지 않아, 주변의 민가를 포함해도 원래 모습은 추정이 쉽지 않다. 사랑채를 따로 두지 않은 안채가 왼쪽으로부터 부엌, 안방, 웃방, 대청, 건넌방 등이 一자형을 지키다가 ㄱ자로 꺾어서 작은사랑과 큰사랑이 구성되는데 사랑 정면에서는 안채가 보이지 않는다. 뒤편으로 반 칸 퇴를 둘러서 안채와 사랑방의 소통이 가능한 구조가 되어 동선이 효율적으로 보인다. ㄴ자 광채는 꺾이는 위치에 있는 마루방을 중심으로 한쪽에 방과 부엌을 두고 다른 쪽은 헛간과 광으로 11칸이 연결되어 있는데 광이 있는 쪽의 외벽이 외부 담장 역할을 하는 것이 원래부터 계획된 것인지, 길을 만들면서 그렇게 된 것인지 분명치 않다. 초가 별채는 一자형으로 2칸 온돌과 2칸 부엌으로 되어 있는 특징을 보인다. 1929년 홍수가 발생, 주민 구휼을 위해 400석을 영동읍과 주변 지역에 희사하고 해방 후에는 영동농고 설립을 위해 700석을 쾌척해 주민들이 공덕비를 세우는 등의 칭송을 받는다.

♣ 와인 여행

90% 이상을 수입 와인이 점유하는 나라에서 와인산업은 무모한 도전일까. 포도와인산업특구와 와인일번지를 내세우는 영동에서 기업형, 농원-농장형 등 약 40개 와이너리가 연간 약 100만 병 가까운 와인을 생산하고 있다. 영동읍 전통시장에 와인카페를 열고 영동역 부근에

와인향길이 조성되어 보통 사람들의 와인으로 다가서고, 특히 영동읍 영동힐링로 30번지 와인터널은 훌륭한 와인 테마파크로 와인의 역사부터 맛까지 시음할 수 있는 종합전시관이다. 전시장 터널에 들어서면 인공 포도밭 여행을 시작으로 와인문화관, 영동와인관, 세계와인관, 이벤트홀, 레스토랑, 포토존, 와인저장고, 와인체험 및 판매장 등이 내부에 있고 밖에도 상상마당, 하늘마당 등이 있어 와인 테마파크에 손색이 없다. 와인이라면 유럽과 미국 등이 독점 주도하고 있는 시장에서 영동이 적절한 토양, 일교차와 일조량을 강점으로 도전장을 내밀며 고정관념을 깨는 시도가 곳곳에서 보인다. 샤토마니, 컨츄리와인, 르보까쥬, 샤토미소 등 전통 와이너리에 도전하는 브랜드가 있는가 하면 백마산, 갈기산 등 지명을 이용하거나 여포의 꿈 와인, 해 뜨는 와인, 시나브로 등 토종임을 자부심으로 내세우는 브랜드도 다양하다. 와인 익는 고장이라 표현해도 어색하지 않을 영동을 와인 여행을 주제로 찾아도 충만한 하루가 될 듯하다.

김영이와 장비 단소

빙옥정

영동 김참판댁 안채

심원리 부도

영동향교 내삼문 안 대성전

규당고택

달님도 차마 떠나지 못하는 선경

한천정사에서 보이는 기암절벽의 월류봉(약 400m) 아래 초강천이 휘돌아 흐르는 일대의 전경은 말 그대로 밤 세상을 비추는 달도 차마 떠나기 아쉬워 밤새 머물며 놀다 갈 만큼 수려한 경관이다. 한천정사에서 인용해 만든 한천팔경을 구성하는 주연들-제일 높은 곳 달이 머무는 월류봉, 봄이면 진달래 철쭉 흐드러지는 화헌악, 월류봉 아래 가파른 산양벽과 청학이 깃든다는 청학굴 등이 있다. 월류봉이 초강천을 만나 급하게 멈춰선 듯한 깎아지른 암봉 위에 앉은 정자 월류정, 낙타 등을 연상케 하는 오봉, 기암 계곡을 돌아 흐르는 맑은 물이 시인을 만들고, 얕은 여울에 바지를 걷어 올리고 물속에서 다슬기를 찾는 한 무리 여인들의 광경도 동심을 자극한다. 다섯 봉우리를 종주해도 3시간도 안 걸리는 순한 산행길인데 하마산리 가구공장 뒤에서 출발해 월류봉만 왕복하며 조망해도 1시간이면 족하다. 또한, 월류봉에서 반야사까지 약 8㎞ 명품 둘레길이 세 개의 구간 코스-여울소리, 산새소리, 풍경소리 이름으로 석천 물길을 따라 소개된다.

▲ 한천정사

우암 송시열은 27세 1633년 사마시에 합격하고 벼슬길을 시작, 29세에 효종이 된 봉림대군의 스승이 되고 다음 해 병자호란이 일어나 인조를 따라 남한산성에 들어가 삼전도의 한을 보게 된다. 1637년 병자호

란이 끝난 30대에 벼슬길을 잠시 떠나 황간면 원촌리 내려와 한천초당을 짓고 강학을 하며 은거하다가 효종 즉위 원년 1649년에 복귀했지만, 김자점과 대립으로 다시 물러났다가 1653년 효종의 부름을 다시 받는다. 한천초당 자리에 후학들이 한천서원을 세웠다가 고종 때 철폐되었고, 1910년 유림에서 한천정사로 건립해 오늘에 이른다. 한천정사 기둥에 걸린 검은색 주련에 흰색 글자로 한천팔경이 일일이 적혀있다. 청학

월류봉

굴, 화헌악, 용연대, 산양벽, 냉천정 등 한천정사와 인연을 얘기한다. 한천정사 아래 길 건너 작은 밭에는 1875년 후손과 유림들이 "우암송선생유허비"를 세우고 비각으로 보호하고 있다.

한천정사

삼괴당 상촌면 임산리 446

당나라 여남 사람 김충이 일본 사신으로 갔다가 귀로에 태풍으로 영덕군 축산포에 상륙, 신라 경덕왕이 당의 고향 여남을 인용해 남씨 성을 내리고 이름을 민으로 한다. 영양에 정착해 영양남씨로 출발, 고려 충렬왕 때 7세손 남진용에 이르러, 공을 세운 세 아들 가운데 장남 남홍보는 영양남씨로 유지되고, 2남 남군보는 의령남씨 그리고 고려조 정2품 3남 남광보는 고성남씨 본관의 중시조가 되며 분파한다.

고성남씨 남인의 아들 삼괴당 남지언이 향시에 급제하고도 1545년 명종 때 윤원형이 주도한 을사사화의 참상을 보고 더 이상의 과거를 포기하고 후학 양성을 위해 삼괴당을 세운다. 부친 남인으로부터 시작해 아들 남경효에 이르는 3대에 걸친 효행으로 정려되고 천거되어 도찰방이 되지만 일찍이 물러나서 일생 고을에 덕행을 베풀며 살았다. 삼효각이 세워졌으나 화재로 소실되었고 삼괴당은 1802년 중수되어 정면 3칸 측면 2칸으로 두 개의 방과 대청을 두고 있는데, 방 앞으로 툇마루에

삼괴당

평난간을 두르고 아래는 누하주 형식의 기둥을 세워서 멀리서 보면 반 누각으로 보이기도 한다. 삼괴는 세 그루 느티나무를 말하는데 마을에 있는 약 500년 느티나무 한 그루가 삼괴당이 심은 세 그루 중에 홀로 살아남아 마을의 중심을 지키고 있는 듯하다. 수암 권상하의 뛰어났던 8인 제자 중에 한원진이 삼괴당기를 썼고 또 다른 제자로 영조 때 대사헌과 판서 등을 지낸 병계 윤봉구가 당호를 썼다고 전한다.

🌲 영동 일제재 일원 상촌면 임산리 440

삼괴당 남지언과 부친 남인과 아들 남경효 삼대의 남씨삼효三孝의 묘를 포함한 5기의 묘소와 강학 공간인 삼괴당, 재실 일제재가 고성남씨들의 유적지 일원이 된다. 일제재는 정면 5칸 측면 2칸으로 좌우로 1칸 존저당과 2칸 추원당으로 불리는 2개의 방과 중앙 3칸을 대청으로 하고 전면에 계자난간을 둘렀고, 경사지에 누각 기둥으로 올린 탓에 출입은 후면에서 하도록 한 자연스러운 공간 구조이다. 현재 재실은 1809년과 1900년대 전후반 중수를 거친다.

🌲 영모재 상촌면 임산리 376

영모재도 1828년 세워져 두 차례 중수를 거친 고성남씨 재실이다. 영모재는 대문 좌우로 방과 창고를 둔 솟을삼문을 들어서 정면 4칸 측면 2칸으로, 가운데 2칸 대청 좌우로 1칸 온돌방을 두었다. 재실은 우리나라 온돌의 장점을 보여서 유명세를 얻는다. 좌측 방은 앞으로 반 칸 퇴에 난간을 세워 후면에 아궁이를 두었고, 우측 방은 측면에 아궁이를 두었는데, 굴뚝 없이도 연기가 새어나오지 않을뿐더러 방이 따뜻해 조사했더니 온돌이 2층 구조였다는 점과 거기에 더해서 구들 아래 여러 개의 물이 담긴 옹기가 발견되었다는 설로 인하여 많은 관심을 끌었다. 옹기 속의 물이 어떻게 유지되었을지 수수께끼를 남긴다.

🌲 세천재

문중에서 강학과 재실을 목적으로 1691년 세운 세천재가 충주박씨 세거지인 매곡면 유전리에 단아한 모습으로 자리하고 있다. 정면 4칸 측면 3칸으로 중앙에 2칸 대청을 두고 좌우로 방을 만든 재실의 전형적 모습이다. 상해 임시정부에서 활동하는 등 독립운동과 교육에 헌신한 영동 출신 창녕성씨 성하식이 세천재에서 1900년 초에 잠시 교육을 맡기도 했다. 성하식은 교육을 통해 애국과 구국을 실현하고자 만주 여러 곳에 학교를 세우고 독립군 군자금 모금 활동에 적극적이었다. 한반도 순혈 성씨 신라 박혁거세의 29세손인 경명왕의 여덟 아들 중에

영동 일제재 일원

영모재

세천재

맏아들이 박씨 성의 2/3 이상을 차지하는 밀양박씨가 되고 그 외 세 형제가 각기 고령, 함양, 충주박씨의 시조가 되고, 나머지 형제의 후손대에서 반남, 죽산, 무안, 춘천, 월성 등으로 갈려나간 것으로 보인다. 영동에는 세천재 이외에도 충주박씨 연관 유적으로 흥학당, 봉유재, 사로당이 있고 1998년에는 임진왜란 의병 영웅 박이룡 장군을 기리는 황의사가 매곡면 어촌리에 건립된다. 대전과 영동 지역에 많이 세거하며 충주박씨가 깊은 뿌리를 내린 것으로 보인다.

♣ 무첨재

매곡면 옥전리 무첨재는 1519년 기묘사화로 조정이 어지러워지자 낙향한 안요가 후학을 위해 1522년 세운 건물로 무첨無添의 의미대로 세상을 살며 욕심과 부끄러움 없는 뜻을 실천하려 했던 듯하다. 정면 4칸 측면 2칸으로 좌우로 방을 두고 중앙 2칸을 대청으로 한 검소한 건물로 1872년 화재를 입어 보수와 몇 차례 수리를 거쳐 1994년에 개축한다. 안요는 성종 때 추증 이조판서 순흥안씨 안우하의 둘째 아들로 태어났는데 모친이 세종의 아들 밀성군의 딸이니 안요는 왕가의 외손이 된다. 왕실 외가를 두어 왕실 예법을 익히고 왕손들과 친분을 유지하면서도 일찍이 벼슬길을 단념한 것을 보면 조광조와 신진 사림을 제거한 기묘사화에 몹시 놀라고 실망한 듯하다. 밀성군이 세종의 서5남으로 세조 때 1467년에 오위도총부 도총관 등을 지냈으므로 안요의 외가 쪽의 배경이 안정적이었음에도 낙향을 택한 것이 너무 이른 판단으로 보

이기도 하지만 왕실 핏줄도 한 계단만 건너뛰면 별수가 없는 모양이다.

안요 동생 안담의 아들 안명세가 과거에 급제해 사관으로 있으면서 윤원형이 일으킨 을사사화에 대해 춘추직필로 시정기時政記를 작성했는데, 시정기에 언급된 인물들의 불만과 모함으로 1548년 처형을 당하며 후대에 글과 벼슬을 멀리하라 유언을 남긴다. 가산은 적몰 당하고 처자는 종이 되고 나서 비록 20년 후 선조 때 신원이 되었지만, 그 깊은 상처는 후대까지 영향을 남긴다. 예나 지금이나 언관이 되어 춘추직필을 책상머리에 크게 써 붙여 놓고 글을 쓰려 해도 현실은 녹록하지 않을뿐더러 팔은 안으로만 굽고, 믿고 싶은 것만 쓰고픈 인간의 속성을 다스리기도 쉽지 않다. 모든 것을 뛰어넘는 춘추필법의 상징으로 괴산 계담서원에 모셔진 안명세 이전에도 순흥안씨는 순흥으로 유배 온 금성대군이 단종복위 계획을 실행에 옮기려다가 거사 전에 누설되어 금성대군은 물론이고 순흥 전체가 황폐화되는 큰 화를 입기도 했다.

▲ 흥학당 매곡면 노천리 452-1

매곡면 노천리 내동마을에 있는 흥학당은 충주박씨 종중에서 후손들 강학을 위해 1520년 지어졌고 숙종, 영조, 고종 때에 계속 중수되었다. 솟을삼문 흥덕문 안으로 정면 4칸 측면 2칸 흥학당은 좌우로 방을 두고 중앙에 대청을 두었다. 강당 뒤로 계단을 올라 솟을내삼문 안으로 정면 3칸 측면 2칸의 세덕사는 퇴락해서 1992년 재건한 사당이다. 인근에 있는 봉유재도 중종 때 안주목사를 지낸 박성량을 기리기 위해

1632년 정면 4칸 측면 2칸의 흥학당과 비슷한 모습으로 세워졌다.

▲ 사로당 매곡면 노천리 322번지

사로당四老堂이 흥학당으로 오르는 내동마을 초입에 있다. 사로당은 영조 원년 문과에 급제해 이조좌랑과 현감을 지낸 충주박씨 박수근이 수인, 수해, 수원 3명의 아우들과 후손을 강학하고 학문을 연구하기 위해 흥학당보다 약 200년 후인 1710년 세워진 강당이다. 반 누하주 위로 정면 3칸, 측면 2칸이고 가운데 대청을 두고 동쪽 후면으로 단칸방과 서쪽으로 2칸 방을 둔 짜임새 있는 별당형식으로 보인다. 박수근 네 형제가 노인이 되어서도 함께 머물던 곳이라 해서 사노당으로 불리게 된 오랜 고옥 안에 걸린 돈목당敦睦堂과 완락재浣樂齋 현판에서 노년에 각별하게 나눈 따뜻한 형제애가 읽혀진다.

무첨재

흥학당

사로당

세조의 행차에 화답한 문수보살

　황간면 우매리 백화산 아래, 금강으로 흘러드는 석천 물이 굽이치는 곳에 있는 신라 고찰 반야사는 신라 때 728년 상원스님 또는 850년경 무염국사가 창건했다는 설이 유력한 가운데 14세기 고려 때와 세조 때 중창을 하고 임진왜란 때 소실되었다가 복구되며 지금에 이른다. 무염은 태종무열왕 김춘추의 8대손으로 당나라에서 공부하고 돌아와 충남 보령에 구산선문의 하나인 성주산문을 개산했다. 남이 물이 마셔준다고 내 갈증이 해소되지 않듯이 자신의 노력과 실천을 강조하며, 검소하고 모든 일을 몸소 실천에 옮겨서 따르는 사람이 많았다. 석천을 향

반야사 일주문

해 자리한 대웅전 좌우로 지장전과 극락전이 나란히 있고 극락전 앞에 삼층석탑과 더 앞으로 범종각이 있는 조용한 천변 사찰이다.

세조가 길을 열어준 속리산 소나무에 정이품 벼슬을 내리고 복천암福泉庵에 도착, 신미信眉스님 등 고승과 함께 3일간의 법회에 참석해 기도하고, 근처 작은 목욕소沼에서 목욕 후 피부병 치료를 한다. 영동 황간의 반가 출신이며 범어에 밝은 신미는 세종의 요청으로 한글 창제 작업에 신하들이 알까 비밀리에 참여했고 세조와는 석보상절 한글화에도 함께 한 사이로 세조에게 멀지 않은 영동 반야사도 찾아 볼 것을 제안한다. 임금이 찾아 억불정책이 친불이 되는 고마움의 표시인지, 문수동자가 친히 나타나서 세조를 영천으로 인도해 몸을 닦고 마시니 피부병이 나았고, 후에 세조가 문수보살의 반야지혜를 뜻하는 반야般若 어필 현판을 내렸다는 얘기가 전해온다. 기적의 문수보살을 모신 문수전이 벼랑 끝 만경대에 아슬아슬하게 앉아 있고 벼랑 아래는 기적의 영천이다. 초입 정묵당 옆으로 석천을 끼고 가다가 급경사 돌계단을 올라가면 문수전이 계자난간을 두르고 절묘하게 앉아 있다.

경주 옥석으로 조성되었다는 삼존불을 모신 대웅전 뒤 산비탈에 꼬리를 세운 호랑이 형상의 돌밭 너덜겅, 500년 배롱나무, 삼층석탑을 반야사 삼보로 여긴다. 호랑이 너덜겅을 보고나니 사방 단칸의 작은 산신각에 모셔진 호랑이 현신의 독특한 모습도 신비하다. 반야사에서 전하는 전설은 공부하러 찾은 황도령이 어떻게 귀가 없는 무이국사舞耳國師가 되었는지 재미있는 사연을 소개한다. 학식이 높은 일우스님을 찾은 황도령의 안색이 유달리 안 좋아지자 자세히 알고 보니 처녀귀신이 씌워져 있던 것, 스님은 금강경을 전신에 써서 옷을 입혔는데 밤에 찾아온 처녀귀신이 금강경을 보고 놀라서 황도령의 귀를 물어뜯고 황급히 도망쳤다. 스님이 그만 귀에만 금강경 쓰는 것을 깜빡했던 것 – 귀 없는 황도령이 건강한 몸이 되어 반야사에 출가를 하고 고려 충숙왕 때 국사가 되었다 한다. 부처님 말씀을 듣고도 믿지 않는 사람을 무이라고 한다는데, 무이국사는 혹시 자신을 너무 낮춘 것은 아닌지, 반야사는 보물과 귀가 열리는 전설을 갖고도 조용히 자리를 지킨다.

▲ 반야사 삼층석탑

반야사 북쪽 석천계곡 옛 절터에서 1950년 옮겨왔다는 보물 제1371호 반야사삼층석탑은 846년 세워진 것으로 지대석 위 단층 기단에는 우주와 탱주를 조각했고, 탑신은 모두 우주만 조각했다. 1층 탑신의 남–북쪽 면석은 새로 끼워 넣은 듯하고 1층 옥개석은 5단 받침을 했다. 2-3층 탑신은 통돌로 하고 두꺼운 옥개석의 받침은 4단 받침이며

삼층석탑 뒤 좌우로 배롱나무

상륜부 노반과 복발도 원래의 모습으로 보인다. 기단과 1층 탑신의 연결 수법이 백제 양식을 따른 것이어서 전체적으로 보면 신라와 백제의 양식을 이은 고려시대 탑인 사실에 가치를 부여하고 있다. 석탑 뒤 좌우에 마주한 배롱나무 꽃이 유난히도 붉다는데 언제 때맞춰 찾을 수 있을까, 다시 찾을 이유를 남기도 떠난다.

🌲 석조여래삼존입상 용산면 신항리 135-1

신항리 석조여래삼존입상이 옛날 석은사지碩恩寺址 팔작지붕 보호각 안에 앞으로 약간 기울어진 불안한 자세로 서 있다. 8세기 전후 작품으로 추정되는 보물 제984호의 석상은 가운데 본존불과 한 발짝 뒤로 물러서서 양손을 모아 협시하고 있는 좌우 보살 모습이 마치 원근법을 활용해 협시의 전형을 보이려는 듯하다. 본존불은 육계를 한 둥근 얼굴에 온화한 미소가 비치고, 희미하게 연화문과 연주문을 새긴

신항리 석조여래삼존입상

듯한 두 겹의 원형 두광이 입체감이 있게 이중으로 양각되어 있으며 시무외여원인 수인으로 모든 것을 주니 두려워 말라며 따뜻한 손길을 펴 보인다. 하반신은 입체감이 도드라지지 않는 암각으로 법의 주름을 잡는 등 단순하고 평범한 처리를 했다. 체구 약 2m 신장에

60㎝ 어깨를 한 본존불은 부드러우면서도 위엄을 보이는 체형이고 보살상은 신장 130㎝, 어깨 30㎝ 정도로 작지만 다소곳한 표정으로 주불의 법의에 살며시 몸을 가린 듯한 모습이 조화를 이룬다. 원래부터 불안하게 앞으로 기운 모습은 아니었을 텐데 바로 세우는 것도 조심스러운 것이 문화재 보존의 어려움이겠거니 생각해도 불안정한 상태를 볼 때마다 일어나는 안타까움이 남는다.

황간향교

황간향교는 영동읍에 있는 영동향교와 비슷한 배치와 구조를 하고 있다. 1394년에 창건되어 1666년 이건 되고 영조와 고종 때 중수를 거친다. 솟을외삼문 안으로 명륜당과 솟을내삼문을 들어 대성전이 있으나 숙소인 동재, 서재도 없고 별도로 배향하는 동무, 서무도 없는 간소한 배치를 하고 있다. 영동향교 명륜당은 정면 4칸 측면 2칸에 좌우로 1칸의 방을 두고 중앙에 2칸 대청을 두고 있는 반면에 황간향교 명륜당은 정면 5칸 측면 2칸에 중앙으로 3칸 대청을 두고 좌우로 1칸 방을 두었다.

황간향교 명륜당

🌲 가학루

황간향교 옆 둔덕을 오르면 가학루가 멀리 넓은 들녘을 내려다보고 서 있다. 1393년 황간현감 하첨이 창건하고 후에 경상도관찰사 남재가 마치 학이 바람을 타고 나르는 듯하다 해서 가학루라 부르게 되었다. 아마도 초강천을 낀 풍요한 들판에 많은 학이 날아다니며 일대를 아름답게 장식한 듯하다. 의령남씨 구정 남재는 조선 개국공신 1등으로 대마도 정벌에 참전하고 이방원의 등극을 도와서 태종 때 삼정승을 거친다. 임진왜란에 소실되었다가 광해군 때 중건 되고 현감이나 군수들에 의해 몇 번의 중수를 거쳤고, 한국전쟁 후에는 근처 황간초등학교가 불타는 바람에 한동안 교사로도 사용되었다. 정면 4칸 측면 한쪽은 2칸이고 다른 한쪽은 3칸의 격식을 벗어난 누마루에 평난간을 두르며 사방을 개방한 형태이다. 연등천장의 녹-적색 단청이 아름답고 약 20여 개의 중수기와 시 편액이 격을 보여준다.

가학루

영양군

청정 산간이 키운 문인들과 여성 군자·지사의 고향

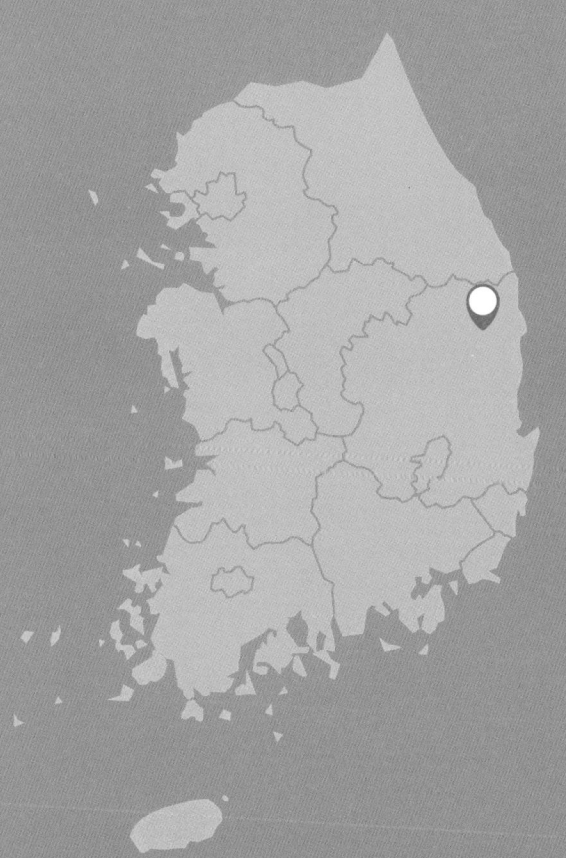

경상북도 지도

울릉도
독도
봉화
영주
울진
문경
예천
영양
안동
상주
영덕
의성
청송
구미
군위
포항
김천
칠곡
영천
성주
대구
경산
경주
고령
청도

경상북도 북쪽에 위치, 북으로 봉화와 울진, 서쪽에 안동시, 남으로 청송 그리고 동쪽에 영덕군으로 둘러싸인 산악지형에 육지의 섬같이 영양이 자리하고 있다. 백두대간의 맥을 이으며 영양의 진산으로 사랑받는 일월산은 일자봉(1,219m)과 월자봉(1,205m)을 품고 동해에서 떠오르는 해와 달을 먼저 볼 수 있다 해서 더욱 우뚝하다. 군의 동쪽으로 1,000m 넘는 이름도 날카로운 검마산劍磨山과 백암산이 있고 정상에 넓은 초지에 풍력발전기가 이색적인 맹동산, 머루가 자라는 포도산, 연꽃 봉우리 같은 울련산 등 800-900m 내외의 고산이 남으로 이어지고 북서쪽으로는 영양읍 흥림산으로 고도를 약간 낮춘다. 해발 고도가 낮은 곳이 200m 정도로 군이 군 전체 평균 해발 고도를 따지자면 400m 내외가 되는 산악지형이다. 농경지가 10%에 불과한 땅 대부분이 밭으로 고추가 특산품이고, 평야는 장군천, 장파천, 동천과 화매천을 끼고 형성된 분지에 있고 반변천이 남으로 흘러가는 하류 주변 해발 200m 지대가 주요 농경지가 된다. 하천은 일월산 동쪽에서 발원해 영양의 중심을 흐르는 반변천에 문상천, 장파천, 장군천, 청계천 등이 합류하고 남서쪽에서 마지막으로 동천이 합해져 청송과 안동을 지나 낙동강이 된다. 반면에 동쪽 수비면 쪽에서 발원해 신원천과 발리천을 받아들인 장수포천은 울진 왕피리에서부터 왕이 피해 왔다는 전설의 왕피천이 되어 동해에 이른다.

영양의 계곡들은 다른 곳에 갖다 놓으면 모두 이름값을 할 만한데 특히 본신계곡, 수하계곡, 삼의계곡이 시설을 갖추고 객을 맞는다. 울진 백암온천에서 구주령을 넘어 20여㎞를 달리면 수비면 검마산 본신계곡의 금강소나무생태경영림과 국립검마산 자연휴양림 등 요즘 부쩍 많이 찾는 힐링의 땅에 이른다. 장수포천이 흐르는 수비면 수하리 수하계곡 반딧불이생태공원에는 천문대, 생태학교와 청소년수련원 등을 갖추고 습지와 산림 농지를 지나는 탐방로가 개설되어 있고, 2015년 아시아 최초로 국제밤하늘보호협회로부터 실버등급을 받은 일대는 점점 잊혀가는 어린 시절의 별 헤는 밤을 맞을 수 있다. 목재로도 최상급인 금강소나무숲이 은은하게 뿜어내는 향과 기운을 깊이 호흡하며 숲속을 걷는 생태탐방로는 짧게는 2㎞면 족하다. 일월면 곡강리 앞으로 흐르는 반변천이 거대한 석벽에 가로막혀 급하게 동으로 굽어 흐르며 만드는 곡강 曲江 8경은 척금대 滌襟臺 외에도 여러 폭 병풍을 닮은 병풍암, 여기봉, 반월산, 약수천 등이 팔경을 구성한다.

역사적으로 고구려 장수왕 때 청기현으로 불리다가 신라 초기에 고은, 후기에 영양으로 불리다가 고려와 조선을 통해 영양현으로 유지돼 왔다. 내륙 산악지역으로 인구 2만에 못 미치는 작은 군이지만 수려한 산세와 물길을 찾아든 선비들이 정착해 이루었던 주실마을, 감천마을, 두들마을 등 전통 한옥마을의 역사 문화가 오롯이 남아있다. 한양조씨 세거지 주실마을에서 조지훈이 태어났고, 두들마을은 여성군자 장계향이 음식디미방을 저술하고 그녀의 후손인 작가 이문열이 태어난 곳이고, 고즈넉한 감천마을은 시인 오일도의 고향이다. 태고의 맑은 공기, 수정같이 투명한 물, 원시 그대로 숲과 흙, 그 속에서 건강한 생명이 숨쉬는 자연생태계의 선물에 감사하고, 경주와 경상북도에서 주로 보이는 전탑계 중에서도 영양 지역의 모전석탑 등 문화의 유적은 기대보다 큰 감탄을 이끈다.

백두대간의 기가 흐르는 영양의 주산 일월산

　동해에서 떠오르는 해와 달을 먼저 맞고 신령한 일월신이 사는 곳이며 대동여지도의 김정호는 백두대간의 영동, 영서, 영남 세 기운이 한 곳에 모이는 곳이 일월산이라 했다. 그러나 인근 봉화의 청량산 등에 비하면 산세가 순하고 등산로가 비교적 완만한 데다가 흙길이라서 편하고, 아니면 아예 정상까지 자동차 성능을 시험할 수도 있다. 태고의 토질을 아직도 지키고 있는 듯, 다양한 야생화가 널리 있고 양질의 산나물도 지천으로 자란다. 5월 중순에 열리는 산나물축제 체험에 마니아들이 찾아 들고, 특히 일월산 높이를 상징하는 숫자만큼 비빔밥 만들기는 행사의 절정이다. 군 통신대와 방송중계소가 정상 일부를 점령하고 있으나 일월산 일자봉日字峰과 월자봉月字峰 정상은 평평하고 막힘이 없어 트레킹이 편하고 특히 해맞이 광장 데크 전망대에서의 조망은 탁 트인 시야에 가슴이 열린다.

　청기면 당리 산118, 황씨부인당 전설이 머무는 일월산을 예전부터 신령한 산으로 믿고 찾는 듯하다. 연상의 평해황씨 부인과 맺은 결혼이 첫날밤에 파탄이 나서 신랑은 떠나고, 신부는 그대로 기다리다 죽고 만다. 첫날밤 창문에 어른거리는 칼바람 소리가 부인을 찾아온 옛 남자로 오인하고 도피한 신랑은 훗날 댓잎이 바람에 이는 바람 소리였다는 것을 깨닫고 돌아와 부인의 주검을 예를 다해 수습하고 지은 사당이 평

해황씨 황씨부인당이다. 또 다른 전설은 딸만 낳은 황씨 부인이 시어머니 구박을 견디지 못해 산속에서 자살, 사방으로 찾다가 포기할 지경에 같은 마을 이씨의 꿈에 나타나서 남편이 시신을 찾아 수습하고 소원대로 당집이 세워졌다 한다. 전설은 여러 변형을 통해 애틋하기도 섬뜩하게도 전해오는데, 그런 연유인지 일월산은 무속인들뿐만 아니라 일상의 소원을 빌려고도 꾸준히 찾는 신령한 산으로 알려진다. 마을 당리도 당집을 의미한다고 하며 1976년에는 마을에서 신령각을 옆에 따로 세웠다.

일월산 자생화공원

용화리 삼층석탑 못미처 도로에서 올려다보면, 산이 수직 단면으로 잘린 절벽에 10여 개 층단을 이뤄 만들어진 거대한 콘크리트 벽이 보인다. 녹물로 얼룩져 퇴색한 데다가 군데군데 구멍도 숭숭 뚫려 있고, 각 층 단에는 선광장으로 사용되었던 큰 수조 탱크 등이 보여 자칫 흉물로 눈살을 찌푸리게 할 수도 있다. 그러나 아래 넓은 터에 가득한 꽃나무와 잔디광장은 흉물을 예술품으로 보이게 만드는 괴력을 발휘, 생태복원을 상징하는 일월산자생화공원이라는 휴식 공간으로 탈바꿈한다. 1939년부터 일월산에서 채굴한 광석을 운반해와 금, 은, 동, 아연을 추출하던 선광장으로, 일본강점기 때 일본인에 의해 운영되다가 해방 후 국유화되고 국내 기업에서 인수해 생산을 계속했으나 1976년에 폐쇄된다. 이제는 선광장 콘크리트 벼랑이 거대한 야외 조형 미술품쯤으로 보이게 만들어 생태복원의 힘이 어떤 것인지 보여주는 환골탈태의 현장이 된 것이다. 인간의 욕심으로 망가진 자연에 새 생명을 불어넣고 있는 자생화공원은 환경 파괴와 복원의 아름다운 사례가 아닐까. 돌아오는 길 차창 밖, 녹물이 붓칠한 듯이 번진 벽체와 공원의 아름다운 자생화가 어우러진 한 폭의 멋진 그림이 눈을 놓아주지 않는다.

용화동 삼층석탑 일월면 용화리 583

용화동 삼층석탑은 통일신라 후기에 만든 것으로 보고 있다. 용화사가 있었던 연유로 마을 이름이 용화리가 되었다 하고, 주변 밭에서 흔적이 발견되었다고 하나 현재 석탑이 있는 자리가 절터인지는 불명하

일월산 자생화공원

다. 석탑은 우주와 탱주를 새긴 상층기단에 삼층을 올렸다. 각층에는 우주를 새겨 넣은 탑신과 옥개석은 통돌로 만들어졌고, 옥개석 받침이 1-2층은 4단에 3층만 3단으로 줄였지만 두터운 느낌이다. 1층의 탑신은 높은 편이나 2-3층에서 급속히 축소했고, 옥개석의 층간 체감비율은 제한적으로 1-3층간 차이가 크지 않다. 상륜부는 멸실되어 전체 균형을 가늠하기 쉽지 않지만, 두툼한 옥개석과 2-3층에서의 짧은 탑신 구성으로 보아, 전체적으로 낮게 처리하지 않았을까 추측해 본다. 절은 어느 때 스러지고 석탑만 홀로 남아 옛날을 그리워하는 듯하다.

용화동 삼층석탑

여남강당 영양읍 동부리 551

여남강당은 영양남씨의 시조 영의공 남민을 기리기 위해 향현사를 건립했는데, 후에 후손들이 여남서원으로 격을 높이며 정면 4칸에 측면 2칸 강당 등을 지었다. 2칸은 강당 좌우로 방을 두었고, 강당 좌우로 동재 서재를 두고 뒤로는 사당과 앞에는 2층 누각까지 두었다 하는데 서원철폐령으로 철거되어 지금은 강당과 비각만 남아있다. 당나라 하남성 여남 출신 이부상서 김충이 755년 일본을 방문하고 귀국하던 중에 폭풍을 만나 표류하다가 영덕군 축산면 죽도에 닿은 후에 신라로 귀화해 경덕왕으로부터 영양 땅을 하사받았고, 고향 여남을 상징하는 남씨 성을 택해 남민 이름의 영양남씨 시조가 된다. 그러나 이미 출생한

여남강당

첫째 아들 김석중은 김씨 성을 유지, 영양김씨 시조가 되었고, 고려 때 8대손 세 형제 중 남홍보는 영양남씨를 잇고, 남군보와 남광보가 각기 분파해 의령과 고성의 중시조가 된다. 의령남씨 남재와 남은 형제가 조선 개국공신이 되어 영의정 등을 지냈고 남재의 손자 남휘는 태종의 부마가 되고 후대에 남이장군, 남구만 등을 배출한다.

약천정 수비면 발리리 618번지

일월면에서 한티재를 넘으면 약천정이 소나무 숲을 배경으로 발리천을 발아래 내려다보고 있다. 1778년 이곳에서 출생해 경학과 문장이 뛰어나 옥산서당에서 후학을 지도한 약천 금희성이 1804년 건립하고, 손자 대인 1899년경 중건한다. 정면 3칸 측면 1칸 반에 가운데 마루방 좌우로 온돌방 1칸씩을 두고 뒤쪽의 판자문을 빼고는 세살문을 달고 사방에 난간을 두른 소담한 정자이다. 금희성이 이곳에서 나오던 샘물을 마시고 병을 고쳤다는 인연으로 약천으로 했다는 얘기가 전해온다. 고종 원년에 문과에 급제해 형조판서 등을 지낸 이항복의 9대손 경주이씨 이유승과 한국 초대 부통령을 지낸 그의 아들 이시영과 후손들이 교유관계가 있었던 듯, 이유승의 중건기가 있고 약천정과 반곡정사 현판은 이시영이 쓴 것이라 한다.

발리리에서 1916년 태어난 5대손 금경연은 조선미술전에 특선한 요절 천재 화가로, 예술기념관과 추모비가 2003년 마을에 세워졌다. 수비면의 첫 마을이라는 뜻으로 풀이되는 발리리 發理里에 면사무소와 학교 등이 있고, 약천정이 있는 금촌 마을 명칭은 임진왜란 때 봉화금씨奉化琴氏 금재중이 정착해 마을을 이루며 살게 된 연유가 있는 것으로 보이며, 정자 아래로 흐르는 맑은 발리천을 끼고 발달한 조용하고 아름다운 마을이다. 정자 건너편으로 보이는 예쁜 유치원에 젊은 엄마들이 차로 어린이를 데려다 놓고 급히 떠나는 광경이 발리리의 앞날을 밝게 한다. 물 건넛마을에서 보이는 약천정도 썩 아름다운 모습이다.

약천정

영양향교

영양향교 일월면 도계리 128

영양향교는 고려 때부터 이미 있었으나 속현이 바뀌며 지지부진한 상태로 있다가 향교로는 비교적 늦은 1684년경에 창건을 시작해 1701년 육영루를 끝으로 완공이 된 것으로 보고 있다. 초기 대성전, 명륜당 이외에도 육영루, 동-서재, 동-서무를 모두 갖추고 있었으나, 일제강점기 때 육영루가 철거되고 문간채를 만들었으나 동-서재와 동-서무는 모두 철거된 채로 있다. 1990년대에 대성전과 명륜당 그리고 문간채가

보수되고 2001년에 정면 3칸 측면 1칸의 전사청을 세운다. 현재는 각 칸에 두 짝 판문이 밖으로 열리게 만든 내삼문 안으로 정면 5칸 측면 3칸의 비교적 큰 대성전이 있고, 외삼문 역할을 하는 정면 5칸 문간채 안으로는 중앙에 3칸 대청 좌우로 온돌방을 둔 정면 5칸 측면 2칸의 명륜당이 남아있다.

현일리 삼층석탑 영양읍 현일리 398-5

9세기 후반의 석탑 양식을 따른 것으로 보는 보물 제610호 현일리 삼층석탑이 있는 자리는 석탑 동쪽으로 100m 정도 떨어진 곳에 한쪽이 밑동만 남은 당간지주도 있어, 옛 사찰의 터였음을 암시한다. 하층기단 1면에 3구씩 4면 합계 십이지신상을 새겼고, 상층기단에는 각 면 2구씩 모두 팔부중상을 넣었다. 1층 탑신에도 사천왕상을 조각해 넣었는데, 인근 화천리 삼층석탑보다는 섬세함이 조금은 떨어져 보이는 편이고 4단 받침을 한 옥개 처마선 처리에 화려함이 부족해 보이기도 하지만 한발을 물러서 보면 역시 훌륭한 석탑이다. 시대적으로 약간의 차이가 있거나 조각가가 다르기나 하지 않았을까 추측해 본다. 어느 탑을 보아도 상륜부가 온전한 경우가 드물어 보이는 것은 구조상 취약성이 원인이겠지

현일리 삼층석탑

만 상륜부가 전체 탑에서 화룡점정의 완성미를 결정하는 것을 보면 여기서도 아쉬움이 크게 남는다.

팔부중상은 인도에서 전래해 내려오던 신들 가운데 여덟을 택해서 불교의 수호신으로 삼아 정했는데 그중에는 우리 생활에서 익숙한 야차, 건달바, 아수라를 포함하고 있다. 악랄한 사람을 야차 같다고 한다거나, 일은 안 하고 빈둥대는 사람을 건달이라고 한다거나, 큰 혼란에 빠진 상태를 아수라장이라고 표현하는 예가 그렇다.

돌을 깎아 만든 벽돌로 쌓은 전탑계 모전 석탑의 고장

🏛 산해리 오층모전석탑 입암면 산해리 391-5번지

　　국보 제187호 산해리 오층모전석탑五層模塼石塔이 입암면 산해리 반변천이 하트 모양으로 두 번 굽이치는 천변 넓은 터에 자리해 위풍도 당당하게 서 있다. 인공 벽돌로 만든 중국식 전탑이 아니고, 돌로 벽돌같이 만들었다고 해서 모전석탑이라 부르는 석탑이 경주가 가까운 탓인지 유난히 안동과 영양에 다수가 있다. 조금은 거칠게 다듬은 큰 돌로 단층 기단을 만들었고 1층은 18단으로 쌓고, 한쪽 면에 있는 감실 문틀은 화강암으로 마감하고 깊이 1m 정도 되는 내부는 토분으로 표면 정리를 했다. 1층의 18단 탑신 위 옥개석은 7단 받침과 위로 5층 낙수 층단을 했고, 2층부터는 탑신 중간에 2단 돌출 띠를 만들어 구조적 안정감을 주려고 한 듯하다. 2층 옥개받침은 6단이고 3층부터는 5단으로 통일했으며 나머지 부분은 체감비율에 맞춰 균형을 잡아갔다. 상륜부는 맨 위층 상단에 판석을 깔고 돌출 띠를 넣은 형태로 노반을 올렸다.

　　1990년 해체 복원 작업을 하면서인지 아니면 그 전부터였는지, 접착 모르타르로 보이는 흰 액체가 흘러내린 자국이 아쉽다. 감실에는 원래 작은 석불이 있었다는데 신통 영험한 소문에 이웃 마을에서 강제로 가져가자 주지 스님이 낙망해서 떠나버렸다는 전설이 있고, 봉감사 중이 석가탄생 초파일에 개를 잡아먹어 파계하자 금강산 스님이 앞산의 혈을 칼로 찔러 물이 쏟아져 절이 떠내려가고 5층모전석탑만 남았다는 극적인 전설도 있다. 넓은 터를 차지하고 거의 온전한 오층모전석탑 만으로도 당당해 보이지만 그를 품은 봉감사의 규모도 상당했을 것만 같은 상상도 즐겁다.

삼지동 모전석탑

영양읍 삼지리 산17번지를 찾아 가파른 산길을 차로 오르면 작은 암벽에 기대선 연대암 안쪽, 오후 햇살을 안은 푸른 숲을 배경으로 약 3m 높이 삼지동 모전석탑이 맞아준다. 암벽 굴에서 흘러나오는 샘의 맑기로 한 해의 농사를 가름했다는 전설의 영혈샘이 있던 자리에 통일신라 때 영혈사가 있었고 모전석탑도 같은 시기에 세워졌던 것으로 추정하고 있다. 오래전에 폐찰된 영혈사 자리에 인접 하원리 사월종택의 주인 사월 조임이 연대암을 세웠다 전한다. 옛날에 물길이 물러나면서 생긴 연지 등 세 개 연못이 있어 불리게 된 아름다운 삼지리를 내려다보는 연대암은 석벽을 등에 둔 관음전과 석굴 안에 법단이 차려져 있는 작은 암자이지만, 상처를 크게 입었어도 기품이 배어나는 모전석탑이 과거의 성황을 묵묵히 안으로 삭이고 있는 듯하다. 자연 암반을 기단으로 세운 1층 탑신에는 비교적 큰 감실이 있고, 6단의 옥개받침과 7단의 상부 낙수 층단을 두었고, 2층 탑신은 5단 옥개받침과 6단 낙수 층 단을 했다. 상륜부에 단일석의 노반과 복발이 남아있지만, 전체 균형으로 보아서 3층석이 멸실된 것으로 보고 있다. 그래서인지 명칭에서 몇 층인지를 밝히지 않고 있다. 1962년 석탑을 수리할 때 감실에서 작

산해리 오층모전석탑

삼지동 모전석탑

은 불상 6구를 발견해 2구는 남겨 봉했는데 나머지 4구는 행방불명이라 한다. 옛것이 햇빛을 보고 사람의 손을 타면, 갈 곳을 잃고 마는 곳이 인간 세상인가. 석탑 옆 암반에 똬리를 틀고 앉아 오후의 햇살을 즐기던 뱀과 긴 싸리비로 깨끗한 마당을 다시 쓸고 계시던 노스님이 지키는 작은 암자는 석탑을 지키기 위해 세워졌을지, 암자보다 무거운 모전석탑을 생각해 보며 급경사 굽잇길을 내려온다.

현리 오층모전석탑 영양읍 현이리 462-1

영양읍에서 다리 건너 반변천가에 있는 현리 오층모전석탑은 흑회색의 점판암으로 벽돌을 만들어 방형 석축 기단 위에 5층을 올린 고려 초기 전후의 석탑으로 추정되고 있다. 규격과 모양이 일정하지 않고 표면이 거친 모전석 사이를 토분으로 채워 마감했고, 옥개 받침과 낙수면이 비슷한 크기와 각도를 유지하고 있어서 날씬한 모양은 없어 보이지만 상당한 무게감을 주고 있다. 한 면의 너비가 2.5m에 탑신 높이가 1.2m인 1층 탑신 한쪽 면에 보이는 감실은 명료하고 도식적인 넝쿨 당초문양 문주석이 받치고 있고 빗살무늬창으로 닫혀 있다. 노반, 복발과 보주로 구성해 최근에 복원된 듯한 상륜부는 전체 몸체와 균형이 맞지 않아 보인다. 훼손되어 일제강점기만 해도 4층 탑신까지 남아있던 것을 1979년 5층으로 복원했지만 원래 모전석탑 자체가 희소한데다가 원형도 비교적 잘 유지하고 있어 2020년 7월 보물 제2069호로 지정되었다. 어떤 규모의 사찰 있었을지, 흔하지 않은 모습의 모전석탑으로는 쉬 짐

현리 오층모전석탑

화천리 삼층석탑

작이 가지 않는 가운데 지금은 자그마한 대웅전, 산신각과 선방이 있는 영성사가 지키고 있다.

화천리 삼층석탑 영양읍 화천리 835

보물 제609호 화천리 삼층석탑은 2층 기단과 1층 탑신 4면에 아름다운 조각이 돋보이는 석탑이다. 하층 기단은 각 면을 탱주로 3 구획해 안상 안에 무기를 든 좌상을 부각해 각 면에 3구씩 4면 모두 십이지신상을 조각했고, 상층기단은 2개의 판석으로 각 면을 구성해 4면 도합 8조각에 팔부중상이 우주와 탱주로 구분되어 조각되었다. 갑석 위 탑신부는 탑신과 옥개석이 각기 하나의 돌로 만들어졌고 1층 탑신에는 각 면 우주 안으로 발밑에 악귀를 밟고 선 사천왕상을 1구씩 조각했다. 각 층에 4단 받침을 넣은 옥개석 중 1층 옥개석과 3층 탑신이 심하게 훼손이 되어 있는 데다가 아깝게도 상륜부마저 결실되어 있어 어떤 모습을 하고 있었을지 다양한 상상을 하게 만든다. 세월이 지났어도 기단부터 1층 탑신까지의 뚜렷한 부조상은 아직도 화려함과 섬세함을 잃지 않고 있다.

오극성 고택

선무원종공신 문월당 오극성이 낙향해 1600년경에 건립하고 후손 오학지가 1760년경에 중수한 오극성고택이 함양오씨 세거지 영양읍 대천리 595번지에 있다. 임진왜란이 발발하자, 벽에 왜구를 보복하겠다

는 뜻의 "보왜구" 세 글자를 써놓고 무예와 병법을 익히며 동생과 과거를 준비한다. 임진왜란 중인 1594년 별시 권무과勸武科가 실시되자 오극성은 동생 오윤성과 함께 합격해 선조 호위 선전관으로 목숨을 걸고 전장을 돌아다니며 전황을 살펴 선조에게 보고하는 공을 세우고 노량해전에도 참전하는 등, 후에 3등 공신에 올랐고, 동생 오윤성도 이순신을 따라 명량대첩 등에 참전한다.

훗날 화재사고로 우연히 발견된 오극성 일기 《문월당 선조 임진일기》는 임진왜란 전인 1590년 조선통신사 일본 방문기 일부 등과 임진왜란 중 1593년부터 왜구가 퇴각하는 1598년 말까지 상황을 기록한 것으로 7대손에 의해 1845년 빛을 본다.

임진일기에는 이순신의 등장, 원균과의 갈등, 백의종군, 이순신의 부상과 치료 등 이순신 행적에 관한 내용도 많이 밝혀진다. 이백의 시 파주문월把酒問月에서 인용했다는 그의 호 문월당問月堂 제목의 한시를 보면 과거에 급제한 무관이 얼마나 문장에도 밝았는지 보여준다.

> 예나 지금이나 달은 같지만, 예나 지금은 같지 않구나……
> 천 말 술을 기울일 수 있거늘, 백 편 시가 필요하지 않네.
> 古月猶今月, 今時非古時 …… 能傾千斗酒, 不要百篇詩

후손 오정협 등에 의해 1850년경 목판으로 간행된 문월당집에 임진일기 상하가 수록되어 있고 기타 시서詩書와 소疏 및 제문 등이 포함

된다.

一자 사랑채와 ㄷ자 안채가 연접해 ㅁ자형 배치를 이룬 정침은 정면 7칸 중에서 중문의 좌측 3칸은 사랑채로 1칸 온돌 2개와 사랑마루가 있고, 중문 오른쪽 3칸은 온돌과 부엌 고방 등을 두었다. 중문 안으로 2칸 대청 좌우로 안방, 건넌방 등의 안채는 ㄷ자형으로, 전체적으로 정면 사랑채와 연접시킨 ㅁ자형에 좌우 1칸 날개를 돌출시킨 형식이다. 병화를 거치며 변화가 있었는지 소박한 모양과 규모를 하고 있는데 3칸 사랑채의 맞배지붕을 약간 높여서 사랑채에 무게를 주었다.

오극성 고택 사랑채

삼구정 영양읍 대천리 945

영양읍 대천리 앞으로 반변천과 구청천이 합수하는 곳에 정자로는 규모가 있고 건실한 모습의 삼구정이 있다. 정자 앞에 거북이 엎드린 모습을 한 바위 세 개를 인용해 오극성의 장자 용계 오흡이 삼구정을 지었다 한다. 전면 3칸, 측면 3칸으로 전면 3칸 툇마루 뒤로 중앙은 마루방 그리고 좌우로 온돌방을 두었는데, 전면 툇마루에는 난간을 둘렀다. 처음 낙향해서는 반월산 아래 초옥으로 지었다가 화재로 소실해 지금의 자리에 재건해 지내다가 사후에 후손들이 기와로 개축하는데 아쉽

게도 그 당시 거북바위가 땅에 묻혔는지 보이지 않는다. 오흡은 청나라에 항복을 분개하고 명나라에 절의를 지키며 정자 옆에 터를 조성해 사명대思明臺로 부를 정도였고, 후에 조정에서 호조좌랑을 내렸지만 거절하고 은거를 계속하며 후학 양성에 전념한다. 그의 손자 오삼열이 글을 모아 1738년 간행한 용계문집에는 시와 서 이외에도 4편의 소가 실려 있는데 광해군 밑에서 나라를 어지럽히는 이이첨을 참해야 한다는 글에서 보듯이 부친만큼 강직한 기개를 보여준다.

삼구정

문필봉과 연적봉이 키운 시인의 고향

일월면 주곡리 일월산에서 뻗은 매방산을 뒤로하고 앞으로는 문필봉, 연적봉 등이 감싸고 있는 작은 분지 안에 주실注室마을이 있다. 마을이 풍수로 보아 배의 지형이어서 주舟자로 시작했다는 설, 물을 흘리는 계곡이라는 의미라고도 하고, 다르게는 원래 주朱씨가 정착했던 사실에 연유했다는 얘기도 있듯이 작아도 주저리주저리 옛이야기도 재미있는 마을이다. 마을 안으로 반변천으로 흘러드는 장군천이 호젓하게 흐르고, 마을을 숨기기 위해 조성한 듯한 노거수 울창한 주곡注谷숲이 나와서 정중히 객을 맞는다.

한양조씨 세보도世譜圖를 보게 되면 함양오씨와 1553년 결혼해 영

주실마을 어귀

양 하원리 원당마을에 자리를 잡고 입향조가 된 참판공 조원이 시조 조지수의 11세로, 두 아들을 두어 첫째가 조광인이고 둘째가 약산당 조광의이다. 마을의 종택을 중심으로 세보를 보면 조광인의 차남이 사월 조임이고, 조광의의 차남이 호은 조전으로 13세에 해당하고 16세 옥천 조덕린은 조전의 증손이 된다. 소개되는 사월종택, 호은종택과 옥천종택이 모두 이들과 관련이 되는 것이다. 호은 조전의 14세손 조헌영이 시인 조지훈의 부친이므로 조지훈의 태어난 곳이 호은종택에 해당한다. 조원이 원당마을에 터를 잡은 이후 손자 대에서 조검은 도계리로, 조건은 가곡리로, 호은 조전은 주실마을로 분파하고 사월 조임은 하원리를 지킨다.

　한양조씨는 고려 때 함경도 지역에서 원나라 쌍성총관부를 관리하던 시조 조지수에서 조소생까지 4대에 걸쳐 세습하며 세력을 키우던 친원파였다. 그러나 조소생의 숙부 조돈은 원나라를 배척하는 공민왕의 배원정책에 동조해서 이성계와 그의 부친 이자춘과 함께 총관부를 공격하는 등, 이성계와는 지역 연고 등의 복합적 이유로 긴밀한 관계를 갖게 된다. 조돈과 아들 조인벽은 총관부 탈환에 이성계를 도운 개국공신이 되고, 이성계의 동복누이 정화공주가 조인벽의 후처로 되니 조인벽은 곧 이성계의 매형이 되는 등, 한양조씨는 조선 초기에서부터 탄탄한 명문으로 자리한다. 조인벽의 세 아들 조온, 조연, 조사도 개국공신 반열이고 특히 맏아들 조온은 제1차 왕자의 난에서 태종을 도운 공신으로 재확인을 받게 되며, 훗날의 조광조는 그의 고손이 된다. 그러함에도 조인벽은 고려 멸망의 슬픔을 안고 영양으로 은거하며 부귀영화의 허망함을 오언절구시로 남긴다. "공훈은 나비 날개처럼 얇고, 부귀는 용뇌향처럼 가볍다. 세상사 가을 꿈에 놀라 깨어보니, 동창에는 바다와 달만 밝다." 격변의 시기에 순간의 영화가 얼마나 덧없는 일인지, 폐 속 깊이 뿜어 나오는 긴 한숨이 배어난다.

명문가에 호사만 따르는 것을 시샘이라도 하듯, 세조의 계유정난에서 희생을 당한 인물들도 있다. 조인벽의 동생이며 개국공신으로 이조판서를 지낸 조인옥의 손자 조순생이 김종서와 함께 화를 당하는 등, 문중의 여러 사람과 집안 아녀자들까지 노비로 전락하는 큰 화를 당하기도 했다.

사월종택 및 월담헌 영양읍 하원리 205-1

입향조 조원의 장남 조광인의 둘째 아들 사월 조임이 1602년 건립한 사월종택 및 월담헌이 반변천변, 푸른 숲을 등지고 선인이 찾는다는 옥선대가 바라보이는 아름다운 곳에 자리하고 있다. 사월종택은 국가민속문화재 제294호로 2017년 지정되었는데, ㄱ자형 안채, 一자 중문채와 월담헌이 특이한 방식으로 연결되어 전체는 ㅁ자의 변형 구조를 하고 있다. 임진

사월종택 및 월담헌

왜란을 피해 원형을 비교적 잘 유지하고 있는 종택의 정면 우측으로 사랑채 월담헌은 정면 3칸 측면 2칸으로 오른쪽에 4칸 대청과 좌측에 방을 앞뒤로 둔 누각형이다. 좌우로 방을 둔 중문 안을 들어서 정면 3칸 대청 오른쪽은 상방이고 왼쪽 안방과 부엌을 중문채로 연결했다. 마당에는 3칸 초가 방앗간 채와 우측 뒤로 3칸 사당이 있다. 일찍이 부친을 여의고도 학문에 정진하다가 20세 임진왜란 때 형님 조검과 의병장 곽재우에 종군하며 전투에 참전하고, 병자호란 때 곳간을 열어 군량미로 헌납하는 등의 공으로 자헌대부 지중추부사에 제수된다. 그의 호 사월 沙月도 곽재우가 지어주며 공을 치하한 것이다.

숙운정 하원리 210-2

근처 하원리의 숙운정은 사월 조임이 1621년에 지어 1889년 후손 조언검의 중수 등으로 변형이 있었던 듯하다. 정면 2칸 대청 좌우로 온돌방 1칸씩을 두었고 대청 전면 하부에 아래 기둥을 세워 누마루 형식을 가미했다. 정자 우측에 조임 신도비각이 서 있다.

월록서당 일월면 주곡리 227

월록서당은 1773년 옥천 조덕린의 손자 월하 조운도와 만곡 조술도가 야성정씨와 함양오

숙운정과 신도비각

경북 영양

씨 등과 함께 후학을 위해 세운 서당이다. 정면 4칸과 측면 2칸이고 중앙 2칸 대청 좌우로 동재와 서재 형식의 온돌방을 두었고, 삼면에 난간을 둘러서 전면만 계자난간을 했다. 현판을 정조 때 영의정을 지낸 채제공이 썼듯이

월록서당

영-정조 시대에 싹을 키우던 실학에 접근하는 교육으로 서당이 인근에서 명성을 얻었다고 한다. 주실마을에서 출생한 조지훈이 어려서 공부를 한 곳이기도 하다.

옥천종택 일월면 주곡리 189

옥천종택은 한양조씨의 호은 조전의 증손 옥천 조덕린이 1694년경에 세웠으나 화재로 소실된 후 1856년 재건한 고택이다. 1691년 34세에 문과에 급제해 세자시강원 필선, 홍문관교리, 사간원 사간, 강원도사 등을 지내고 영

옥천종택

조 초기 이인좌의 난에 공을 세워 동부승지에 오르고 공신에 책록되었으나, 노론과의 갈등으로 제주도 귀양 가는 도중 기력이 다해 강진

에서 79세 생을 마친다. 영조가 바른 말을 구한다는 교지를 내린 1725년, 사간원 사간으로 10조소條疏를 올려 당쟁의 폐해를 지적한 글이 끊이지 않는 갈등을 불러 함경도 제주도로 두 차례나 귀양을 떠나는 불운은 겪었지만, 그의 명망은 당대에도 널리 인정을 받았다. 조덕린의 불행은 손자 조진도가 병과에 급제하고도 그때까지 신원이 안 되고 있었던 조부 조덕린을 이유로 반대파에 의해 급제가 취소되고, 조진도의 동생 조술도는 그 상황에서 과거를 단념한다. 조덕린이 1788년 정조 12년에 신원이 되자 손자 조진도의 과거 합격이 인정되어 29년 만에 홍패를 돌려받았으나 그해 사망했다. 당쟁은 이렇듯 권력의 판세가 역전의 역전을 거듭하게 하고 또한 사람의 목숨과 가문의 세력이 요동치게 했으니 옥천의 십조소도 칭송과 비판의 중심에서 갈 길을 잃고 있었을 것이다. 종택은 전체적으로 ㅁ자형 정침과 독서와 강학을 위한 초가집 초당과 사당으로 구성되어 있다. 종택에서 나와서 돌계단을 오르면 가운데 2칸 대청 좌우로 1칸 온돌방을 둔 정면 4칸 측면 2칸의 창주정사로 옥천이 강학을 펼쳤던 곳이다.

최근 조덕린의 둘째 손자 월하 조운도의 후손이 겸재 정선의 구룡폭, 비로봉 등 금강산 그림 7점을 기탁한 사실을 두고 어떻게 그런 그림이 조덕린이 소유하게 됐고 조운도를 거쳐 후손이 보관하게 되었는지 설이 분분하다. 조덕린이 51세 되던 1710년경에 강원도사로 부임해 금강산 등 관동지방을 돌아본 시기가 겸재의 금강산 유람 시기와 비슷했던 사실로 비추어 어떤 형식의 교유를 추측할 수 있지 않을까.

호은종택 일월면 주곡리 201번지

청록파 시인 조지훈의 생가로 알려진 호은종택은 1600년대에 조전이 터를 잡기 시작한 주실마을에 호은 조전의 둘째 아들 조정형이 인조 때 지었다. 마을 뒷산 매방산에서 매를 날려 앉은 자리를 집터로 잡은 곳이 바로 호은종택이라 하는데, 문필봉을 남향으로 바라보는 자리가 문외한에게도 명당으로 보인다. 조지훈의 증조부 조승기는 일제 강점에 대항해 의병을 일으켰다가 경술국치에 자결하고, 천석꾼 조부 조인석도 한국전쟁 때 자결하고, 일본 대학에 유학을 다녀와 새로운 문물로 마을을 계몽했던 부친 조헌영은 한의학자이고 대한민국 제헌 국회의원이었다.

주실마을을 둘러싼 무성한 숲 사이로 흐르는 맑은 장군천이 초입부터 여름날 한껏 청량한 기운을 느끼게 하고, 마을을 흐르는 물과 숲으로 산책로를 조성해 시인의 숲, 시인의 길이 된다. "얇은 사 하이얀 고깔은 고이접어서 나빌레라… 빈 대에 황촉 불이 말없이 녹는 밤에, 오동잎 잎 새마다 달이 지는데…" – 한글을 아름답게 승화시킨 우아하고 섬세한 은유 시어가 시인의 마음을 그리게 한다. 조지훈은 청록파 시인이었지만, 국어와 국학 등에도 깊은 연구를 통해 저술을 남겼고 오대산 월정사에서 강사, 여고와 대학에서 젊은 나이에 교수를 역임했다. 부친과 화성 용주사에서 승무를 보고 감동해 대학 초년 대표작 승무를 쓰고 2년 뒤 월정사에서 외전강사를 하며 상당한 불교 경전을 탐독하고 "나의 시 기교는 불교 선禪으로부터 오는 무기교"로 변화했다고 밝히는

데, 당시의 시 고사古寺를 보면 두드러진 변화를 보인다. 교사재직 때 작사한 여고 교가를 보면 일제강점기를 거치며 여성도 어떤 사회적 역할을 해야 하는지 그가 바라는 세계의 일면을 보여준다. "슬기에 주린 자 이끌고자… 평화에 주린 자 건지고자 우리들 모여서 횃불 드네… 퍼져나간다 빛은 동방에서" 명가의 전통을 잇는 유전자는 영원해 보인다.

종택은 5칸 솟을대문채를 들어서 정침은 정면 7칸 측면 7칸의 ㅁ자 평면을 구성하고 있으며 정침 뒤 별도의 담장 안으로 정면 3칸 사당이 있다. 한국전쟁 때 일부가 소실되어 1963년 복구된 바가 있으며 특히 정침의 남과 북면을 보통보다 큰 2칸 폭으로 키워 안방 대청이나 사랑마루가 충분한 공간을 주고 있고 동서쪽에서 보면 남북으로 두 개의 박공이 나란히 한 팔작지붕을 했다.

호은종택

자신의 손가락을 세 번이나 자른 여자 안중근

🏠 남지현 지사 생가 석보면 지경리 393-6

영화 〈암살〉의 여주인공 안옥윤의 실제 모델-남자현 지사의 아담한 한옥 남지현 지사 생가가 석보면 지경리에 재현되어 있다. 유학자의 집에서 태어나 19세에 독립운동하던 김영주와 결혼했으나 24세에 남편을 잃고 유복자 아들을 키우며 의병 활동을 지원하다가 1919년 47세 늦은 나이임에도 아예 만주로 가서 여성 계몽, 교육운동과 독립운동에 직접 뛰어들어 여성의 한계를 뛰어넘는 활동을 벌인다. 만류하는 유복자 아들 김성삼에게 "싸우러 가는 것이 아니라, 이기러 간다. 지금까지

남지현 지사 생가

남지현은 잊어라"하고 단호한 결의를 밝힌다. 여자의 몸으로 육체적 무장활동은 단점도 있고 이점도 있을 만하지만 1933년 만주국 특명 전권대사 겸 관동군 사령관인 무토 노부요시를 암살하려다가 체포된다. 6개월간 감옥생활과 혹독한 고문에 단식으로 버티다 약해진 몸에 보석으로 출옥, 결국 만주 하얼빈 여관에서 61세로 순국한다. 독립의 결의를 다지고, 독립군 내부 분열에 결속을 주창하고, 국제감시단에 조선독립원 혈서를 보내며 세 번이나 자신의 왼손가락을 잘랐다. 노부요시는 청일전쟁과 러일전쟁을 거치고 육군대장과 참모총장을 지낸 육군의 실세였는데, 우연인지 남자현의 한이 맺은 일인지, 그해 8월 병사한다.

1962년 여자로서는 최고의 영예인 건국훈장 대통령장이 추서되고, 하얼빈 남강 외국인 묘지에서 국내로 이장하려 했으나 이미 유실되어 찾지 못하고 국립현충원에 남편과 합장 허묘로 조성된다. 나라 위해 몸을 받친 의사와 지사의 호칭 차이에 모호한 경계선이 있어 보이는데 혹시 여성 신분이 어떤 기준이 되었을까. 여자의 몸으로 15년간 험한 만주에서 남자들과 활동하며 신명身命을 다해 독립운동을 했던 별이시여 고이 잠드소서. 독립군의 어머니, 여자 항일투사, 여자 안중근 등의 수식어가 따라다니던 남지현의 생가는 사후에 평안을 찾았는지 햇볕에 고즈넉한 모습으로 객을 보낸다.

연당리 석불좌상 입암면 연당리 361

연당리 석불좌상이 도로변 전각 안에 모셔져 있다. 8각 지대석과 복련의 하대석, 8각에 우주를 새긴 중대석, 앙련을 조각한 8각 상대석이 분명하고, 결과부좌를 한 무릎 위에 오른손은 촉지인이고 왼손에는 약호를 받치고 있는 약사여래상이다. 거친 세월을 고스란히 맞은 듯, 광배는 떨어진 채 뒤쪽에 기대어 놓여있고, 목에는 깊은 균열이 있고, 오른쪽 어깨는 간신히 붙어있으며 떨어져 나간 코, 육계와 두 눈도 상처를 입는 등 상체의 훼손이 심한 편이다. 불상의 뒷면에 음각 글자로 통일신라 진성여왕 때인 889년 불상으로 추정하고 있다. 전체적 골격은 분명하지만, 부분적으로 훼손이 심한 석불을 아직도 불심으로 모시는 마을의 정성, 수난의 천년 조상 얼이 아직도 맴돌고 있는 듯하다.

연당리 석불좌상

오일도 생가 감천리 780번지

낙안오씨 집성촌 감천리, 일도 오희병의 오일도 생가는 국헌 오수눌의 후손인 그의 조부 오시동이 1864년 건립했다. 무과에 합격해 사헌부감찰과 철원 현감을 지낸 오시준과 둘째 아들 국헌 오수눌이 감천에

서 태어나 무과에 합격해 무관으로 임진왜란에서 활동하며 선무원종 공신녹권에 오른 가문, 오일도는 오시준의 9대손이다. 생가는 정면 5칸 반에 측면 6칸의 ㅁ자형 구조로, 5칸 솟을대문 안에 들어서면 중문 오른쪽으로 정면 3칸의 사랑채를 연접했고 사랑방 뒤쪽의 온돌방이 오일도가 생활하던 곳이다. 안채는 2칸 대청 좌우로 안방과 건넌방을 두고 안방은 부엌과 건넌방은 고방과 사랑채에 연접한다.

거부 오익휴의 차남으로 태어나 호를 이름처럼 사용한 오일도는 일본에 유학하며 1925년 문단에 등단하고 1929년 철학과를 졸업한 후, 고교에서 교편을 잠시 잡다가, 형의 도움으로 1935년 시 문학지 시원을 창간하며 작품 활동을 전개한다. 조지훈과는 동향 선배로 교유가 있었던 듯하다. "빈 가지에 바구니 걸어놓고, 내 소녀는 어디 갔느뇨… 박사의 아지랑이, 오늘도 가지 앞에 아른거린다" 아담한 감천마을 토담 골목을 걸으면 일도가 읊은 "내 소녀"가 한적한 오후 햇살이 비단 박사薄紗같이 은은하게 펴지는 골목 어디선가 뛰어나올 듯하다. 사랑한단 말도 못 하고 빈 가지에 걸린 바구니를 매일 바라보며 감천마을 돌담길 한 모퉁이에 서서 애타게 기다리던 시인의 소녀는 어느 집의 어떤 소녀였을까. 연못 주위로 감천리 379번지 낙안오씨 종택과 오희병 시공원

오일도 생가 사랑채

이 있는 조용하고 쾌적한 마을, 한 바퀴를 크게 돌아도 한걸음이 민들레 홀씨처럼 가볍다.

침벽공원 감천리 687번지

측백나무가 공원 건너 반변천가 높은 벼랑에서 자생적으로 숲을 이루며 자라고 있어 천연기념물 제114호로 지정되어 보호받고 있다. 상록침엽교목으로 편백이나 화백나무와 비슷한 잎상으로 혼동되기도 하나, 셋 중에서도 키가 작은 편으로 절벽 암석에 뿌리를 내리고 자라며 숲을 이루는 특성이 발견된다. 캠핑장도 갖춘 공원은 감천리 살던 침벽 오현병이 조성한 숲도 좋아 일지매 촬영지 별칭도 얻었다. 자신을 보호하기 위해 뿜어내는 피톤치드가 인간에게는 유용해 사랑을 받고 있고 약재로도 활용된다니 인간은 억세게도 운이 좋은 영장이다. 바위틈에서 억세게 살아 숲을 이루는 생명력이 한눈에 들어온다.

학초정 및 정침 영양읍 감천리 591-2

학초정 및 정침은 원래 1660년경 생원시에 합격해 성균관에서 수학한바 있는 한양조씨 조규가 그의 호와 같은 삼수당三秀堂으로 지었으나 주인이 바뀌며 학초정으로 변한다. 배산을 하고 반변천이 앞에 흐르는 길지에 위치, 솟을대문으로 들어서 수형이 아름답고 건장한 노송과 정자 그리고 안쪽 정침은 ㅁ자형 배치에 전면 좌우가 돌출한 모습이다. 주실마을 호은종택 조전의 손자로 비교적 부유했던 삼수당이 지어서 당호

침벽공원

학초정

학초정의 정침

를 "잔디가 일 년에 세 번 아름답다"는 의미로 삼수당으로 정했다 하고, 손님 접대에 집안이 기울어져 버렸다는 말이 나올 정도로 사람을 반겨 찾아오는 모든 객을 정성으로 대접을 했던 모양이다. 1910년경 소유주가 바뀌어 오늘에 이르며 당호도 학초정으로 된다.

학초정은 정면 3칸 측면 2칸으로 좌측에 2칸 방을 두고 4칸은 대청으로 했고 누마루를 올린 반 누각 형식이다. ㅁ자형 정침은 정면 9칸 측면 6칸이고 정면은 좌우로 돌출해 2칸씩을 달아냈다. 중문을 들어서 정면으로 안마당 폭과 같은 3칸 대청을 중심으로 우측은 웃방, 2칸 안방과 2칸 부엌이고, 좌측은 웃방, 건넌방, 아궁이 부엌과 2칸 온돌방으로 사랑과 연결된다. 중문 우측은 고방, 외양간, 온돌방을 두고, 중문 좌측 사랑채로 1칸과 2칸 사랑방과 좁은 복도를 두고 1칸 사랑마루가 있고 지붕을 약간 높여 사랑채로 구분하는 모양새를 갖춘다. 정면 4칸 솟을대문채는 우측으로 고방과 방이고 좌측으로는 마구간이다.

산촌생활박물관 입암면 연당리 20번지

약 9천 평 부지에 300평 전시실 등과 야외 전시장으로 구성된 산촌생활박물관이 바르게 길을 지나칠 뻔한 사람들을 붙잡는다. 훌륭한 시설과 옥외 전시장을 갖고 개관해서 벌써 10년이 지났으나 많은 사람들에게 알려지지도 관심도 끌지 못한 채, 때를 기다리고 있는 듯하다. 옥외에는 서낭당, 투방집, 굴피집과 너와집 등으로 구성된 산촌마을이 주차장 옆으로 조성되었고 모형 농부와 실재 작물도 텃밭에 키워서 현

실감을 높였다. 열매가 주렁주렁 달린 대추나무 가지가 무게에 힘겨운 듯 늘어져 있고, 텃밭에는 영양의 특산 고추가 빨갛게 익어가는 정원 아닌 정원, 실제 영양의 산촌도 옛 멋과 전통을 지키며 이렇게 살게 되는 날이 머지않아 보인다. 실내 전시장에는 산촌의 살림, 마을, 농가 활동 등 경작과 추수가 재현되어 다양한 유물과 함께 어린이들에게는 물론 어른들에게도 보릿고개의 추억 등을 살리게 한다.

산촌생활박물관 산촌가옥, 굴피집 너와집이 보인다

한국 3대 전통 정원으로 꼽히는 서석지

영양을 지나 안동으로 흐르는 반변천과 서석지瑞石池 앞을 흐르는 동천이 남이포에서 합수하는 삼각 꼭짓점 웅장한 석벽 아래 남이정이 좁은 자리에 앉아 선경을 안내한다. 꼭짓점에 대칭되는 물 건너에 촛대 모양으로 날렵하게 선 입암(선바위)은 남이정을 부러워하다 못해 시기하는 모양새다. 남이정 맞은편 3만여 평 부지에는 선바위관광지가 조성되

남이포 남이정

어 영양특산물 직판장, 호텔, 분재-수석-야생화전시관, 민물고기생태전시관 그리고 길 건너 효공원이 들어서 있다. 겸재 정선이 쌍계입암으로 그렸을 만치 예부터 알려진 경승이고, 그런 만큼 전설도 빠지지 않고 전해온다. 운룡지 지룡의 두 아들 아룡과 자룡이 역모를 일으키자 조정에서 남이장군을 급파해 양룡을 물리치고 난 후에 재발을 막으려 큰 칼로 산의 맥을 내리쳐 잘라 놓은 흔적이 선바위라고 한다. 과연 선바위는 큰 석벽에서 갈려져서 겨우 발부리만 붙이고 있는 아슬아슬한 지경에 서 있다.

입암면 연당리 394-1, 동래정씨 집성촌인 연당蓮塘마을에 석문 정영방이 1613년경 지은 서석지는 자연스러운 배치와 조경이 담양 소쇄원이나 보길도 세연정과 함께 한국 3대 전통 정원의 하나로 비교된다. 마을 이름 연당리도 서석지 연꽃 가득한 연지를 인용한 것이라고 전해진다. 부지가 그리 크지 않고 주변에 멋진 숲이나 경관도 없어 일견해 실망할 수도 있으나 주인의 뜻을 알고 보면 깊이가 느껴진다. 토담 안으로 들어서 남향으로 선 정면 4칸에 측면 2칸의 경정敬亭은 가운데 2칸 대청 좌우의 후면에 방을 두고 계자난간을 둘렀다. 경정 대청에서 바라보면 돌을 쌓아 물을 채운 방형 연못에 연꽃이 가득히고, 연못의 한쪽에는 정면 3칸의 서재 주일재와 그 앞으로 연못을 잠식해 만든 작은 화단에 매난국죽을 심어 사우단을 조성했다. 경정 뒤 토담 밖으로는 부엌과 온돌 2칸과 마루를 둔 주사와 방이 딸린 장판각과 헛간이 있다.

서석지瑞石池는 상서로운 돌과 연못을 상징한다. "학문하는 데는 모름지기 경敬을 배워야 하고, 움직임에 명예를 바라지 말고, 나는 비록 늙었어도 깨달음에 이르지 못해, 그대들 글 읽는 소리를 들으려" 한다며 경정의 뜻을 말하고, "돌은 속에 무늬를 감추고도 밖은 검소하고, 외진 곳에서도 선한 모습을 잃지 않고 서 있으며, 여인이 정절과 지조를 조용히 지키는 모습"이라고 연못 속의 돌들을 예찬한다. 선유석 기평석 난가암 탁영반 화예석 희접암 관란석 와룡암 분수석 상운석 등 약 20개 자연석에 이름을 붙여 시를 짓고 말없이 대화를 즐긴 듯하다. 아무리 뚫어지게 바라보아도 거친 표면의 자연석이 모두 비슷하게만 보이니, 이 눈이 아직도 세상천지 분간을 제대로 하지 못하고 있음이 분명한 모양이다. 아마도 정영방은 이 지역에까지 활발했던 이퇴계의 "경" 사상

서석지 경정 앞 연지

에 심취했던 것으로 보이고 정자와 서재는 자신을 위해서라기보다는 자신을 찾는 사람들의 말을 듣고 싶어 지은 것으로도 보인다. 29세에 진사가 되었으나 광해 때 어지러운 중앙정치에 회의를 느껴 벼슬을 포기하고, 1629년 인조 때 스승 정경세가 이조판서가 되어 벼슬을 권했으나 고사하고 학문에 전념한다. 아래 돈간재의 주인 청계 김진의 외손 류복기의 딸과 결혼했다.

여러 채의 반듯한 한옥이 들어선 연당마을 토석담장길을 호젓하게 걸으면 석문 정영방의 9대손 동파 정익세가 19세기 말 지은 태화당 고택이 연당1리 37번지에 있다. 5칸 대문채를 들어 정면 6칸 측면 5칸의 ㅁ자형 정침은 중문 우측에 2칸 방과 좌측에 2칸 방과 마루방으로 구성된 사랑채와 2칸 대청 좌우로 안방과 건넌방 등의 안채로 배치되어 있다. 토석담장에 난 대문채 안으로 넓은 마당과 정침이 단아한 모습이다.

취수당 청기면 청기리 631

정2품 통훈대부 사복시정에 증직되었던 취수당 오연이 1640년경에 건립한 정면 3칸 측면 2칸, 반 누각형의 취수당이 있다. 오극성 고택의 주인 오극성의 셋째 아들로 병자호란 때 쌍령 전투에 참전해 공을 세우기도 했으니, 인조기 청에 항복히지 낙망해 낙향을 택한디. 정면 3칸 측면 2칸으로 서쪽은 4칸 망서루와 동편으로는 2칸 온돌 둔재를 들이고 전면과 양 측면에 좁은 퇴를 두고 계자난간을 둘렀다. 술 마시고 잠들어 벼락같은 코골이 하는 호주가임을 말하고 싶은 것인지, 아니면 혼란한 세상에 취하지 않으면 잠을 이룰 수 없다는 말인가. 1799년 중수, 동향으로 교유하던 표은 김시온, 두들마을 석계 이시명과 석문 정영방 등의 시가 걸려있다.

청계정 청기면 청기1리 801

문월당 오극성의 둘째 아들 우재 오익이 1640년대 건립한 청계정은 자연 암반 위에 정면 3칸 측면 2칸으로 좌측 2칸은 온돌을 두고 나머지는 대청으로 만들어 3면을 계자난간으로 둘렀고, 정자 앞에 작은 연지를 만들고 토담으로 둘렀다. 우재는 과거에 실패해 독서로 소일을 하며 돈간재에 거주하던 표은 김시온과 뜻이 맞아 가깝게 교류하며 지냈다. 김시온이 우정의 표시로 땅을 제안할 정도로 서로를 아꼈다는 얘기도 전해오는데, 우재는 아래 돈간정 청계 김진의 외증손이고 김시온은 청계의 증손이다.

돈간재 청기면 청기리 663

돈간재는 의성김씨 청계 김진이 고향 안동을 떠나 1580년 80세로 떠날 때까지 10여 년간 살던 집이고 인근에서 학문으로 명망이 높았던 그의 증손 표은 김시온도 후에 거주했다. 47세에 부인을 먼저 보내고도 아들 다섯을 남에 의지 않고 직접 가르치고 키워 초시와 대과에 급제시키며 훌륭하게 키운 부성애로 빛나는 인물이다. 약봉 김극일, 귀봉 김수일, 운암 김명일, 학봉 김성일, 남악 김복일과 딸까지 여덟을 헌신적으

취수당

청계정

돈간재

로 키워 특히 약봉, 학봉과 막내 남악 셋은 모두 대과에 급제했고, 이들 가운데 경상관찰사를 지낸 학봉 김성일은 임진왜란을 앞두고 도요토미 히데요시에 관한 판단 오류로 비판도 받았지만 참전해 쌓은 공훈으로 선무원종공신 1등에 추서된다. 청계는 젊어서 들은 예언에 이끌리듯 생원시에 합격하고도 벼슬길을 포기하고 자식 교육에 헌신해 모두를 반열에 올려놓고, 죽어서 이조판서에 추증된다. 막내아들 복일이 5세 되는 해에 부인이 사망한 것이 더욱 그를 팔 남매에 헌신하도록 만들었을 듯하다. 영양은 훌륭한 어머니 장계향과 아버지의 표상 김진이 노년을 보낸 땅인 것이 새삼스럽다.

정면 3칸 측면 1칸 돈간재는 대청을 좌우로 온돌방을 두었고, 대청은 판벽을 두어 마루방으로도 활용했고, 재사 우측 별도의 영역에 정면 4칸 측면 3칸 ㄱ자형 안채와 별도로 3칸 고방채를 배치, 전체로 ㄷ자형을 만든다. 안채는 2칸 대청 우측으로 사랑방과 좌측으로 안방과 부엌을 앞으로 내달아 ㄱ자형이다.

청계는 안동에 비해서 학문이 부진한 영양 현1리 부근에 영양남씨, 한양조씨, 재령이씨 등 폭넓은 유림의 힘을 모아 1578년 영산서당을 세워 학문을 일으킨다. 서당은 양란의 침체기도 거치다가 1655년에는 석계 이시명이 참여해 영산서원이 되고 1694년에는 사액서원으로 승격되었지만, 대원군 때 철거되었다가 최근에 복원된다. 1572년 김진의 영정이 보물 제1221호로 지정되어있고, 여섯 부자의 제향을 위해 세운 사빈서원이 안동에 있다.

벽산생가 청기면 상청리 290

벽산생가는 백촌 김문기의 15대손인 벽산 김도현의 생가이다. 사비로 검산성을 쌓고 동학란과 을미사변이 일어나자 1896년 봉화 청량산에서 의병을 모아 강릉을 비롯한 경북 일원에서 의병 활동하다가 일경에 1907년 체포되어 옥고를 치른다. 1909년 영양군 객사를 이용해 영흥학교를 세우며 교육 활동에 전념하다가 1910년 경술국치에 분노해 자진을 결심하였으나 미루다가 모친이 세상을 떠난 1914년 11월 영덕 상대산 관어대 아래 대진해수욕장 바다에 걸어 들어가 순국, 1962년 건국훈장 독립장에 추서된다. 하천 변 절벽을 활용해 쌓은 둘레 500m도 안 돼 보이는 소규모 검산성은 실전보다 훈련용에 가까워 보이는 구축물이라 할지라도, 절박한 정세에 한 개인의 목숨을 건 결의와 기개가 의연해 보이는 역사의 현장이다. 생가는 초가 대문채를 들어가서 정침은 정면 측면 4칸의 ㅁ자형 구조를 하고 있고, 중문의 우측에 단칸 외양간 그리고 좌측에 사랑채를 만들어 정면 2칸 온돌방과 뒤로 대청을 두어 안채의 건넌방과 연접시켰고, 안채의 2칸 대청 우측에 안방과 부엌을 중문 옆 외양간과 연결했다.

백촌 김문기는 1426년 문과에 급제해 영의정에 추증된 부친 김관이 뒤를 이었고, 1455년 세조 때 공조판서 겸 삼군도진무로 있으면서 단종복위 운동에 가담했으나 실패해 처형당한 주역의 한 사람으로 노량진 사육신묘역에 가묘로 안장된다. 단종 유배지 영월군수로 있던 아들 김현석에게 보낸 마지막 글이 뭇 사람의 심금을 울렸다. "… 향관은 하늘 끝에 멀고, 동시에 돌아가려 해도 못 하니, 세한풍설 가히 견디며 머물러라" 모든 것을 체념하고 아들 너라도 어려움을 견디고 살아남으라 했으나 평생 친히 따르던 부친과 함께 순절한다. 부자가 함께 영월 장릉 배식단에 올랐다.

입암 약수터

입암면사무소에서 양항리 약수마을회관을 향해 약2㎞ 가면 입암 약수터가 있고 약수 식당도 보인다. 철분과 탄산수가 함유되어 입안에서 톡 쏘는 맛이 느껴지는 약수는 소화기에도 좋다는 소문난 약수, 입암을 찾다가 한걸음 쉬어가기 적합해 보인다.

벽산 생가

두들마을 언덕 여성군자 고택

두들마을

　석보면 원리리, 남향을 바라보고 형성된 두들마을은 언덕 위에 있는 마을이라는 의미를 담고 있다. 이곳은 재령이씨가 영덕 창수면 인량리에서 1640년경에 옮겨와 집성촌을 이룬 곳으로 근래에는 유학자 석계 이시명으로 보다는 현모양처의 표상으로 떠오른 그의 부인 안동장씨 장계향으로 더 알려지게 된다. 마을 안에는 석계 이시명의 석계고택, 자손들과 유생을 가르치던 석천서당, 재령이씨 후손 이문열이 어린 시절을 보낸 석간고택, 석계의 4남 이숭일이 강학을 하던 광록정, 주곡고택, 유우당, 영감댁, 병암고택, 백천한옥 등의 전통 고옥과 함께, 장계향이 만년에 쓴 요리백과《음식디미방》과 연계해 근래에 지은 음식디미방 체험관, 전통주 체험관, 여중군자 장계향 예절관과 디미방 교육관 전시관 등이 모여 큰 마을을 이루고 있다.

　장계향은 안동에서 태어나 19세에 영덕 영해면 석계 이시명과 결혼, 43세까지 영해에서 살다가 영양 석보와 수비로 옮겨가며 75세까지 살았고, 83세까지 몇 년씩 안동 영덕 영양을 오기며 지니디기 영양에서 생을 마감한다. 자신이 솔선해 집 주위에 도토리나무를 심어 배고픈 이웃을 돕고, 석계 가문의 여식들에게도 부녀자의 덕목을 잃지 않게 146개 항목의 한글체 요리책《음식디미방》을 시력도 약해진 노령 70대

중반에 완성한다. "어렵게 쓴 책의 뜻을 알아서 이대로 시행하고, 베껴서 가되 가져갈 생각은 하지 말고, 잘 간수해서 쉽게 떨어지게 하지 말라"는 당부를 마지막 장에 적었다. 영양의 토속음식이라면 일월산 등지에서 채취한 산채정식이고 여러 곳에 식당도 있다. 그러나 한문을 모르는 부녀자들을 위해 한글체로 쉽게 쓴 디미방을 재현하는 약 오백년 전 반가의 음식을 두들마을에서 체험할 수 있다면 가격 불문이 아닐까 한다.

장계향의 부친인 유학자 경당 장흥효는 결혼 18년 만인 1598년 외동딸을 얻고 일찍부터 한학을 가르친다. 총명한 장계향은 소학과 시경을 포함해 배우는 것마다 모두 통달해 10대에 이미 학발사, 성인음, 소소음, 경신음 등의 시를 남겼다. 또한, 소동파의 시 적벽부를 어린 장계향이 초서로 쓴 것을 본 초서의 대가도 중국인의 친필 서체로 오인할 정도로 서예에도 뛰어났다. 10대 중반에는 문예보다는 살림 등 여자로서의 본분을 배우며 19세에 영덕군 영해에 사는 재령이씨 이시명의 후처로 들어가서 전처소생 남매와 자신의 6남 2녀 등 모두 10명의 자녀를 훌륭하게 키운다. 자신의 친모가 일찍 사망해 대를 이을 아들이 없던 부친에게 재혼을 권해 동생을 낳자 대를 잇게 했을 뿐 아니라 그 어린 동생까지 보살펴 준다. 거기다가 3남이었던 이시명의 두 형이 일찍 떠나자 종가의 맏며느리 역할도 맡게 되는 고생 끝에 차남 이현일이 사헌부 대사헌과 이조판서에 오르자 정경부인 품계를 받았다. 일찍이 이현일이

영전으로 받은 예물을 전해 받고도 "이 영화를 너의 아버지와 함께하지 못하는 것이 슬프다." 말하며 남편에 대한 무거운 존경을 나타낸다. 전처의 아들 이상일을 친자식같이 사랑하고, 불행하게도 먼저 보낸 두 딸과 1672년에는 친자 장남 휘일과 막내 운일을 잃은 슬픔 속에도 "돌아가신 부모님이 남긴 이 몸을 상하게 할 수는 없다"하고 몸을 굳게 지키며 남은 자식에게 부모 사랑을 실천한다. 아들들에게는 "글을 잘한다고 말은 듣지만, 나는 그를 귀하게 여기지 않고, 다만 선행을 했다는 말을 듣는다면 기쁘겠다" 한다.

주곡고택 석보면 원리리 354

주곡고택은 유학자 주곡 이도가 영양 주남리에 세운 것을 후손들이 1830년 두들마을에 옮겨 세운 것이다. 이도는 재령이씨 우계 이시형의 손자로 영덕 영해면 우계종택에서 태어나 영양으로 옮겨 이시형의 동생인 석계 이시명의 아들 갈암 이현일의 문하에서 공부하며 학통을 계승한다. 정면 4칸과 측면 5칸의 ㅁ자형 주택으로 중문간 좌측에 마구간, 우측에 1칸씩의 온돌과 대청으로 사랑채를 구성하고, 안채는 2칸 대청을 중심으로 좌우로 안방과 건넌방을 두었고, 안방과 중문채 사이에 부엌 그리고 건넌방 앞으로 마루방과 감실방이 사랑과 연결되어 ㅁ형을 완성한다.

🏛 석계고택 석보면 원리리 308

석계고택이 두들마을 중심에 자리하고 있다. 영덕 인량리에서 옮겨와서 석계 이시명과 부인 장계향이 살던 집으로, 후에 석계는 영양 수비면을 거쳐 안동 풍산읍으로 이사해 임종을 맞았으나 부인 장계향은 안동을 오가다가 이 집에서 운명한 것으로 보인다. 4칸 크기의 一자형 사랑채와 5칸 안채가 앞뒤로 배치되어 있으며, 사랑채는 중문 좌측으로 마구간과 고방을 두고 우측에는 각 1칸씩의 온돌과 마루방으로 구성되었고, 안채는 좌측으로부터 부엌, 안방, 2칸 대청, 상방을 두었고, 안방에 면하는 대청 후면에는 판벽으로 막아 고방을 만들었다.

🏛 광록정

두들마을 앞 화매천을 내려다보는 광록정은 석계 이시명의 4남 항재 이숭일이 건립해 여러 차례 중수를 거쳐 1926년 현재 모습으로 정리되었다. 정면 3칸 측면 1칸으로 가운데 대청 좌우로 온돌방을 두고, 전면 앞으로 반 칸 퇴를 두었고 밖으로 토담을 둘렀다. 이숭일은 백성을 접하는 지방관을 선호해 1692년 의령현감 때는 향약정규를 만들어 양민침해 행위, 민간 작폐, 향약을 벗어나 사적인 작계 행위를 금하는 등의 뜻을 펴, 사람들로부터 부처를 뜻하는 이불자로 칭송을 받았다.

주곡고택

석계고택

광록정

석천서당

석천서당은 이시명이 살았던 초가를 아들 이숭일이 후학을 가르치는 강학 공간으로 사용하던 곳이었으나 후손들이 1762년 석천서당으로 창건해 1771년 완공을 하고 그 후에도 여러 번 중

석천서당

수를 거쳐 지금에 이른다. 정면 4칸 측면 2칸으로 가운데 대청 좌우로 온돌을 두었고 평난간으로 3면을 둘렀고, 서당 우측으로 4칸 주사가 있다.

유우당

두들마을 유우당은 우계 이시형의 후손 재령이씨 의경 이상도가 1833년 건립을 시작하고 장자 이기찬이 완공해 그의 호를 따서 유우당이라 당호를 정한다. 석보면 주남리에 있던 것을 1919년 파리장서사건에 연서하고 건

유우당

국포장에 추서된 후손 이돈호가 현 위치로 옮겨 세웠다. 측면 6칸 정면 4칸 ㅁ형 정침의 안채가 정면 4칸인 반면 중문과 사랑채가 있는 정면

은 6칸이므로 전체로 보면 ㅁ자에 전면 1칸씩을 양 날개로 늘린 모습이다. 중문간 우측으로 사랑방과 대청, 좌측으로 외양간, 아랫방과 헛간으로 되어 있고, 안채는 2칸 대청 왼편으로 안방과 부엌이 아랫방과 연결되고, 대청 오른편으로 건넌방, 고방과 중방이 사랑채와 연접된다. 남향 경사지에 건물을 앉히기 위해 중간중간 석축 기단을 쌓아 대지를 조성한 탓에 우측 후면에 별도의 단칸 사당도 제일 높은 곳에 세워 돌계단으로 오르게 했다. 항일 학생활동을 하다가 퇴학도 당했던 일제강점기 저항 시인 이병각도 여기서 출생, 이육사 신석초와 어울리며 활동하다가 32세에 병으로 요절한다. 마을에 세운 그의 시비 "가을밤-뉘우침이여, 베개를 적신다, 달이 밝다, 베짱이 울음에 맞추어, 가을밤이 발버둥 친다, 새로워질 수 없는 내력이거든, 나달아 빨리 늙어라-" 일제 암울한 시기 달은 밝아도 어둡고 쓸쓸함이 배어난다.

석간고택

석간고택

항재 이숭일의 7세손 이수영이 19세기 후반 거주하던 석간고택은 정면 3칸 측면 1칸의 별채 석간정사와 정면 4칸 측면 5칸의 규모의 ㅁ자형 정침과 곳간채로 구성되어 있다. 중문간 왼편으로 온돌 그리고 오른편으로 마구간과 사랑방이 있고 안채는 2칸 대청 좌우로 안방과 건넌방을 두었고, 안방 앞 부엌 등을 중문채와 연결했다. 옆의 유우당과 담을 터놓았다.

광산문우

이수영의 5세손 이문열이 이곳에서 어린 시절을 보낸 연고로 인근에 2001년 문학연구소 광산문우를 개관해 수시로 문학 강연과 토론을 통해 문학도들과 소통한다. 젊은 날의 초상, 우리들의 일그러진 영웅, 변경, 사람의 아들 등의 소설과 삼국지, 수호지, 초한지를 통해 폭넓은 독자층을 갖고 있다. 부친의 월북으로 5남매가 모친의 생활력으로는 어려울 수밖에 없었던 젊은 시절을 이겨내며 쓴 소설의 탄탄한 구성과 문장력을 보면 재령이씨의 피를 속일 수 없는 모양이다. 젊은 날의 초상에서 나오는 "후회하기 싫으면 그렇게 살지 말고, 그렇게 살 거면 후회하지 마라."– 어머니의 엄한 꾸중과도 같은 평범한 말 한마디가 그 시대 방황이라는 성장통을 앓던 젊은 가슴들을 때리며 명언으로 남는다.

남악정 석보면 주남리 147

남악정은 장계향의 2남 갈암 이현일이 벼슬에 나아가기 전인 1676년 2칸 초가로 지어 남악초당이라 하던 곳에 1822년 후손들이 기와로 개축하고 후에 중수한 것이다. 3칸 대문채 안으로 정자는 정면 3칸 측면 1칸 반으로 중앙의 대청 좌우로 온돌방을 두었고, 전면에 반 칸 퇴칸을 두어 평난간으로 둘렀다. 대문채에 걸린 현판 홍도문弘道門은 숙종

의 어필이라 전해오는 데 있을 만한 표시는 없다. 갈암은 초시에는 합격했으나 42세인 1668년 부친이 바라던 과거에는 실패했다. 1672년에 친형 이휘일이 사망하고, 1674년에는 부친 이시명이 세상을 떠난 후, 뛰어난 학행으로 여러 차례 벼슬에 천거되었으나 거부했다. 그러나 50세였던 1678년 숙종의 신임을 받으며 공조정랑으로 본격적인 벼슬길에 들어 대사헌 이조판서 등을 지내기도 했으나 남인의 몰락과 함께 유배에 처하는 등, 그만큼 오랫동안 관직 추탈과 복권을 거듭한 논란의 인물도 역사상 없을 것이다.

　퇴계학파를 이끌며 이이학파의 사단칠정론을 비판하고, 무엇보다 숙종 때 인현왕후 폐위에 반대하고 폐출된 후에도 위험을 무릅쓰고 "스스로 하늘의 버림을 받았으나 그래도 왕후였는데 별궁에 모셔져야 한다"는 친왕후 간언 중에 엉뚱하게도 "죄는 있으나"로 해석도 가능한 한마디가 인현왕후 복위 후에는 반대파에 의해 독으로 돌아와, 사후에 복권되었다가도 반대 세력의 반격으로 추탈되는 - 거의 왕이 바뀔 때마다 번복되는 상황이 200년간 반복된다. 한 인물을 두고 죽어 부관참시와 진배없는 갈등으로 국력을 소진한 역사는 의외로 어지러운 조선말 1909년 시호와 관직 회복으로 정리된다. 퇴계학파를 완성한 학문과 명성도 정치라는 괴물 앞에서는 노리개에 불과한 모양이다.

만지송 석보면 답곡리

　천연기념물 제399호 만지송은 큰길이 있는 마을 중심부에서 400여 계단을 올라 산비탈에서 만날 수 있다. 무수히 가지를 뻗는 수령 400년에 이르는 반송으로 원래는 두 그루였지만 세월이 흐르며 한 나무로 연결되어 그렇게 폭을 넓게 가지를 낸 듯해 보이기도 한다. 지면 위로 낮고도 넓게 퍼져 수형이 아름다울 뿐 아니라, 건강한 수세를 지켜 군에서는 만지송 종자를 채취해 후계목을 키우고 있다. 어느 장군이 심으면서 이 나무의 생사가 나의 성공과 실패에 좌우된다는 말을 따라 주민들이 보호해왔고 그 덕택인지 지금은 오히려 주민들이 만지송의 보호를 받고 있다고 믿는다. 장수의 나무, 장군솔이라고도 달리 불리며 소원을 빌면 이루어진다고 믿는 신비한 반송이다. 비탈에 복스럽게 퍼진 가지 사이사이로 빠져나오는 오후 햇살의 광채가 만지송을 감싸준다.

광산문우

남악정

만지송

함양군

뛰어난 인물로 영남학파의 오른편에 선 자긍심

북쪽 남덕유산(1,507m)에서 백운산(1,279m)
을 거쳐 남쪽 지리산(1,915m)을 잇는 고산 준봉의 서쪽은 호남이고 동쪽
에 영남 함양군이 있다. 크게는 남덕유산과 지리산에 갇혀있는 분지형
으로 동쪽이 낮아지며 열리는 지형이고, 동서 폭 25㎞에 남북 길이 50
㎞로 면적이 넓은 편이지만 중앙으로 1,200m급 황석산 거망산 대봉산
등이 이어져서 농경지가 10% 남짓에 불과하다. 남북으로 길다 보니 호
남의 무주, 장수, 남원, 구례와 영남의 거창, 산청, 하동 사이에 끼어있
는 형세이다.

　　호남을 경계로 하는 산악분지 지형에서 모이는 물은 모두 동쪽으
로 흘러 남강에 합류하게 되는데 함양읍의 북쪽 백운산에서 발원한 위
천과 서쪽 삼봉산 일대에서 흘러오는 구룡천이 함양읍에서 만나 남강
으로 향하고, 지리산에서 시작한 물길은 한신계곡-백무동계곡과 지리
산 최대의 칠선계곡으로 각기 흘러 절경을 만들다가 엄천강(임천)이 되

어 산청 쪽 남강으로 흐른다. 남덕유산에서 시작한 물길도 용추계곡과 화림동계곡으로 흐르다가 안의면을 거쳐서 남강으로 흐른다. 함양에는 그만큼 아름답고 깨끗한 청정계곡이 많고 특히 남덕유산에서 안의면으로 뻗은 약 20㎞ 화림동계곡에는 맑은 물과 기반암을 배경으로 빼어나게 아름다운 정자들이 자리해 청정 자연과 역사문화와의 어울림이 어떤 것인지를 알려준다.

가야-신라-후삼국-고려-조선 시대를 거치는 역사의 흐름은 소백산맥의 동쪽 특히 낙동강의 서쪽 경상우도의 다른 지역과 거의 같이한다. 신라 때 함성군 등으로 칭하거나 최치원이 군수로 있을 때 불리던 천령군은 백제와 경계 지역으로서 밀고 밀리는 전선이 후백제까지 계속되는데 백운산의 동쪽 산자락에서 신라군의 주둔 흔적이 간혹 발견된다고 한다. 안의(안음)현이 오랜 세월 지금의 함양군 서상면, 서하면, 안의면과 거창의 3개 면을 관할했으나 1914년 함양과 거창을 중심으로 행정 개편되어 지금의 안의면으로 정해진다. 함양에서 나거나 함양을 거친 인물이 많다. 신라 때 최치원과 조선 때는 1471년 김종직, 1482년에는 대사간에 이른 최한후, 1484년 김종직의 제자 조위, 1643년 대제학 정홍명, 그리고 함양읍 동쪽 안의현감으로 1494년 일두 정여창과 1792년 연암 박지원이 괄목할 만하다. 명불허전의 인물들은 역시 백성을 위해 많은 노력을 기울여 훌륭한 업적도 이루며 인연을 남긴다. 최치원의 흔적은 함양읍 중심에 치수를 위해 조성한 상림 숲으로 남아 있고, 김종직은 백성들에 부과하는 터

무니없는 차茶 세금을 관에서 조성한 차밭으로 해결해 주고, 박지원은 청나라에서 보고 온 물레방앗간 등을 만들어 소개, 작은 듯 큰 일에 세심한 정성을 백성에게 기울인 목민관의 덕망과 지혜로운 자취가 남아있다. 조선 성리학 계보 중심축에 있는 김종직과 그의 제자로 동방오현 문묘에 종사 되는 정여창 등의 자취도 선비의 고장임을 대변한다. 상림 역사인물공원에 세워진 흉상을 통해 알려지는 함양의 인물들은 이들 외에도 두문동 72현 덕곡 조승숙, 일노당 양관, 개암 강직, 의재 문태서, 옥계 노진과 뇌계 유호인 등이 있다. 좌안동 우함양이라는 말이 허언은 아닌 듯, 함양의 인물들이 안동에 비견된다.

고운孤雲이 조성한 상림上林에 가득한 평화와 유산

그 옛날 함양읍 중심을 흐르는 위천은 강변을 넘치는 잦은 범람으로 홍수 피해를 주었다. 신라 최치원이 천령군으로 불리던 함양에 태수로 부임해서 홍수 피해를 줄이려고 치수 사업을 벌여 들쑥날쑥한 강변에 제방을 만들어 물길을 모으는 한편, 강둑의 유실을 영구적으로 막기 위해 호안림 숲을 조성한다. 당시는 대관림으로 부르며 길이도 길어

상림 산책로

서 상-하림으로 구분했지만, 지금은 길이 1.6㎞에 폭이 80-200m 약 6만여 평이 남아서 상림으로 불리고 있다. 상림 완공 후에 최치원의 모친이 산책하러 나갔다가 뱀을 만나 매우 놀랐다는 얘기를 전해 듣고, 효심이 깊은 그가 유해충이 다시는 이 숲에 나타나지 말라 외쳤다는 전설이 사실이라는 듯 상림에는 뱀이나 해충이 없다고 한다. 북쪽의 백운산 등에서 옮겨 심은 나무는 주로 활엽수종으로 120여 종 약 2만 그루에 이른다. 상림공원 안으로 산책을 하다 보면 역사가 담긴 유적으로 함화루, 사운정, 척화비, 문창후 최선생 신도비, 금호미 다리 외에 근대에 조성한 역사적 인물들의 비석과 동상이 있고, 수생식물과 홍련 백련 수련 등의 2만 평에 가까운 대단위 연꽃밭, 물레방아간과 고운광장 등이 다양하게 조성돼 역사문화 융합 공원이 되었다.

상림에서 필봉산을 돌아 내려오는 약 5㎞ 연장의 순탄한 둘레길은 최치원 산책로다. 상림 주차장에서 출발한다면 상림을 거쳐 대덕저수지-필봉산-한남군묘소-함양박물관을 일주하는 코스로, 실제 최치원이 필봉산을 올라 다니며 상림 관망을 즐기지 않았을까 상상이 가는 길이다. 산책로를 따르다 보면, 혜빈양씨 소생의 세종 11남으로 단종복위 역모에 금성대군과 함께 연루되어 마지막 유배지인 함양에서 젊은 나이에 병사한 비운의 한남군 묘소도 만난다.

🚗 최치원 역사공원

함양읍 교산리 함양문화예술회관 뒤편, 상림공원과 연결되는 산록 약 6천 평 부지에 최치원 선생 역사공원을 조성, 고운의 영정을 모신 사당을 포함해 사료 전시관 그리고 누각을 세웠다. 돌계단을 올라서 고운루를 통해 들어가면 좌우로 상림관과 역사관이 마주하고 있고, 다시 계단에 올라서면 내삼문 안으로 영정을 모신 고운 기념관이 있다. 돌에 새겨진 인백기천 人百己千 네 글자가 찾는 사람을 한순간에 숙연하게 만든다. 천재 최치원도 자신을 다잡는 "다른 사람이 백번을 노력하면 나는 천 번을 노력한다." 일생의 좌우명은 노력 없이 대박을 꿈꾸는 이들을 매섭게 꾸짖는다. 고운의 발자취가 전국 여러 지역에 산재해 있지만, 천년 상림과 학사루에 어울리는 역사의 재현이 함양을 찾는 이들에게 최치원의 발자취를 상기시킨다

최치원은 12세에 당나라로 유학 가서 17세에 당의 빈공과에 급제해 관직을 지내다가 귀국해 당과의 외교문서나 조정의 주요 문서를 작성하는 직책 등을 거친다. 그러나 골품제 6두품의 한계를 벗어나지 못하고 함양군수 등의 외직으로 돌다가, 통일신라 말기 어지러운 정세 속에서 더 이상의 뜻은 펴지 못하고 가야산 해인사와 지리산으로 잠적, 이후의 기록은 안타깝게도 남아있지 않다. 879년 당나라 때 난을 일으켰던 황소가 읽고 너무 놀라서 침대 아래로 떨어졌다는 〈토황소격문〉의 기개는 28세에 큰 꿈을 갖고 귀국할 때 지은 시에서 다시 한 번 드러난다.

돛 달아 바다에 배 띄우니, 큰바람 만 리에 통하네…
해와 달은 끝없이 먼 곳에 있고, 하늘과 땅은 태극 중에 있네…

중국 주석이 한중 외교 석상에서 인용했던 시 〈범해泛海〉의 일부이다. 경주최씨의 중시조요 한학의 시조로도 보는 대 문장가의 가슴이 큰 꿈으로 가득한 느낌이다. 그러나 골품제 현실의 한계에 낙망해 남긴 시 증산승贈山僧에서 꿈이 컸던 만큼 실망도 컸고 그의 잠적은 이미 예고된 듯 느껴진다.

스님 청산이 좋다고 말하지 마오, 산이 좋다면서 어찌 다시 나오시나,
훗날 내 발자취를 보오, 한번 청산에 들면 다시 돌아오지 않을 것을.

최치원 역사공원

아직도 중국 양주시에서는 최치원 기념관을 지어 매년 추모하고 있다 한다.

🚗 사운정

상림 역사공원 모현정은 1906년 유림에서 고운 최치원 선생을 추모하기 위해 세워 상징적으로 이름을 했지만, 후에 고운을 더 직접적으로 표현하는 사운정으로 개칭한다.

정면 3칸 측면 3칸에 견고한 난간을 두르고 아래는 돌기둥으로 받치는 누마루 형식을 취해, 돌계단으로 오르게 했다. 팔작지붕 아래 돌기둥이 낮아 무거운 느낌을 주기도 하지만, 오히려 중량감을 줘 위엄을 보이기도 한다.

사운정

최치원의 시호로 내려진 문창후文昌候 최선생신도비는 1923년 경주 최씨 문중에서 군수로 부임해 군민을 위해 베푼 최치원의 선정으로 이룬 업적을 기리기 위해 세운 것이다. 귀부에 비신을 세우고 이수를 놓은 전형적인 신도비이다.

🚗 한남군 묘역

한남군의 생모 혜빈 양씨는 훗날 문종이 된 병약한 세자를 보살피던 중 세종의 눈에 들어 후궁이 되고 한남군 수춘군 영풍군 세 아들을 둔다. 세자빈이 단종을 출산하고 사망하자 세종은 마침 셋째 영풍군을 낳은 혜빈에게 단종을 맡긴다. 세종 사후 문종 때 관례에 따라 출궁했다가 단종 즉위 후에 단종의 부름으로 입궁해 단종을 옆에서 어머니처럼 보살핀다. 그러나 세조의 단종 폐위와 영월 유배 후, 단종복위를 위해 금성대군과 역모했다는 이유로 한남군 영풍군 형제를 각기 유배에 처했는데, 한남군 이어는 금산과 아산을 거쳐서 세조 2년 함양에 이배되어 1459년 병사하고, 사육신 박팽년의 사위이기도 했던 셋째 영풍군은 1456년 유배지에서 살해된다. 세조의 지시로 내려진 유배지 통제와 감시는 성한 사람도 오래 견디지 못할 정도로 삼엄했던 듯하다. 한남군의 유배지 휴천면 한남마을 앞 새우섬과 상림 인근의 교산리 한남군묘역은 단종애사의 또 다른 단막으로 우리에게 슬픔을 안긴다. 엄천강 속에 갇혔던 새우 모양의 작은 새우섬은 여러 번의 홍수로 육지화되었으나 한남 마을 사람들은 슬픔 역시를 지키려는 듯 코스모스를 심기도 했으나 여전히 침수, 황폐되 새우섬 복원을 계획하고 있다.

한남군 묘역

🚙 함화루

객사 등 관아를 둘러쌌던 함양읍성은 3개의 문루가 있어서, 동쪽에 제운루, 서에 청상루와 남쪽에 지리산을 바라보는 망악루의 삼문이 있었는데, 일본 강점기 읍성이 철거되며 유일하게 망악루만 독지가의 노력으로 이전

함화루

되어 상림 숲속에 함화루 현판을 하고 서 있다. 문루라 하면 누 아래에 성문과 벽체 일부도 있어야 하지만 옮기면서 비교적 높은 기둥만을 그대로 사용한 듯, 훤칠한 모습의 정자형 누각으로 변형되어 있다. 누하주는 다듬지 않고 높고 굽은 원형 기둥을 그대로 유지한 것으로 보이는데 계단을 통해 오르는 2층 계자난간은 문루의 변형으로 보인다. 김종직이 군수 시절에 지리산이 한눈에 들어온다고 하여 이름을 했던 망악루에 올라 지리산을 바라보며 경건한 마음에 시구를 남긴다.

> 망악루에 올라서 다시 보니 무안하구나,
> 산신령도 다시 더럽힐까 두려워
> 흰 구름 시켜 곧 문을 굳게 닫는구나.

🚗 이은리 석불

상림 숲속에 이은리 석불이 호젓하게 산책하는 사람들을 한순간 정숙하게 만든다. 1950년경 위천 냇가에서 발견되어 옮겨 놓은 석불은 이은리에 있었다는 망가사望迦寺의 유물로 추정하고 있다. 광배를 갖추고 나발 없는 민머리에 육계가 올려진 단정한 머리, 많이 훼손된 얼굴, 두 손과 하반신을 잃은 입상으로 조금은 빈약한 상반신만 남아 자연석 좌대 위에 모셔져 있다. 광배와 한 개의 돌로 만들어졌는데 부러진 양팔 속이 빈 것을 보면 앞으로 내민 양팔을 별개의 돌로 만들어 끼워 맞추기 방식이었던 듯하다. 타원형 광배에 연화문으로 두광을 만들었고, 머리 주변으로 연잎과 꽃무늬를 신광에 넣었다. 비록 하반신과 양손은 잃었어도 주민들은 애정으로 석불을 지키고 석불은 상림의 역사를 지키고 있다.

🚗 교산리 석조여래좌상 함양읍 교산리 217

함양중학교 교정에 보물 제376호 교산리 석조여래좌상이 3층 교사를 옆에 두고 서쪽 하늘을 향해 있다. 고려 때 석불로 1.5m 대좌에 앉은 약 2.5m 좌상으로 전체 4m 높이 큰 불상이다. 세월 풍상에 마멸과 훼손이 심해 광배가 떨어져 나간데다가 두부 왼쪽과 오른손에서부터 무릎과 대좌까지 크게 잘려나갔고, 왼쪽 어깨에서 팔이 파손된 것을 겨우 붙여 놓는 등, 상처투성이 석불이 보물로 지정된 이유는 충분히 있을 것이다. 연화문을 한 하대, 안상을 새겨 넣은 중대와 연꽃을 넣

이은리 석불

교산리 석조여래좌상

은 상대가 불상을 굳게 받히고 있고, 목의 삼도, 가슴과 등으로 세심하게 주름을 넣은 법의, 마모가 심해도 길고 큰 귀, 작은 입술과 반쯤 감은 눈-얼굴에 비치는 온화하고 부드러운 미소와 건강한 상체가 균형을 잘 이룬다. 불상은 어디서 옮겨온 것인가. 만일 이 자리가 절터였다면, 대웅전이나 부속 건물 등이 분명 남향을 하고 있었을 텐데 어떻게 불상만 서향하고 있는지. 교실에서 창밖으로 옆모습을 매일 보며 어떤 감성을 키울까. 또 어른이 되어 되돌아본다면 어떤 감회가 일어날지, 마멸과 훼손이 심한데도 보물로 지정된 근거는 어디 있을지, 더 깊이 돌아보게 만든다.

🚗 하미앙와인밸리 죽림리 817-7

상림공원에서 약 10㎞ 떨어진 죽림리 삼봉산(1,187m) 북사면 해발 약 4-500m 산허리에 있는 하미앙와인밸리가 산간 특산물인 머루로 와인을 만들어 보통 머루주와는 다른 맛으로 먼 여행에 예상 못 했던 즐거움을 선사한다. 20여 년 전에 창업, 프랑스를 연상시키려 했던지 함양을 세 글자로 늘려 만든 이름 하미앙에 걸맞게 모든 건물도 빨간지붕의 지중해풍 외관에 실내도 아기자기하게 꾸몄다. 치즈돈까스, 피자, 스테이크와 양식이 거북한 사람을 위해 메밀국수나 산채비빔밥을 곁들인 레스토랑, 오크통 숙성 동굴, 족욕체험장과 농장 산책도 자유롭게 개방한다. 하미앙 스위트와 스페셜 등의 레드와인과 머루즙 등을 현장 판매 또는 통신 판매도 한다.

관찰사의 시를 불태워 버린 군수

🚌 학사루

　신라 때 창건되어 최치원이 태수 재직 때 자주 올랐던 함양읍 운림리 학사루學士樓는 말 그대로 최치원을 지칭하는 누각으로 함양을 찾는 사람은 누구나 찾아 의미에 젖어보는 곳이다. 경상도관찰사가 된 유자광이 함양에 사는 인척을 찾아 함양에 오게 되는데, 평소 그를 싫어하던 함양군수 김종직이 소식을 접하고 자리를 피해 함양읍 위천 건너편 이은대吏隱臺로 떠나버리고, 군수 부재중에 유자광은 상림을 돌아보고 절경에 감탄해 시를 지어 학사루에 편액을 걸고 떠난다. 후에 김종직이 새로 걸린 편액에 화가 나서 떼어버리고, 서얼 출신으로 평소 열등감이 있던 유자광은 그 사실을 전해 듣고 김종직에 대한 증오가 커지고, 끝내는 무오사화에 김종직을 연루시켜 부관참시라는 처참한 복수를 한다. 학사루는 원래 조선 시대 객사에 포함되어 지금의 함양초등학교 자리에 있었으나 일제강점기 읍성을 철거하며 객사도 훼손돼 지금의 자리로 1979년 이전된다. 초등학교 안에는 김종직이 어린 아들을 병으로 잃고 심었다는 500년 함양 학사루 느티나무가 천연기념물 제407호로 보호받고 있다.

🚗 이은대

이은吏隱은 관리 김종직이 몸을 숨겼다는 뜻 아닌가. 위천 건너편 작은 언덕 이은대에 서면 상림에 연결된 함양읍을 내려다보는 경관이 훌륭하다. 유자광을 피해 찾았던 이은대 자리에 주민들이 김종직을 기리기 위해 산 사람을 모시는 생사당生祀堂을 짓고 제를 지내던 곳이 무오사화 때 파괴되었고, 일제강점기에는 신사를 지어 참배를 강요하던 자리가 되었다가 해방 후 주민들에 의해 파괴되고, 한국전쟁 후에 호국영령을 기리는 충혼탑이 선다.

🚗 함양향교

함양읍 교산리 함양향교는 1398년 태조 7년에 세워져 임진왜란 때 소실된 것을 중수한 것으로 보고 있다. 고려 때 경학을 가르치던 소소당昭昭堂의 후신으로 보기도 한다. 홍살문을 지나 누각형식의 삼문 태극루를 들어서 마당 좌우로 정면 3칸의 동재와 서재 그리고 비교적 높은 계단을 올라 정면 5칸 측면 2칸의 당당한 모습의 명륜당, 그 뒤로 내삼문을 들어서 마당 좌우로 동무 서무, 그리고 또다시 돌계단을 올라 정면 3칸의 단아한 대성전이 있다. 태극루는 정면 3칸 측면 2칸이며 누마루 이레로 외삼문을 만들었가. 누마루에는 용도기 궁금한 큰 북이 걸려있다. 부속 건물로 명륜당 영역에 고직사와 내삼문 안으로 전직사와 제기고 등이 있다. 한양에서 멀고도 먼 산간분지에서 조선 때 소과 200여 명과 대과 80여 명의 합격자를 배출했다.

학사루

이은대 충혼탑

함양향교

🚗 송호서원

함양읍에서 서쪽, 병곡면 송평리에 있는 송호서원은 1830년 성주이씨 고은 이지활을 배향하기 위해 세워져 1832년에는 유배 왔던 세종의 11남 한남군 이어와 이지활의 손자 이지번을 추향하게 되었으며 서원철폐령으로 훼철되었다가 1936년 복원된 것이다. 이지활은 14세 약관에 사마시에 합격해 18세에 운봉현감이 되고 21세 때 단종이 폐위되어 유배당하자 관직을 버리고 함양의 백전면으로 내려와 백화당을 짓고 지내다가 사후 순조 때 정려가 내려지고 고종 때 이조판서에 추증된다. 이지활은 대제학과 이조판서를 지낸 이비의 아들이고, 손자 이지번도 현감과 군수를 거치다 연산군의 폭정과 사화에 낙망해 낙향한 것도 조부 이지활을 닮았다. 홍살문을 지나서 태극문양을 한 솟을외삼문으로 들어서면 동으로 협실 집의재-거경재, 중앙으로 정면 4칸 측면 2칸의 서원이 있고 내삼문인 승사문을 지나면 세분을 모신 정면 3칸의 경앙사가 있는 단출한 서원이다.

"기울어진 달만 임과 나를 비추네. 외로이 정자에 기대 눈물을 흘리네…[東來殘月兩鄕心]" 이지활이 인근 거창 박유산에 망월정을 지어 말년을 보내며 남긴 충절 시에 젊은 선비의 고고한 절의가 절절하게 넘친다. 신라가 망하고 고려기 개국하자 박유朴儒가 말뚝산(712m)에 은거하며 고려의 부름에 응하지 않고 지냈다고 해서 박유산으로 불리게 되었다. 박유산에 있던 망월정은 관리가 어려워 거창읍 동변리로 이건되었다.

송호서원

청계서원

남계서원

청계서원과 남계서원 수동면 원평리 699-1

　남계천변 길가에 청계서원과 남계서원이 이웃하고 있다. 청계서원은 김종직의 제자로 무오사화 때 불과 34세에 희생당한 김해김씨 탁영 김일손을 기리기 위해 세운 서원이다. 성종 때 문과에 급제해 춘추관 사관으로 성종실록을 편찬할 때 세조 찬탈을 비판한 스승 김종직의 조의제문을 사초에 실은 사실을 유자광 이극돈 등이 연산군에게 문제로 제기, 무오사화에서 처형을 당하고 결국은 스승 김종직에게도 그 화가 미치게 된다. 다른 각도로 보면 유자광과 김종직의 악연이 유자광의 개입을 초래해 확대되었을지도 모를 일이다. 중종 때 신원되고 승정원 도승지로 추증되어 명예를 회복했지만 강직한 젊은 사관의 어이없는 요절이다. 1495년 공부하던 청계정사 자리에 1906년 유림에서 유허비를 세우며 서원 건립을 결의하고 1921년 준공해 청계서원으로 했다. 홍살문, 솟을외삼문, 서재 역가재와 동재 구경재, 강당은 대청 애락당 좌우로 동덕재와 병의재 방을 두었고 내삼문 안으로 청계사가 배치되어 있다. 김일손은 거문고를 사랑해 1490년 오동나무를 구해 거문고 탁영금을 만들고 손수 타며 즐겼다. 500년이 넘는 탁영금이 악기로서는 유일하게 보물 제957호로 지정되어 대구 박물관에 보관되어있고, 그가 출생한 청도에서는 매년 탁영금 축제를 열고 있다.

　왼편 청계서원보다 규모가 큰 남계서원은 정여창 사후 48년이 되고 소수서원 건립 10년 후가 되는 1552년 남명학파와 유림이 뜻을 모아 하동정씨 일두 정여창의 학덕을 추모하기 위해 세워졌다. 1566년 명종 때 남계 사액을 받아 사액서원이 되고 정유재란 때 소실되었다가 1612년 현 위치에 중건할 때, 창건을 주도하고 초대 원장을 지낸 함양인 진주강씨 개암 강익과 동계 정온을 추가로 배향한다. 소수서원에 이은 두 번째로 오랜 서원이며 1871년 서원철폐령에도 살아남은 소위 신미존치 서원의 하나로 불리는 전국 47개 서원 중의 하나이다. 흥선대원군도 일두를 존중해서 그가 내린 서원철폐령에도 남계서원은 예외였다. 2009년 사적 제499호에 오르고, 유네스코 세계문화유산으로 지정된 국내 9개 서원 중의 하나가 된다.

누마루 형식의 외삼문 풍영루를 들어서서 돌을 쌓아 만든 좌우 두 개의 연못 마당 왼편을 빗겨서 남계 묘정 비각, 그리고 반 누각 형식 동재 양정재-애련헌과 서재인 보인재-영매헌이 마주하고, 정면으로 4칸 강당 명성당은 중앙에 2칸 대청과 양 끝으로 작은 방 거경재와 집의재로 구성한다. 옆으로 장판각 그리고 가파른 계단을 올라 내삼문, 안으로 3칸 사우와 전사청이 엄숙한 분위기이다.

일두를 숭모하던 초계정씨 동계 정온은 안음현에서 출생해 41세인 1610년 문과에 급제했으나 광해군의 인목대비 폐모에 강하게 반대해 1614년부터 약 10년 동안 제주도에 귀양살이했고, 인조 때에는 병조참판과 대사헌을 지내며 병자호란에서 척화를 주장하다가 인조가 끝내 항복을 하자 자결을 시도할 정도로 분개하고 낙향해 덕유산 골짜기에서 모옥을 지어 은거하다가 생을 마감, 숙종 때 영의정으로 추증된다. 개암 강익은 정온의 외삼촌이다.

다른 사람들에게 이가 못 되는 나는 한 마리 좀벌레

하동정씨 일두 정여창은 18세에 부친이 평안도 의주판관으로 부임할 때 따라가서 마침 중국 사신을 만날 기회를 얻는다. 사신은 일두의 영특함을 보고 "너[汝]는 가문을 창성할 인물이 될 것"이라 이름을 지어주며 사람이 이름을 귀하게 하지 이름이 사람을 귀하게 하지는 않는다는 당부를 남긴다. 그의 행적과 언행은 선승을 떠올리게 할 정도로 매우 맑고 겸허한 일생을 보여준다. 이시애의 난에서 전사한 부친의 공으로 그에게 내린 벼슬은 부친이 전사한 공에 자식이 누릴 일이 아니라 거부하고, 모친상에 효행을 들어 군수가 내린 목관은 백성을 힘들게 하는 일이고 원망은 모친에 돌아간다고 사양한다. 그리고 모친이 생전에 백성에게 곡식을 빌려주며 기록한 장부는 모두 불태워 버린다. 효행으로 참봉에 천거되었으나 실제로 효행이 적었는데도 잘못 알려진 것은 주위 사람들과 임금을 속인 것과 같으니 죽어도 용서받을 수 없는 죄인이라 하며 오히려 벌을 청했다. 겸양의 사양이 받아들여지지 않자, 이왕에 가야 할 벼슬길이라면 떳떳하게 나서겠다고 나선 문과에 급제해 늦은 41세에 관직에 나가 세자시강원 설서와 안음 현감 등을 지낸다.

그러나 무오사화 때 김종직의 문인이었음을 이유로 먼 함경도 종성에 유배 가서 54세에 병사하고, 불행은 죽어서도 이어져 갑자사화로 절친 김굉필이 사사될 때 부관참시를 당하고 중종의 반정 후에 복권되고 우의정에 추증된다. 두드러진 벼슬을 하지 않았음에도 1610년 이황, 김굉필, 이언적, 조광조와 함께 동방5현으로 문묘에 종사되며 명현으로 추앙을 받는다. 농부가 무더운 여름과 추운 겨울에 가꾼 곡식을 취하고, 장인이 어렵게 만든 기구를 사용하고, 군인이 갑옷과 병기를 들고 지켜줘 편히 사는데, 다른 사람들에게 도움이 되지 못하는 나는 한 마리 좀벌레 일두―蠹일 뿐이다.

🚗 일두 정선생지묘

우명리 승안사지 3층 석탑 옆으로 난 돌계단을 따라서 오르면 능선 상단에 처참한 부관참시의 현장인 일두 정여창의 묘소가 이제는 모두 지나간 옛일이라는 듯 남향으로 햇볕을 받으며 자리하고 있고 정경부인 완산이씨 묘소

일두 정선생지묘

도 있다. 정여창이 부친을 잃은 슬픔에 한동안 머물렀던 승안사 부지 안에 모친의 묘를 쓰려하니 처음에는 반대가 있었다 하는데 옆의 정여창 묘의 부관참시와 연해서인지 승안사는 폐찰의 길에 들었다 한다. 묘소는 문인석, 석등, 8각 석주, 석양 그리고 동계 정온이 비문을 쓰고 귀부와 이수부의 정교한 조각이 돋보이는 신도비가 묘역을 지키고 있다.

승안사지 수동면 우명리 263

일두 정여창의 묘소 옆 승안사지 昇安寺址에 석조여래좌상과 보물 제 294호 승안사지삼층석탑이 있다. 신라 시대 양식을 이어받은 고려 시대 석탑으로, 2층 기단에 3층의 탑신을 올렸다. 우주와 탱주를 둔 기단 사방 면마다 2구씩 모두 8구의 불상, 보살, 비천상을 조각하고 방형의 위층 갑석은 독특하게 복련을 두텁게 새겼는데 한 귀퉁이가 떨어져 나간 부분을 새로 맞추어 넣었다. 1층 탑신에는 우주를 새기고 네 면에 사천왕상을 양각했고, 네 개의 옥개받침을 둔 옥개석은 지붕 경사를 급하게 했지만 네 귀가 들려있지 않아 무거운 느낌을 준다. 상륜부 노반과 복발 위로 크게 파손된 앙화가 보인다. 두 번을 옮기며 1962년에는 1층 탑신 원형 사리공에서 원통형 사리함과 사리병, 비단 주머니와 유리구슬 등이 발견되었는데 그중 비단 주머니 속 한지에 1494년 성종 때 중수 사실이 표기되었다고 한다.

석탑 옆에는 오른팔을 잃은 승안사지 석조여래좌상이 크기에 비해 답답한 전각 안에 있다. 하반신이 땅속에 묻히고도 상반신 높이만 3m에 육박하는 거대한 불상으로 오랜 세월에 전체 형체가 분명하지는 않지만, 가분수의 큰 얼굴과 이마에 백호, 큰 눈과 큰 코, 그리고 가볍게 미소를 머

승안사지 석조여래 좌상

승안사지 삼층석탑

금은 일자 입술 등의 건강한 모습에서 밝은 긍정의 힘을 확인할 수 있다. 삼도가 없는 목에 금이 간 채로 머리가 얹혀 있고 오른팔은 떨어져 나간데다가 가분수 얼굴과 좁은 어깨의 비례, 땅속의 하반신까지 상상해 보면 균형감이나 예술감은 떨어지는 편이나, 하반신을 찾아낼 수만 있다면 상상은 크게 벗어난 것일 수도 있는 예단 금물의 호기심이 숨어 있다.

🚗 하동정씨 구충각 수동면 우명리 353

승안사지 입구에 있는 하동정씨 구충각은 1728년 영조의 정통성을 부정하며 일으킨 이인좌의 난에 동조해 안음현에서 이인좌의 동생 이웅보와 함께 거병했던 정희량에 대항해 싸운 정여창의 7대손 정희운과 그의 아들 정중헌, 사헌, 상헌과 일가 인척 등 모두 9인의 충절을 기려 나라에서 정려한 비각이다. 이인좌는 청주읍성과 상당산성을 점령한 후 영호남 지역 동조 세력의 지원을 받아 한양으로 진격할 계획이었으나 관군에 패하고, 함양, 합천, 거창 일대를 점령하고 북상하려던 정희량은 중부를 평정한 관군이 영남에 이르기도 전에 대부분 진압된다. 무신년에 일어난 무신난이 영조에게는 대단한 충격이어서 난이 진압된 후에 승리한 관군을 맞으러 숭례문루에 직접 나가는 등 광범위한 포상과 처벌이 이루어진다. 그 여파로 안음현은 1729년 폐현이 되어 거창과 함양에 분리 복속이 되었다가 1736년 복현이 되었지만, 경상우도 일대는 상당 기간 피해를 감수해야 했다. 7세 여아가 출산한 해괴한 사건으로 산음山陰군이 1767년 산청군으로 명칭이 변경될 때에 안음安陰현도 역란에 동조한 세력의 중심지였던 전력을 이유로 안의安義로 바뀐다. 일두를 숭모하고 신도비를 썼던 동계 정온이 그의 고손 정희량이 반역에 동조하고 정여창의 후손들과 칼끝을 겨눈 대적을 알았다면 지하에서 통곡했을 일이다.

🚌 개평마을 일두고택

지곡면 도숭산 아래 개평마을은 일두고택을 위시해 하동정씨와 풍천노씨 등의 약 60채 한옥이 개울을 끼고 모여 있는 곳이다. 지세가 개介 자 형이라 해서 부르는 개평마을은 물 위에 뜬 배 형상의 지형이라서 우물을 파면 가라앉는다는 풍수설에 따라 제한된 수만 팠다고 하는데, 마을을 끼고 흐르는 개천의 물도 맑고 풍부해 보인다. 아직도 때가 묻지 않은 돌담길 너머 단아하게 들어선 한옥들이 인위적으로 조성한 민속 마을만큼이나 정연하다. 이 중에서 드라마 촬영지로 이름 높은 정여창의 생가 일두고택은 국가민속문화재 제186호로 단연 돋보인다. 전통 사대부 고택으로 보존 상태가 좋아서인지 《토지》의 최참판댁을 위시해 〈다모〉, 〈왕이 된 남자〉, 〈미스터 선샤인〉 등 다수의 촬영지로 각광을 받았다. 11살에 홀로 남겨져 빼앗겼던 만석 재산을 되찾는 《토지》의 최서희는 명석하고 냉정한 판단력, 집념과 야심으로 풍운을 헤쳐 나가면서도 반가의 피를 이은 기품과 도도함을 한시도 잃지 않았다. 인기 장편 드라마의 영상이 아직도 잔영으로 뇌에 남아 있는지 고

하동정씨 구충각

일두고택

택 안채 마당에 서니 그 고귀함과 위엄이 절로 몸을 휘감는 느낌이다.

　　마을 중심에서 넓게 자리한 일두고택은 일두의 생가터에 일두 사후 17세기에 안채가 세워지고 약 150년간 늘려나가다가 1843년경 사랑채와 대문채가 마지막으로, 모두 10여 동의 건축물이 전통 한옥의 품위를 지키며 자리하고 있다. 사랑채가 세워지기 전까지는 지금의 중문채로 들어가서 정면 4칸 안곳간채, 3칸 아래채, 정면 8칸 측면 2칸 안채, 정면 5칸 측면 2칸 광채, 4칸 안사랑채, 그리고 제일 뒤에 사당이었다. 후에 밖으로 정면 6칸 측면 2칸 ㄱ자 누각형 사랑채와 6칸 곳간을 짓고 4칸의 솟을대문채를 지은 것으로 보인다. 그래서 안채를 들어가려면 대문채를 들어가 사랑채 옆 협문을 지나 5칸 중문채를 다시 들어서야 안채가 보인다. 안채 구역 아래채는 안주인의 객이나 자식의 출산 등을 위한 듯하고, 별당형 안사랑채는 따로 부엌과 대청 등을 두어 별도의 목적으로 이용한 것 같다. 사랑채 앞마당에 흙을 돋우어 만든 작은 석가산을 정원 일부로 꾸몄다는데 세월이 흐르며 많이 훼손된 모습이다. 대문채 솟을대문 상단에 충효정려패가 5개나 걸려있고, 사랑채 안팎으로 걸린 여러 개의 편액 중에는 추사가 썼다는 백세청풍이 있고, 대원군이 썼다는 큼지막한 충효절의忠孝節義 네 글자도 크게 차지하고 있다.

　　마을에 있는 솔송주문화관은 하동정씨 문중에서 대대로 내려오는 비법의 솔송주를 생산 소개한다. 40도 급의 증류주 담솔도 있지만 솔향이 진한 13도 솔송주가 자랑이다.

🚗 우명리 정씨고가 수동면 우명리 777-1

소가 우는 형상의 지세를 유래로 하는 수동면 우명리牛鳴里, 한옥 체험 숙박이 가능한 우명리 정씨고가는 앞의 구충각 주인공인 일두의 7대손 정희운이 우명리 효리마을에 정착해 8형제를 키워 그 중 5째 정지헌이 1723년 분가해 초가 4칸으로 출발했던 곳이다. 19세기 말 정지헌의 고손 정환식이 증축하며 정면 4칸 솟을대문간채, 우진각 지붕 아래 우측 1칸을 중문으로 둔 정면 5칸 바깥사랑채, 중문 안으로 들어서면 안마당을 중심으로 정면 5칸 측면 2칸의 一자형 안채와 2칸 안사랑채, 곳간채가 사랑채 후면을 보고 ㄷ자 배치를 하고 별도의 담장 안으로 사당이 있다. 소가 재산목록 상위였던 옛날에 소가 이집 저집에서 울었다면 부촌이었을 법한데, 실제로 마을에 부농이 많았다는 얘기도 전해온다.

🚗 오담고택

조선 후기의 건축양식을 잘 보여주는 개평마을 오담고택은 정여창의 12대손 오담 정환필이 분가하며 1838-1840년에 걸쳐 정면 4칸에 양쪽 끝에 반 칸 툇간을 더한 사랑채와 정면 5칸 측면 2칸에 역시 양쪽으로 반 칸 툇간을 늘리고 가섭지붕 없은 안채를 지었다. 10년 전에 복원해 세월의 때를 입지 않은 말쑥한 외관으로 전통 한옥의 소박하면서도 의연한 모습이고 종가에서 분가하며 효율적인 구조와 배치를 하고 있다. 또한, 건축 당시 변화하는 시대 상황에 맞춰 맞배지붕 박공에 달아

낸 눈썹지붕이나 건물 앞뒤로 툇간을 만드는 등의 기법에서 학술적 관심을 두기도 한다. 제2차 천주교 박해인 1839년 기해박해에서 보듯이 당시는 천주교와 실학사상이 생활과 의식에 영향을 미치고 있던 시기인 만큼, 주거 양식도 종가의 전통을 빗겨서 현실과 실용성을 찾아 서서히 움직이던 시류가 느껴진다.

🏠 교수정 지곡면 개평리 142

고려말의 문신으로 절의를 지킨 두문동 72현의 한사람 함안조씨 덕곡 조승숙이 낙향해 후학을 위해 1398년 지은 교수정이 둥근 암반 위에서 지곡천을 보고 서 있다. 하동정씨 모친을 두고 함양에서 태어나 정몽주의 문인으로 21세 때 문과에 급제해 1391년 부여감무를 지내다가 다음 해 고려가 망하고 조선이 건국되자 36세에 고향으로 돌아온다. 그가 중국에 사신으로 갔을 때 그의 재능을 발견한 황제가 최치원도 받은바 있었던 자금어대紫金魚袋를 내려 중국에서도 알려진 인물이 되었고, 굳이 외직을 청해 부여감무로 내려갈 때 임금은 귀한 침향궤를 내려 "너의 강직함이 이 나무 같다. 강호에서도 나라를 잊지 말아 달라." 한다. 오랫동안 후학을 가르치며 세운 교수정은 정면 3칸에 측면 2칸으로 좌로 방 두 개와 우측으로 대청을 둔 정자로, 여러 개의 둥근 암석을 끼고 선 소나무 숲속에서 세월을 이기고 옛 멋을 보여준다.

함안조씨 시조이자 고려의 개국공신이었던 조정의 11세손으로 고

우명리 정씨고가

오담고택

교수정

려의 멸망을 지켜봐야 했던 덕곡의 심정은 특히 남달랐을 듯하다. 정자에 걸린 편액의 고사리와 국화를 뜻하는 미국微菊 두 글자는 고사리를 먹으며 은둔한 백이숙제와 국화를 사랑한 도연명의 충직한 절의를 의미할 듯하다. 또한, 정자 입구 성종이 내린 글귀 수양명월율리청풍首陽明月栗里靑風 비문 또한 수양산에 숨어들어 고사리로 연명하다 세상을 떠난 백이숙제와 벼슬을 버리고 율리에 은거하며 자연을 벗 삼은 도연명을 인용한 칭송으로, 비록 함양 태생 뇌계 유호인의 대필이었어도 성종의 꿈과 이상이 은연중 배어난다.

목은 이색과 야은 길재와 교유하며, 길재와 주고받은 시도 전해온다. "한양사는 지인이 내 소식을 묻거든, 대숲 깊은 속에서 누워 글 읽는다 전해 주오.…" 조승숙의 시에 길재는 "부귀는 매우 힘들고 빈천은 괴로운 것, 조용히 살아가는 재미를 누구와 이야기하리오.[富貴多勞貧賤苦 隱居滋味與誰評]" 부귀와 빈천 모두를 힘들고 괴로운 것으로 생각하는 학문의 깊이는 또 어떤 길을 가리키는가. 밖에서 보면 높고 견고한 토석벽에 둘러싸인 교수정이 그 길을 알려 줄까. 성종은 시서화에 뛰어난 유호인을 아껴서 노모를 위해 관직을 떠나는 아쉬움에 "있으렴 부디 갈다 아니 가든 못할쏘냐"로 시작하는 아름다운 시 〈있으렴 부디〉를 손수 지어 이상을 그리는 군신의 모습을 보였다.

변강쇠에 변을 당해 슬픈 목장승

🚗 벽송사 입구 목장승

벽송사 입구 작은 전각 안에 다른 어느 곳에서도 볼 수 없는 한 쌍의 독특한 모습의 벽송사 목장승이 찾는 이들의 눈을 번쩍 뜨게 만든다. 민머리에 왕방울 눈과 뭉툭한 코를 한 호법대신과 불에 탄 듯 갈라진 안면 한쪽에 왕방울 외눈을 한 금호장군 한 쌍이 무서운 얼굴을 하고도 친근감을 보이려는지 익살스러운 표정을 보인다. 1910년대 초에 참나무로 제작되었다는데 일주문과 천왕문이 없는 벽송사에서 미리 맞는 사천왕상 역할을 수행하는 듯하다. 험상궂어도 친근감을 주려 하고, 익살을 보이면서도 위엄을 보이고, 기형이면서도 익숙한 면도 보이고, 거칠면서도 세심한 표현이 엿보이는 목장승은 매우 독창적이고도 파격의 미를 보인다. 거기다가 머릿속이 날아간 채 왼쪽 외눈만 갖고도 수호의 의지를 강하게 내보이는 금호장군은 앞으로도 수백 년은 더 곁을 지킬 듯한 결기를 보인다.

벽송사 목장승

재미있는 설화가 전해 내려온다. 변강쇠와 옹녀가 지리산 자락 함양 마천 땅에 자리를 잡고 살게 되는데 산에 나무하러 가기도 귀찮은 강쇠가 목장승을 뽑아 땠다 한다. 노한 우두머리 장승의 보복으로 강쇠가 죽는다는 가루지기타령의 현장을 알고 보면 처연해 보이는 모습의 목장승이 은연중 암시하는 듯하다. 함양읍에서 마천으로 넘어가는 오도재 정상 아래 작은 변강쇠 옹녀 소공원 인근에 테마공원도 검토한다는데 어떻게 벽송사 목장승이 주는 무한한 상상과 오묘한 감상을 뛰어넘을지 궁금하다.

🚌 벽송사

마천면 추성리 벽송사는 경내 삼층석탑을 기준으로 볼 때 빠르게는 신라 말경에 세워졌다가 스러져 오랫동안 폐허로 남아 있던 자리에 1520년 벽송 지엄선사에 의해 창건된 것으로 본다. 후에 서산대사, 사명대사, 응윤, 상민 등 많은 조사가 정진하던 도량으로, 화두로 통해 수행한다는 간화선看話禪을 크게 진작시켰다. 1704년 실화로 소실 된 후 지안대사가 중건하고, 1850년 중수도 했지만, 한국전쟁 때 인민군 야전병원으로 사용되다가 다시 소실돼 10년 뒤 1960년 중건된다. 전쟁의 피해를 겪으면서도 원응스님 등의 꾸준한 복원과 보수를 통해 청허당, 안국당, 선원, 간월루, 종루, 원통전, 산신각 등 제 모습을 찾아가고 있다. 원통전 뒤로 오르면 석축 아래 있는 도인송을 향해 기울어 선, 벽송사의 자랑 팔등신 미인송美人松이 지키는 보물 제474호 삼층석탑이 보물다운 모습으로 나타난다. 탑이 있는 상단에 있던 전각들이 소실되어 지금의 하단에 중건해 옮겨가고, 기원하면 미인 되고 미인을 낳는다는 미인

송과 삼층석탑만 남아 멀리 지리산 전경이 한눈에 들어오는 넓은 터를 지키고 있다. 보광전에 모셔진 아미타삼존불상이 불행하게도 2001년 도난을 당해 관세음보살상만 남게 되어 원통전으로 바뀌어야 하는 아픔도 안고 있다.

한 일화가 마음을 붙든다. 1889년 말 열반을 앞둔 서룡 상민스님이 제자들을 불러 그믐에 떠나겠다고 알리지만 제자들이 바쁜 날이니 늦춰 달라 하고, 막상 정초가 되어 떠나겠다 하니 불자들이 많이 찾는 날이라고 다시 늦춰 달라 해서, 초사흘이 지나서야 "이제 떠나도 되느냐" 물으며 홀연히 떠나며 명언을 남긴다. 지무생사知無生死, 증무생사證無生

원통전 뒤 미인송이 꼿꼿한 도인송을 향해 기울어 있다

死, 용무생사用無生死 – 해탈을 하려면 생사가 없다는 이치를 깨닫고 활용도 할 줄 알아야 한다고 말한다. 그렇게 사는 듯, 죽는 듯 고요하게 떠나고 또 보내는 사제지간의 모습은 실로 아름다운 이별 아닌가. 그는 조선 중기 대학자 김장생의 8세손으로 17세에 출가해 법랍 60세에 열반한다.

벽송사 삼층석탑은 지대석 위에 상하 2층 기단을 두고 삼층의 탑신과 옥개석을 올리고 노반과 복발이 남아 있는 상륜부로 구성, 전체적으로 단아하고 각 부재 간의 비율과 역할이 명쾌하게 균형 잡힌 모습을 하고 있어

벽송사 삼층석탑

신라 양식을 따른 조선 시대 탑으로 보고 있다. 기단 상하는 모두 우주와 탱주를 두었고, 삼층의 탑신 모두 우주를 간결하게 만들었고 옥개석은 1-2층은 4단, 3층은 3단 받침을 두었고 처마의 끝을 경쾌하게 들어올려 작지만 경쾌한 모습을 보인다.

🚌 서암정사

벽송사 오르는 초입에서 왼편 길로 오르면 입구 양편 석주에 "천강만 갈래 물도 큰 바다에 이르면 같은 맛" 글귀가 서암정사의 새로운 세계로 이끈다. 우측 석벽에 새겨진 사천왕상 앞 돌계단으로 올라 대방광

문을 지나면 별천지의 시작이다. 아亞자형 지붕을 하고 적색과 황금 단청을 한 화려한 대웅전과 역시 화려한 단청의 범종각을 지나 아미타불 주존의 석굴법당 극락전은 정교한 조각으로 또 다른 세상을 보여준다. 주존불 외에 팔보살, 십대제자 법장비구 등 일일이 알아보기 어려운 보살상들이 석벽에 병풍처럼 조각되어 있다. 암반을 파내고 물을 막아 만든 연못, 사자굴, 용왕단, 석벽에 조각으로 만든 비로전과 산신각 등 단단한 화강암 석각이라고 믿기 어려운 수준의 정교한 조각이다. 지리산 영봉들이 한눈에 보이는 암벽 중단에 들어선 서암정사는 넓지 않은 부지에 보이는 모든 암석과 석벽에 굴을 내거나 조각을 해서 언뜻 무질서하게 보이기도 하지만, 주변의 산세와 다양한 숲에 어울리게 빈틈없이 채워져 삼라만상의 세계를 연출한다. 한국전쟁 후에 벽송사 재건에 힘을 쏟았던 원응스님이 전쟁 희생자의 원혼을 달래려고 조성했다는 화엄정토의 세계는 현대 불찰의 새로운 형식으로 변화를 찾는 듯하다.

자칫 쓸모없어 보이는 석벽에 자리를 정한 것이 불과 30여 년 전, 실제는 1989년부터 10여 년간 집중적으로 불사를 일으켜 오늘에 이르렀다니 경이로운 일이 아닐 수 없다. 10년을 머물며 이렇게 암벽을 진흙처럼 주물러 그 속에서 부처를 햇볕에 내놓은 사람은 누구인가, 불교 예술의 혼이 만든 현장에서 많은 사람이 감탄한다. 2012년 완공했다는 대웅전 단청도 보통의 사찰에서 보는 녹청색계 단청이 아니고 특이하게도 적색계 단청으로 매우 화려한 옷을 입혔다. 오행설에 따라 오방색을 사용하는 조선 시대 단청이 청색이 주도하는 청색계 단청이라면 서암정사는 금색을 입히고 고려 때 주류였던 홍색계 단청을 사용해 화려함이 눈부시다.

🚌 안국사

햇빛이 산그늘을 깊게 드리우는 오후, 마천면 금대산(847m) 높고 가파른 산길을 무리하게 차를 몰고 올라 안국사 마당에 내린다. 마당에 서서 햇볕을 등에 받고 발아래 멀리 펼쳐진 들을 내려다보던 노승이 문득 정적을 깨고 나타난 객을 미소로 맞아 주신다. 안국사는 656년 신라 행우조사가 창건해 쇠락해 가던 사찰을 15세기 초 조선 태종과 세종 때 왕실의 비호를 받던 고려 최충의 후손 행호조사가 중창하고, 정유재란에 피해를 입어 중건되고, 한국전쟁으로 소실되어 1963년부터 중창이 이어진다. 경상남도 유형문화재로 목조아미타여래좌상, 팔각원당형 은광대화상 부도탑, 안국암 승탑 등이 있다. 불상은 미소를 머금은 얼굴에 코의 높이가 일정해 원통형에 가깝고, 아무 장식 없이 평평한 가슴은 더 건강해 보이며 손박한 법의에 맞춰 주름도 굵고 단순하게 처리했고, 두 손을 무릎 위에 편하게 올려놓은 수인은 중품하생인이다.

행호는 지리산을 떠나 세종에 의해 판천태종사와 판선종사에 이르며 효령대군을 불심으로 이끌고, 이태조가 신덕왕후를 추모해 한양 지금의 정동에 세웠던 흥천사 재건을 위해 잠시 머물 기도 하지만 숭유억불을 주장하던 성균관 유생들과 신하들과의 마찰로 다시 내려오고 만다. 마찰의 중심에 있었던 불우헌 정극인을 유배에 처할 정도로 세종의

서암정사 입구

서암정사 석굴법당 극락전

안국사
목조아미타여래 좌상

실망이 컸었지만, 결국 왕실과 거리를 두지 않을 수는 없었을 것이다. 어려운 환경에서 불교의 명맥을 위해 고행 아닌 고행을 하던 노승의 꿈은 아직도 옛 모습을 찾지 못한 채 휑한 마당에 맴도는 바람인 듯 느껴진다.

🚗 금대암

안국사에서 금대산을 조금 더 오르면 나타나는 금대암은 안국사와 같은 시기에 세워진 소속 암자로 행호조사에 의해 운명을 같이하며 이어져 왔고 한국전쟁에 소실되었다가 중건되었다. 신라 도선국사, 고려 보조국사 지눌과 조선 서산대사로 이어지는 수도 수행이 구전으로 전해오고 있는 경내에는 자연 암반을 기단 삼아 올려진 3층 석탑, 작지만 섬세한 문양의 동종과 신중탱화가 경남 문화재자료로 등록돼 있고 하늘 향해 곧게 뻗은 500년 거대 전나무 한 그루도 기념물이다. 공덕을 가장 많이 쌓은 사람만을 위한 자리 금대金臺의 속칭, "금대지리金臺智異" 석벽에 앉은 무량수전 마당에 서면, 멀리 지리산 모든 봉우리가 병풍처럼 둘러서 하늘에 가득, 지리산을 조망하기에 제일인 함양 8경 금대가 과장이 아니다. 하봉 중봉 천왕봉 제석봉 연하봉 영신봉 칠선봉 덕정봉 최소 1500m는 넘어야 눈에 띄는 봉우리들이다. 1489년 일두 정여창과 찾은 김일손의 기행문에는 20여 명의 스님이 정진하던 규모 있던 도량이었다 하나 지금은 무량수전, 고승들의 자취가 느껴지는 금대선원, 기도하면 반드시 이루어진다[祈禱者 必遂願]는 전설의 나한석상 5

위가 모셔진 나한전 등이 벼랑을 깎아 만든 좁은 마당에 들어서 있다. 보조국사 지눌은 누구신가 - 승보사찰 송광사에서 고려 말 불교 정화운동 수선결사를 일으킨 지눌은 선종과 교종을 통합하고 정혜쌍수와 돈오점수를 밝힌 큰 스님 아니신가.

금대암에서 내려오다가 오른편으로 보이는 남해 다랭이 논을 닮은 함양 다락논 전경은 금대산을 찾은 특별한 보너스이다. 가을에 황금색으로 채워진 계단식 다락논을 보고 CNN이 한국에서 꼭 보아야 할 비경 50선의 하나로 선정했다. 산비탈 경사지에서 논을 만들려니 계단식 외에는 달리 방법이 없어 만든 다락논을 보고 이색적인 풍광으로 감탄하게 되는 것이 고된 농사에 대한 보상이 될까.

🚗 덕전리 마애여래입상 덕천면 덕전리 766번지

덕천면 덕전리 고담사 옆, 보물 제375호 덕전리 마애여래입상은 거대한 화강암 벽에 부조로 조각한 입상의 불상으로 6m가 넘는 높이에 대좌와 광배를 갖춰 조각되어 비교적 원형을 잘 유지하고 있다. 통일신라 후기 형식을 따라 고려 초기에 만든 것으로 추정하고 있으며 올려다보는 시각에서 상체보다 하체가 길어서 팔등신으로 보이고, 불상 외곽을 연주와 불꽃무늬로 두르고, 도드라지게 주름을 잡아 법의가 두툼하고 무거워 보이기도 한다. 육계와 머리 나발이 선명하고, 반쯤 감은 눈은 속세에 달관한 표정이고, 신체와 비교 해 손이 매우 작으나 연화대 위의 다섯 발가락 맨발이 튼튼하게 지탱하고 있다.

🚙 용유담

지리산 천왕봉 줄기 북사면의 아름다운 한신계곡, 백문동계곡과 칠선계곡의 폭포와 물줄기가 모여서 엄천강으로 흐르며 만든 용유담은 비록 옆으로 난 도로로 신비감을 잃었지만, 여전히 깊이를 잃지 않고 있다. 크고 작은 암석들이 열을 맞춰 인도하는 물길이 용유교 쯤에서 깊어져 용 9마리는 충분히 살았을 법해 보인다. 옛날 마적대사 심부름 갔던 나귀가 강 건너에서 소리를 질러 도착을 알리고 건네주기를 기다렸지만, 장기에 몰두하고 있는데다가 공교롭게도 갑자기 아홉용이 싸우는 소리에 나귀의 울음소리를 듣지 못해, 기다리다 지친 나귀가 바위로 변해버렸다. 이에 화가 난 대사는 장기판을 부숴버렸고 그 장기판 부스러기도 바위 조각으로 흩어져 버린다. 나귀 바위와 장기판 바위가 있다는데 쉬 눈에 들지 않는다. 김종직이 군수로 있을 때 용에게 비를 청하는 기우제를 지낸 곳이기도 하다.

금대암
나한전 나한석상

덕전리 마애여래입상

용유담

안주인 이름도 당당한 개량식 전통한옥

🏠 허삼둘 가옥 안의면 허삼둘길 117

국가민속문화재 207호 허삼둘 가옥이 안의면 금천리 소가 누운 형상이라 부르는 쇠부리 마을 중심, 멀리 기백산과 가까이 동산을 뒤로 하고 마을 앞으로 금호강으로도 불리는 남강이 흐르는 배산임수 최적지에 자리하고 있다. 1918년 지역 토호인 윤대홍이 재력가인 허씨 문중의 부인 허삼둘과 함께 지은 탓인지 안주인을 각별히 배려한 개량형의 배치와 구조를 보인다. 솟을대문 채를 들어서 바깥 행랑채를 지나고 다시 사랑채를 지나서 우측으로 안행랑채 문을 들어서면, 우측으로는 사랑채의 뒷면이 되고 좌측은 곳간이고 정면으로 ㄱ자형 안채가 있다. 각 건물 사이는 담장으로 구획해 사랑채, 안채, 곳간, 안행랑채 만으로도 ㅁ자 구조 배치라서 바깥행랑채나 사랑채 정면에서는 안채가 보이지 않는다. 겹집 구조형식을 취한 안채는 ㄱ자형으로 왼쪽은 정면 3칸에 오른쪽은 정면 4칸으로 독특하게 중앙의 ㄱ자로 꺾인 부분에 부엌을 만들고 앞마당에서도 부엌에 바로 들어갈 수 있도록 꺾인 곳에 쪽문을 두었다. 가운데 쪽문 왼쪽으로 3칸은 2칸 방과 1칸 방으로 하고, 오른쪽은 중앙에 문을 달은 이중구조의 대청을 두고 방을 나누었다. 정면 8칸 一자형으로 했다면 가운데 부엌을 둘 수가 없겠지만 ㄱ자로 만들고 부엌을 가운데 숨겨 넣은 기발한 착상에 감탄할 뿐이다. 사랑채는 ㄴ자형에 누마루를 돌출시켜서 T자로도 보이며 좌우 끝으로 난간을 만들

어 멋을 취했다. 바깥 행랑채도 거의 작은 사랑채로 활용을 할 수 있을 정도이고, 바깥 행랑채와 사랑채 앞으로 넓고 큰 마당은 작은 운동장 크기 나대지로 초기에는 정원을 꾸미었을 것으로 보인다. 토호 세력과 재력의 결합이 안의현 중심에서 이루어진 상징물처럼 보이기도 한다. 2004년 방화로 의심되는 불에 기둥과 서까래 등이 타서 복원된 탓인지 외관이 깔끔하다. 대도시 중심에서 문화재에 방화하는 세상에 먼 지방 유적이 언제까지나 제 모습을 지킬 수 있을지 걱정이 든다.

허삼둘가옥, ㄱ자 안채 가운데가 부엌 쪽문

🚌 안의향교

안의면 안의향교는 후암사 옛터에 1473년에 창건되어 정유재란 때 소실되었고, 1607년부터 중건이 되었으나 앞에서 얘기한 바와 같이 1729년 영조 때 이인좌의 난에 동조한 정희량의 난으로 안의현이 폐현

안의향교 재천루

되자 자연히 폐교되었다가 1731년 안의현이 복현된 후, 1736년 중건이 되었다. 1816년 보수를 시작으로 19세기에 꾸준히 중수 중건을 거치고 한국전쟁 후에도 1976년 중수 등을 통해 현재 모습을 갖춘다. 문루 형식의 외삼문 재천루在川樓는 정면 3칸 측면 2칸이고, 안으로 동재 화우재는 정면 5칸으로 중앙 1칸 대청을 두고 양편으로 2칸은 방이고, 마주한 서재 출곡재는 정면 4칸으로 동-서재가 보통보다는 큰 규모이다. 반면에 명륜당은 정면 3칸과 측면 2칸으로 대청 2칸과 1칸 방으로 구성된 작은 규모이고, 뒤로 내삼문을 들어서 정면 3칸 측면 2칸의 대성전이 있으나, 넓은 마당에 보통의 동-서무는 없다. 명륜당 동편에 제기고가 따로 있다. 독특한 이름의 재천루는 공자가 물가에서 얘기했다는 "자재천상왈子在川上曰"에서 인용했다는데 밤낮을 쉬지 않고 흐르는 물에 대해 후대 학자들의 해석이 분분하다. 세월이나 일생에 어떤 의미를 부여하고 있는지 머리가 무거워진다.

🚗 광풍루

안의면 금천리 남강변에 있는 광풍루는 1412년 창건하며 선화루라고 이름을 했고, 1425년 이건했다가 1494년 현감으로 부임한 일두 정여창이 중건을 하며 광풍루로 개칭, 화창한 봄날 부드러운 바람이 되어 선정을 펴겠다는 일두의 애민정신이 읽히는 누각이다. 정유재란 때 소실되었다가 1601년부터 복원과 중건을 거치다가 최근에 도로 문제로 옆으로 20m, 뒤로 10m 옮겨진 지금의 광풍루는 정면 5칸 측면 2칸의 2층 누각으로 팔작지붕에 겹처마로 우람한 모습을 보여준다. 현감 이-취임식 등의 의식을 행하거나 정자 역할을 하며 송시열이 시를 남기기도 한 곳인데 글을 좋아하던 연암 박지원도 1792년 정조 때 현감으로 부임해 찾던 곳이다.

🚗 법인사 안의면 금천리 177-3

안의면 중심가 좁은 터에 자리한 법인사는 2층의 누각 문을 통해 들어서 극락보전에 보물 제1691호 목조아미타여래좌상과 보물 제1731호 감로왕도가 보존된 곳이다. 목조아미타여래좌상은 무학대사가 은신했었다는 전설의 용추계곡 폐찰된 은신암隱身庵에서 옮겨왔고, 감로왕도는 원래 앞이 남대암에서 제작되어 안국암에 봉인되었었던 것이라고 전해진다. 임진왜란과 병자호란 양란의 시기는 한양과 지방의 많은 가옥, 서원, 사찰 등이 파괴되어 소재와 장인들의 수요도 급격히 늘어나던 시기이다. 그러한 시기에 조각승 영규와 조능이 1657년 조성한 것으로 알려진 목불좌상은 통나무가 아닌 접목 방식으로 머리, 몸통과 다리 세 부분을 각기 다른 목질을 사용해 협력 조각하고, 쇠못 등으로 결구하며 수개월이 걸려 완성한다. 오른손은 손등을, 왼손바닥을 하늘로 한 하품중생인 손가락은 가늘고 섬세하고, 결가부좌한 무릎이나 넓고 둥근 어깨와 상반신을 가볍게 처리하고 법의와 주름 등의 선은 굵고 단순하게 처리해 자연스러운 모습이다.

18세기 초에 활동하던 세 명의 화승이 참여한 법인사 감로왕도는 상단에 구름을 타고 내려온 일곱 여래와 좌우로 관음과 지장보살 등과, 중앙에 천도 제단을 둘러싼 스님과 아귀, 하단에 일상의 삶과 죽음을 민화 형식으로 표현한 것으로 전해진다. 감로왕도는 불교, 유교와 조선 토속신앙 사상이 융합되어 인간의 일생과 죽음 그리고 사후세계를 담은 독특한 불화형식으로 망자의 혼도 천상의 감로주를 받아 구원을 받는다는 사상을 담는 것이 보통이다.

지금의 법인사를 포함한 인근 안의초등학교, 파출소, 광풍루 일대는 안의현의 동헌 객사 등 옛날 안의현 관아가 들어섰던 자리로, 《열하일기》의 반남박씨 연암 박지원이 연행 중 중국에서 발견한 새로운 문물을 실현하려 했던 의욕의 산실이 아니었을까 추정된다. 1792년 부임해 약 3년간을 현감으로 지내며 물레방아나 농기구를 실용화시키려 했고, 중국식 벽돌을 사용한 객관 백척오동각, 하풍죽로당과 기타 인상각, 공작관 등 기록은 있으나 흔적이 없어 법인사의 정문인 종각루 등도 관아 일부가 아니었을지 윤곽으로 추측하게 한다. 연암이 세웠던 건물들이

광풍루

법인사

남아있다면 조선 유일의 벽돌식 관아형식으로 시대의 변화를 보여주는 좋은 실례가 될 텐데 아쉽기만 하다. 북학파의 거두 연암은 읍성도 벽돌로 지을 수 있다는 생각을 갖고 있었는데 우연인지 수원 화성이 벽돌을 주재료로 1794년 착공된다. 양반전이나 예덕선생전을 통해서 양반보다는 분뇨를 나르더라도 성실한 노동으로 분수를 지키고 공과 덕을 감추는 실용적인 삶을 칭송했고, 긴 가뭄에 사재를 털어 구휼에 앞장섰던 연암이 안의를 떠날 때 현민이 세우려던 송덕비도 막았다.

🚗 심원정

　용추계곡으로 가는 길, 지우천 청심담 거북바위에 기둥을 내리고 선 심원정은 거제부사를 지낸 초계정씨 돈암 정지영을 기리기 위해 후손들에 의해 1558년 상류 쪽에 초가로 지었으나 임진왜란 때 소실되고 1770년 중수를 했지만 1842년 또다시 화재와 풍수해로 유실되고 말았다. 1845년 지금 위치로 7세손 정복운 등 후손들이 이건, 1948년 중수 이후로도 보수가 이어져 오고 있다. 사방이 열린 정면 3칸 측면 2칸 누각으로 자연 암반 위에 다듬지 않은 목제 기둥이 받치고 있고 팔작지붕 네 귀를 활주를 세워 무게를 덜어주고 있다. 화려하게 단청을 한 내부 천정의 충량을 여의주를 문 청룡과 물고기를 입에 문 황룡을 조각해 마주했다.

🚗 용추사

안의면 지우천으로 흐르는 용추계곡 깊은 상류에 용추폭포가 있고 그 곁에 용추사가 있다. 487년 신라 각연대사가 세운 장수사와 부속 암자들이 한국전쟁에서 소실되자 용추암으로 추정되는 암자 자리에 1959년 복원을 하며 용추사가 된다. 일주문이 가리키는 장수사는 신라 원효와 의상대사를 비롯해 조선의 무학, 서산, 사명대사 등의 고승들이 수도한 명찰로 알려져 있다. 세월의 위엄을 보이는 지름 1m 이상 두 기둥이 받치는 화려한 다포계 팔작지붕의 육중한 일주문 "덕유산 장수사 조계문"은 1702년에 건립된 것으로 옛 장수사의 위상을 말한다. 용추사는 화려한 단청의 대웅전과 삼성각, 원목 색이 진한 명부전, 원음각, 범종각, 최근 만들어진 매끈한 삼층석탑, 문화재 보호각 등으로 복원이 계속되고 있다. 명부전 지장보살상을 중심으로 한 삼존불상과 좌우 5구씩의 시왕상 등 모두 13구는 1694년 제작된 사실이 복장기를 통해 밝혀져 있고, 경내 보호각에는 18세기 작품으로 보는 각연대사 무학대사 서산대사 사명대사 등의 영정과 천룡탱이 보관돼 옛 장수사의 역사를 지키고 있다.

🚗 용추폭포

수자상 아래로 내려가 명승 제85호 용추폭포에 다가서면 폭 25m 용소의 푸른 물빛과 회색 암벽 위를 타고 흰 거품을 내며 쏟아지는 15m 물줄기가 내는 물소리에 압도된다. 폭포에서 더 올라가면 계곡 끝 용추자연휴양림에서 숙박과 기백산 황석산으로 등산도 할 수 있다.

용추사

용추폭포

한국의 대표적 정자 로드 화림동계곡

남덕유산에서 발원한 맑은 물길이 안의면으로 길게 이어지는 화림동계곡은 함양의 자랑이다. 천변의 수림이 어우러진 비교적 평탄하고 넓은 계곡에는 풍부한 수량의 맑은 물이 기반암 하상 위로 흘러가며 너럭바위와 흩어진 암석 사이로 흰 물결을 만든다. 예로부터 화림동천 절경을 따라서 팔정팔담이 늘어섰다 하는데, 초입의 농월정을 지나서 세 개의 동호정, 군자정과 명승 86호 거연정이 남아서 남도 정자의 보고임을 보여 준다.

🚗 농월정

화림동계곡 초입 농월정은 한잔 술로 물에 잠긴 달을 잡으려 한 이태백을 연상하게 해 달밤에 찾으면 더 멋있겠지만 비 내리는 정오 물 건너에서 보는 풍경도 훌륭하다. 2003년 화재로 소실돼 2015년 복원된 탓인지 세월의 때가 묻은 멋은 없지만 월연암月淵岩이 새겨진 너럭바위 앞쪽, 바닥을 드러낸 암반 위로 흐르는 물에 비친 전경은 쉬 형언이 되지 않는다. 20세에 증광시 병과에 급제해 임진왜란 후 사헌부지평, 합천군수를 지내고, 광해군 때 영창대군과 인목대비에 대한 직언으로 삭탈관직을 당했으나 인조 때 다시 등용되어 충청도관찰사 예조참판을 지낸 척화파였다. 삼전도의 굴욕을 보고 낙향해 1637년 농월정과 종담서당을 짓고 은거하며 강학을 하다가 도승지 등에 또 다시 제수되기도 했다. 400년 지나며 정자의 모습은 변했겠지만 폭넓은 너럭바위 물길과 어울리는 절경은 변함없이 아름답다. 안의면 월림리 방정마을에 있는 종담서당은 후학을 위해 정면 5칸 측면 2칸으로 지었고, 안으로 신도비가 있다.

농월정

🚗 황암사

    1597년 정유재란 때 전라도 남원과 전주로 진출하려는 왜군 중에서 가또가 이끄는 약 2만여 명이 덕유산 육십령을 가로막는 서하면 황석산성을 공격한다. 안의현감 곽준과 막 퇴임한 전 함양군수 조종도는 노구에 불구 싸움을 이끌며, 군-관-민-남-녀를 막론한 기천여 명으로 항전, 창칼도 모자라 투석전 육탄전의 처절한 전투 끝에 도망자들이 성문을 열어주는 바람에 사흘을 겨우 버티고 처참한 패배를 당한다. 전투 참가 인원을 500여 명으로 기록하고 있지만 많게는 수천여 명이 참전해 절반이 사상을 입었다고도 한다. 두 아들과 함께 곽준도 전사하고 조종도도 목숨을 잃고 그의 부인과 가족이 자결한다. 적의 칼을 맞느니 절벽으로 뛰어내리며 순절을 택한 이름 없는 선열을 모신 황암사가 사적 제322호 황석산성 산자락에 있다. 숙종 때인 1714년 사당을 짓고 순절한 선열들의 원혼을 달래는 위령제를 지내다가, 일제강점기에 헐려

황암사

2001년에야 사당을 복원한다. 홍살문을 지나 돌계단을 올라서 충의문을 들어가면 황암사가 맞는다. 진주 남원 등 장군이 이끄는 큰 전투는 알아도 산간 마을의 수령이 이끄는 전투에서 백성들이 흘린 피를 역사는 얼마나 기억하고 있을까. 아름다운 정자를 찾는 길에 만나 비참한 최후의 황석산성 전투를 알게 된 역사의 현장이다. 읍성이나 산성으로 피하기도했겠지만 주인 잃은 마을의 황폐지경을 어떻게 상상할지, 작은 전시관이라도 추가될 수 있을지 모르겠다.

🚗 동호정

서하면 황산리 화림동계곡 옥녀담에 이르면 넓은 너럭바위 차일암을 앞에 두고 동호정이 서 있다. 임진왜란 때 선조가 의주로 몽진을 할 때 행렬이 늦어져 왜군이 시시각각으로 접근해 오는 위기의 상황에서 선조를 업고 수십여 리를 달려 화를 모면하게 되자 영세불망자의 칭호를 받고 원종공신에 오른 사람이 바로 통정대부 거창장章씨 동호 장민리다. 관직에서 물러나 소일하던 곳에 9대손 가선대부오위장을 지낸 장재헌 등이 고종이 1892년 내린 승정원 좌승지 증직과 충신 정려를 받고, 동호를 기리는 정려각과 중층 누각 동호정을 1895년 짓는다. 자연목 누하주에 올린 정면 3칸 측면 2칸 누각의 큰 지붕을 활주로 받치고 통나무를 깎아 만든 계단이 특이하다. 백여 명은 충분히 함께 올라 풍류를 즐길 만한 너럭바위 차일암遮日岩과 옥색 물빛의 옥녀담을 둘러싼 산자락이 훌륭한 배경을 한다. 차일은 영원을 뜻한다는 의미인지, 선계가 따로 없어 보인다.

군자정

군자정이 있는 서하면 봉전마을은 일두 정여창의 처가가 있던 마을로 일두가 군자정이 있는 큰 너럭바위 유영대를 자주 찾아 시간을 보내기도 했다. 고려 말 두문동 72현의 한 사람인 정선전씨 전全오륜의 12대손이며 중추부사 화림재 전시서의 5대 후손 전세걸, 전세택이 정여창을 기리기 위해 1802년 이곳에 정자를 짓고 군자가 머무르는 곳이라 해 군자정으로 이름을 한다. 직계 후손도 아니면서 단지 지역 연고만 있을 뿐인 대학자를 위해 모은 뜻이 그의 헌시 한 구절 "상봉호군자相逢好君子"에서 엿보인다. 정자는 정면 3칸 측면 2칸에 주 칸이 적어 아담해 보이지만 물 건너 절벽 영귀대詠歸臺에서 바라보면 위풍이 있어 보이고, 자연 암반에 짧은 자연목 기둥을 초석 없이 암반 위에 그대로 세운 중층 누각의 형태로 안정감이 있다. 정여창은 16세에 제2대 정종의 12번째 아들 도평군 이말생과 둘째 부인 전주최씨 사이에서 태어난 딸을 부인으로 맞았다.

봉전마을은 정선전씨 집성촌으로 종가를 개조한 아름지기한옥, 봉

동호정

군자정

전초등학교를 개조한 다밭자연학교가 있고, 전오륜을 모신 서산서원도 최근에 복원됐다.

🚗 거연정

　봉전리에 있는 명승 제86호 거연정도 전오륜의 7대손으로 인조 때 가선대부 동지중추부사를 지낸 화림재 전시서가 입향해 자리를 잡은 곳에 초가로 지었던 정자를 후손 전재학 전계진 등이 1872년 헐어내고 전시서를 기리기 위해 정자를 새로 짓는다. 전시서가 마을에 지었던 서산서원이 고종 때 철폐되자 남은 목재들을 그대로 사용해 정자 안에 판막이로 작은 방을 만들어 강학 공간으로서의 뜻을 살려놓는다. 물 가운데 무지개다리를 건너 기암괴석 위에 앉힌 거연정은 빼어난 경관을 연출, 안의에서 6㎞를 달려온 정자와 선비의 길에 대단원의 막을 장식한다. 주자의 글 중에서도 선비들이 좋아하던 시구 거연아천석居然我泉石을 인용해 이름을 했는데 물과 돌이 어울린 자연 속에 묻혀 사는 삶을 얘기한다. 과연 맑은 물과 수직절리 현상으로 생긴 아름다운 기암이 흩어져 어우러진 절경에서 학과도 같은 고고한 멋을 보이는 정자이다.

거연정

화순군

지란지교의 온화하고 순한 고을

　　　　　　　　　　동서로 폭 32㎞ 남북 종으로 43㎞ 크기의 전라남도 화순군은 무등산(1,187m)을 경계로 서쪽에 광주광역시를 두고, 북으로 담양군과 곡성군, 동으로 곡성군과 순천시 그리고 남쪽에 장흥군과 보성군을 접하고 있는 산간 내륙 지형에 속한다. 북으로 무등산 만연산 성덕산과 동으로 백아산과 모후산이 비교적 높은 편이고 남쪽으로는 화학산과 온수산으로 이어지며 경사가 완만해진다. 물은 분지형 지형 안에서 자체 발원-백아산에서 발원한 동복천이 아름다운 동복호에 머물다가 남동쪽 주암호로 흐르고, 이양면에서 시작하는 지석천이 동면에서 발원한 화순천을 받아 서쪽으로 흘러 영산강으로 합해진다.

　　역사적으로 마한과 백제에 속하며 3현 체제를 거쳤고 신라 때도 능성, 여미, 동복 이름으로 3현이 유지되었는데 고려 때에 3현 중에 여미현이 화순현으로 이름이 바뀐다. 조선에 들어서 3현이 정치적 상황에 따라 합종 분리를 거듭하다가 일제강점기에 화순군에 능주면, 동복면이 면 단위로 합해지며 오늘에 이른다.

　산지가 널리 분포해 농경지는 16%에 불과해 평야다운 평야가 없고, 자체 발원한 물이 모두 섬진강과 영산강 등으로 모두 빠져나가는 지형이다. 그러나 물을 지키려고 만든 크고 작은 저수지는 화순에서 빼어나게 아름다운 호반 경치를 만든다. 광주에서 들어오는 길목에 세량제가 있고, 상수원으로 보호되고 있는 동복면 동복호는 맑은 물빛과 사람 손을 타지 않은 푸른 숲이 거대한 병풍 같은 석벽과 조화를 이루며 빼어난 절경을 만들어 화순적벽으로 불린다. 이서면 양평리 천연기념물 제465호 주상절리대의 장엄한 무등산, 화순 알프스로 불리는 만연산, 철쭉으로 유명한 안양산, 정상 흰 바위들이 마치 흰 거위가 옹기종기 모인 듯한 백아산, 고려 때 홍건적을 피해 공민왕과 왕비가 피난 와서 행궁을 짓고 어머니 품속 같다고 이름한 모후산, 항아리를 엎은 모양의 수직 암봉과 칼날 능선을 적절히 활용한 둘레 5.4㎞ 철옹산성의 옹성산 등 크고 작은 산들이 저마다 존재감을 보인다. 좋은 산이 있어 찾는 이들에게 천운산 한천자연휴양림, 백아산자연휴양림, 무등산 편백 자연휴양림 등이 편안한 휴식을 제공한다.

　산과 물이 좋은 탓인지 서북쪽에 도곡온천과 북동쪽에 화순온천이 충분한 시설을 갖추고 있고, 문화재를 품은 운주사, 쌍봉사, 만연사, 유마사 등 천년의 사찰들이 있어 조용한 산사의 안식을 돕는다. 새롭고

다른 세상을 꿈꾸던 조광조 유배지와 양반과 권력을 냉소하던 김병연 종명지가 그 시대의 아픔을 전하고, 조광조를 끝까지 지킨 양팽손 등이 있어 지란지교를 깨닫고, 동복호 주변으로 아름다운 정자들이 선비의 고장임을 알린다. 또한, 운주사의 와불이 언제인가는 일어서서 더 나은 세상을 알려 줄 것이라는 믿음을 건네고, 세계문화유산으로 지정된 고인돌 유적지가 정원으로 가꾸어져 상상도 벅찬 아득한 선사시대를 호흡할 수 있게 한다.

광주에서 화순으로 넘어가는 초입, 화순읍 세량리 세량지(제)는 물안개가 피는 계절이 되면 새벽부터 무거운 사진기를 메고 찾는 사람들로 분주해진다. 1969년 준공된 50M 길이 둑에서 바라보면 중앙으로 먼 산이 하늘을 반쯤은 채우고 부드러운 굴곡으로 벌어진 능선은 안정감 있는 시각 구도를 만들어 수변으로 아름다운 숲과 어우러져 멋진 사진을 제공한다. 거울같이 미동도 없는 맑은 호수에 비치는 다양한 숲의 표정과 순간순간 변하는 하늘빛이 조화를 시키며 만들어내는 경치는 CNN에서 꼭 가봐야 할 한국 50선의 하나로 과찬할 만하다. 렌즈와 빛이 연출하는 순간의 장면을 담은 사진작가들의 작품에 탄성을 하고, 찾아와서 실망하는 사람들도 있겠지만 매 순간 변하는 빛의 연출에 오늘은 유독 불운이라 할 수밖에 없지 않을까. 비 오는 날 오후 발길이 끊어진 호수 둑에서 빛을 가리고 내려앉은 적막에 흠뻑 젖어본다. 화장기 없는 순수의 얼굴을 보는 오늘, 이만이라도 얼마나 다행인가.

비안개 속의 세량지

고상한 난초 향기 풍기는 학포선생

조광조는 학포 양팽손과 이야기하면 마치 난초 향기가 풍기는 것 같다고 했다. 명심보감 교우편에서 난처럼 고귀하고 맑은 향기가 나는 사귐 지란지교를 가리킨 공자의 말을 인용, 조광조로서는 더할 나위 없는 극찬을 한 셈이다. 조광조뿐만 아니라 기묘사화 등에 연루되어 화순에 유배 온 화순적벽의 주인공 최산두는 물론 멀리는 장흥과 남해에 유배된 신잠과 김구 등을 찾아 위로하고 교유한 학포는 지란지교를 폭넓게 실천한 인물 아닌가.

제주양씨 학포 양팽손의 출생지가 도곡면 월곡리와 이양면 쌍봉리 사이에서 명확하지 않지만 두 곳에 옮겨가며 살은 듯하다. 정암 조광조보다 6살 어린 학포는 1510년 정암과 초시에 함께 합격해 성균관에서 공부하며 인연을 맺는다. 학포는 1515년 별시에 급제한 정암보다 한해 늦은 1516년 식년시에 급제하고, 홍문관 교리 등을 지내며 1519년 기묘사화의 부당함을 상소한 후에 삭직되어 쌍봉리로 낙향해 학포당을 세운다. 정암이 화순 능주에 유배를 오자 자주 찾아 위로하였으나 끝내 사약을 받고 사망, 시신을 염습해 이양면 증리 산자락에 가묘를 조성했다. 학포는 이양면 쌍봉리 학포당에서 약 25년 여생을 보내다가 죽기 1년 전인 1544년 용담현감을 잠시 지냈으나 사임하고 58세로 사망, 후손들이 월곡리에 부조묘를 세워 향사한다. 벼슬은 짧았으나 유복한 학포는 8남을 두어 첫째 양응기 등이 월곡리와 쌍봉리를 지키고, 문과에 급제해 예조참의를 지낸 둘째 양응태와 홍문관 부제학을 지낸 셋째 양응정 등 다른 형제들은 모산리, 지금의 광주, 보성 등으로 분가해 나간 것으로 보인다. 화순 월곡리 학재고택, 양참사댁, 학포선생부조묘와 이양면 쌍봉리 학포당, 강성리 송석정, 모산리 죽수서원, 증리 쌍산의소가 모두 제주양씨 학포와 후손들 연관 유적지이다.

학재고택 도곡면 월곡리 572-1

국가민속문화재 제154호 학재고택은 19세기 중반에 세워졌다. 초가 6칸 대문채를 들어서 정면 6칸 안채는 좌우로 1칸 날개를 두어 지붕 모양과 함께 언뜻 H자형으로 보이기도 하지만 양 날개 사이 4칸 앞뒤

학재고택

를 반 칸 퇴로 연결해 一자 형에 가깝다. 맞배지붕의 좌우 날개를 박공이 정면으로 보이는 맞배지붕으로 연접했는데 오른쪽은 형식만 취했지 실제는 눈썹지붕 형식이다. 우측 날개는 측면 3칸으로 앞에 부엌과 뒤에 부엌방을 두었고 좌측은 측면 3칸 반으로 앞에 온돌방과 뒤로 마루방을 두었다. 양 날개 사이 가운데 몸체는 왼편으로 2칸 대청과 오른쪽으로 앞쪽은 큰방 뒤쪽은 골방을 둔 겹집 구조를 가미했다. 마루는 전면에 띠살문을 달고 후면에 널문 그리고 왼쪽 날개의 온돌방 뒤 마루방은 서쪽으로 널문을 달아 고방으로 이용한 듯하다. 인접한 양재국 가옥과는 한 울타리 안에서 안채와 사랑채 관계였으나 후대에 분가하면서 각기 독립 살림집으로 변해 전체 배치에 변화를 거친 듯하다. 1910년에 나서 78세까지 살았던 학재 양승수의 호를 인용해 택호를 바꿨다.

화순 양참사댁

학재고택 옆 국가민속문화재 제152호 화순 양참사댁은 1881년 출생해 79세까지 살았던 양재형이 참사직을 제수받은 역사적 사실에 근거해 최근 양동호가옥에서 변경되었다. 양참사댁은 크게 정면 6칸 측면 2칸의 사랑채와 정면 7칸 측면 3칸의 안채로 구분된다. 우진각 지붕 사랑채는 최근에 새 목재를 사용해 개축한 一자형으로 왼쪽으로부터 1칸 대청, 2칸 방 2개와 오른쪽 끝에 봉당을 배치하고, 앞으로 긴 퇴를 놓은 단순 구조이다. 사랑채 옆 중문 안으로 보이는 안채는 오른쪽 날개가 4칸으로 왼쪽 날개보다 1칸 더 앞으로 나온 약한 ㄷ자형― 오른쪽 날개는 3칸 부엌 뒤로 부엌방을 두었고 왼쪽은 온돌방 뒤로 2칸 대청을 두었다. 가운데 정면 5칸 몸체는 왼쪽에 3칸 대청과 오른쪽에 2칸 안방 뒤로는 고방을 달아냈고 몸체 4칸에 짧은 퇴를 두었다. 왼쪽 날개 대청과 몸체 대청을 합해 보통보다 넓은 대청과 부엌 규모를 특징으로 한다.

학포선생 부조묘 월곡리 562

양참사댁 뒤편에 사후 이조판서에 추증되었던 학포 양팽손을 모신 사당 학포선생부조묘가 있다. 1631년 창건되어 1868년 고종 때 훼철되었다가 1947년 복원되고 1990년 현재 모습으로 중수된 것이다. 돌계단

화순양참사댁

으로 올라서 혜학문 현판의 솟을외삼문을 들어가면 서쪽에 정면 4칸 측면 3칸의 탐라고가耽羅古家 편액을 단 강당이 비스듬히 외삼문을 보고 서 있고, 동쪽에 같은 크기로 정면 4칸 측면 2칸의 경장각敬藏閣이 있다. 뒤로 계단을 올라 화려한 맛배지붕의 일각문을 들어가서 정면 3칸의 불천위 부조묘가 있다. 화순 출신임에도 탐라 편액을 한 것이 단순히 뿌리에 대한 자부심인지 아니면 다른 연유로 후대에 단 것인지 궁금하다. 문과에 급제해 공조좌랑, 공조참판과 대사성을 지낸 셋째 아들 양응정의 아들 셋이 임진왜란에 의병으로 참전, 특히 양산숙은 임진왜란 때 공조좌랑에 제수 되었다가 의병으로 제2차 진주성 전투에 참전해 패하자 끝내 남강에 투신한다. 이렇듯 임진왜란, 정유재란, 항일 독

학포선생 부조묘

립운동에 적극적으로 활동한 후손들이 줄을 이었고, 양팽손의 12대손 자강 양한묵은 손병희 등과 함께 활동하며 독립선언 민족대표 33인에 유일한 호남인으로 참여해 체포되고 옥사해 건국훈장 대통령장에 추서된다. 경장각에서 그의 학포집과 조광조의 정암집이 제작되었던 것으로 알려져 있고 강당은 제주양씨 문중의 행사에 사용되며 관리도 잘 되고 있어 보인다.

◉ 월곡리 사랑나무, 대곡리 화순테마파크

제주양씨 학포 양팽손의 후손들이 집성촌을 이루며 살던 배산임수 지형의 마을이 달과 같이 생겨서 달아실 마을 월곡리月谷里라 한다. 인접 효산리에 걸쳐 지석천변으로 경지 정리된 넓은 들녘 한가운데 200년 느티나무 한그루가 마을의 사랑을 듬뿍 받고 보호되며 언제부터 사랑나무로 불리고 있다. 곱게 나이 들고 군더더기 없이 균형 잡힌 사랑나무를 찾은 젊은 연인들이 정답게 머물며 사랑을 확인하고, 특히 석양의 아름다운 노을을 배경으로 추억을 새긴다. 신록의 계절이나 잎이 없는 겨울에 찾아도 노을빛을 배경으로 실루엣이 만드는 멋진 영상은 연인은 물론 사진가들의 사랑도 한껏 받는다.

혹시 어린이들과 여행을 같이 한다면 인근 대곡리 화순테마파크 소풍이 찾을 만하다. 특화 소공원 등 볼거리가 많고 야간에 찾으면 화려한 조명으로 젊은 데이트족도 꿈을 그리게 할 듯하다.

화순 고인돌 공원

학포선생 부조묘 인근, 효산리 모산마을과 춘양면 대신리 지동마을 사이 완만한 약 5km 계곡에 있는 화순 고인돌 공원은 강화도, 고창군과 함께 2000년에 유네스코 세계문화유산으로 지정되었고, 국가 사적 제410호로도 지정된 경이로운 곳이다. 모두 596기의 고인돌이 집중적으로 분포된 해발 100m 내외 완만한 구릉지 비포장 길이 걷기에 편하고, 잘 가꿔진 초지 위로 검은빛의 100-200톤 거석들이 길 양쪽으로 즐비해서 보기에도 좋다. 적당히 산개한 꽃무리가 정원처럼 꾸며진 길도 아름답고, 중간에 만나는 월곡저수지도 이름난 호수만큼이나 아름다운 정경으로 한동안 머물게 만든다. 중간에 보이는 채석장이 고인돌의 출처를 명확히 밝히는 선사시대 역사 공원으로, 영국의 스톤헨지처럼 신비함을 보이는 조형미는 없지만, 눈여겨 앞에 서면 전해지는 느낌이 진하다.

고인돌 공원 내 월곡 저수지 제방

고양이 지형에 있다 해서 괴바위, 보성 원님이 지나가다가 관청 일을 현지에서 보았다고 해서 관청바위, 달같이 둥그런 달 바위, 멀지 않은 운주사에 천불 탑을 만들려고 치마에 싸 가다가 터지는 바람에 내려놓고 간 돌이라는 핑매 바위, 각시 같다고 해서 각시 바위, 갓을 쓴 사람 모양이어서 감태 바위 등 고인돌 모양과 전설이 만든 이름도 다양하다. 다양한 이름을 보면 고인돌의 정체는 모른 채 자연 그대로의 신비한 거석으로 여겨 그렇게 이름을 붙이지 않았을까 생각도 든다. 이 길은 옛날 보성과 나주를 연결하던 지름길이어서 고갯마루에 도적과 호랑이가 자주 출몰했다 한다. 언젠가 장수가 나타나 이들을 물리쳐 주기를 바라는 기원에서 고갯마루에 보검을 숨겨 두었다고 하는 전설의 보검재寶劍峙 부근에서는 핑매바위가 제일 크고 잘생긴 고인돌이다. 그래서인지 핑매바위 한 면에 여흥민씨세장산이라는 각자가 뚜렷하게 보이는데, 과연 여흥민씨들도 지석묘인 줄을 알고도 새겼을까.

고인돌 공원

와불이 일어서는 그날을 기다리며

🅢 운주사

　1940년대만 해도 석탑 30기, 식불 213기가 있었고 최근까지도 20여 석탑과 석불 약90기가 모여 있는 곳-애초에는 천탑과 천불이 있었다는 전설의 도암면 운주사雲住寺는 창건 연대와 설화도 분분해 학자들도 결론을 내리지 못하는 신비 속에 싸여있다. 땅이 배가 떠가는 형상인데 영남보다 산이 적은 호남에 물에 들까 걱정되어 도선국사가 수많은 불탑불상을 만들게 되었다는 전설을 배경으로 명칭이 운주사運舟寺였다는 얘기도 전한다. 네 차례의 발굴 유물들을 근거로 조금씩 더 접근해 가고 있다지만, 아직도 갈 길은 멀어 보인다. 처음 보는 밥그릇 모양의 발형, 둥근 원판을 올린 듯한 원형 탑이 있는가 하면 교차문, 쌍교차문, 기하학적 문양도 다양하고, 3-5-7-9층 외에도 처음부터 몇 층이었을지 알 수 없는 다층탑, 기단도 없이 마당이나 경사진 바위에 아슬아슬하게 서 있는 탑, 무질서하게 바위에 기대선 불상, 머리만 있는 불두상, 하늘을 보고 땅에 납작 누워버린 와불, 감실에 갇혀 좁은 문틈으로 세상을 보고 있는 석조불감-골짜기를 채운 불탑과 불상이 모두 다른 모습으로 다른 세계를 그리고 있었는지 신비감이 넘친다.

　신라 때 도선국사가 천불과 천탑을 세우려 기도하고, 천여 명의 선동 선녀가 내려와 하룻밤에 불탑을 완성하려고 분주하던 차에, 일을 돕던 상좌가 지쳐서 날이 밝았음을 알리는 첫닭 소리를 내는 바람에, 선동 선녀들이 와불을 일으켜 세우기만 하면 끝나는 일을 못 한 채 하늘로 돌아갔다는 전설의 와불에 운주사의 꿈이 남아 있다. 아직도 미완성이기에 언젠가 다시 내려와 와불을 일으키는 날, 꿈과 희망은 이루어지리라는 믿음이 머무는 사찰이다. 미완성은 아쉬움과 후회를 남기지만 미련이라는 싹을 키우기도 해 기댈 곳 없는 언 가슴에 실 같은 희망을 심기도 한다.

운주사 석조물의 재질은 표면이 매끈한 보통의 화강암이 아니다. 화산재 등이 쌓여서 생기는 화산 응회암으로 미세한 다공질을 구성하고 있어 쉬 변질하고 풍화와 침식 등의 변화에 취약한 특징이 있다. 운주사 석불과 석탑은 모두 표면이 거칠고 불순물이 포함되어 일정한 색조를 보이지 않고, 강도도 화강암 등에 비해 매우 약한 특성이 있다. 돌을 다듬는 일이 쉬운 응회암인 것이 이렇듯 많은 석탑과 석불을 갖게 된 이유가 될 수 있을까. 경내에는 자연 암반을 기단으로 탑신에 이중 마름모 안에 네 잎 꽃무늬를 새긴 구층석탑(보물 제796호), 불감 안에 2구의 석불좌상이 서로 등을 맞대고 좁은 창문을 통해 세상을 내다보는 모습의 석조불감(797호), 6층이나 원래 몇 층이었을지 알 수 없는 독특한 원형 다층석탑(798호) 등 3개의 국가지정 보물과 와형석조여래불 등 10개 도 지정 유형문화재를 보유하고 있다. 수많은 불상과 탑으로 이름을 얻고 있지만, 일주문, 천왕문, 보제루, 대웅전, 지장전, 산신각, 미륵전, 운주선원 등 많은 전각이 고르게 잘 배치되어 있다.

보물 제797호 운주사 석조불감

🏛 백파정

　백파정이 도암면 도장리 해망산 자락 암벽 위에 숲으로 둘러싸여 정천 작은 시내를 아래로 보고 있다. 1839년 진사시에 합격해 성균관에서 공부했던 진주김씨 백파정 김재탁이 아름다운 자연 속에서 학문을 익히던 초옥 자리에 5대손 김종환이 추모의 뜻으로 1922년 재건했다. 다리 주변에 차를 세우고 이정표 방향을 따라, 묘지를 지나 덤불이 무성한 숲속으로 길을 만들어가며 200여m 힘들게 가면 벼랑 좁은 공간에 알뜰하게 자리 잡고 앉은 정면 측면 2칸에 가운데 재실을 둔 정자를 어렵사리 만난다. 이별을 고하고 오는 길 도로변에서 올려다보니, 풍광에 잠겨 학문과 시를 즐기며 소요하던 선비의 모습이 숲 사이로 희끗한다. 진주김씨는 김수로왕과 신라 김알지의 각기 다른 혈통을 모두 갖고 있는데 도장리는 진주김씨와 진주형씨 집성촌으로 알려져 있다.

백파정

🏛 낙오정

　도암면 지월리 지장마을(지장몰길 44 인근) 입구에 있는 낙오정은 노사 기정진의 문인이었던 밀양박씨 벽당 박후진의 아들 오봉五峯 박준관이 19세기에 지어 만년을 보내던 곳에 1926년경 손자 박병주가 다시 세운 정면 측면 2칸씩의 정자로, 가운데 방이 재실로도 사용된 듯하다. 다섯 아들을 연달아 낳아서 낙오를 얘기했을까, 정자를 찾은 많은 사람이 삼락三樂을 넘어 낙오樂五의 의미를 찾아가지만, 오봉의 생각과는 거리가 있어 보인다. 오복, 오륜, 오경, 오색 등 5단위 경구로 얘기하면 너무 난해한 확대 해석일 듯, 노년에 오봉산 기슭에 낙오정樂五亭을 지었으니 그저 밭 갈고 책 읽는 경독耕讀이 제일일 뿐 영욕은 하늘의 뜻으로 듣고 마음을 비우고 살려는[惟天意是聽] 오봉의 뜻으로 읽힌다. 조선 말, 노인의 오형五刑 대 오락五樂 논쟁 결론도 늙어 어쩔 수 없이 얻는 신체적 형벌은 오히려 긍정의 힘으로 낙樂이 된다는 것-오봉의 노년도 거기서 크게 벗어나지 않을 듯해 보인다. 눈이 어두워지는 목형目刑은 눈 감음과 같으니 정신 수양에 좋고, 나이 들어 귀가 어두워지는 이형耳刑은 나쁜 소리가 들리지 않으니 마음의 평화이고, 여색을 느끼지 못하는 궁형宮刑은 패가망신할 일에 멀어지니 오히려 행운이라는 말 등도 결국은 피할 수 없는 일에 노심초사 말고 즐기라는 얘기 아닌가.

낙오정

침수정 춘양면 우봉리 368

침수정은 돌을 베개 삼고 물로 이를 닦으며 심신을 검소하고 깨끗이 해 학문에 정진하는 데 뜻을 두고 있다. 허목과 윤선도의 문인으로 활동했던 풍산홍씨 팔우八愚 홍경고가 17세기 말에 건립해 자신을 낮추며 은거했으나, 중간에 폐허가 되어 남에게 넘어갔던 터를 백여 년 후에 후손들이 찾아, 1885년 재건했다. 지석천이 흐르는 넓고 풍요한 들녘을 거쳐 불어오는 바람이 시원하고 경관도 좋아, 후손이 침수정 8경으로 평야에서 피어오르는 저녁 연기, 예성산을 돌아가는 구름, 바람과 저녁노을 등을 꼽았다. 정면 측면 3칸에 가운데 2칸 방 주위를 마루로 개방했고, 정자 바로 뒤로 솟을삼문 안쪽으로 헌종 때 대사헌과 이조판서 등을 지낸 홍경모를 모시는 오산사가 있는 것으로 보아 정자가 재사와 강당 역할도 한 듯하다.

침수의 어원은 중국 고사에서 손초가 속세를 떠나 사는 은거의 뜻을 "돌을 베개 삼고 물로 양치질" 하는 평범한 생활로 표현하려다가 실제 튀어나온 말은 앞뒤가 바뀌어 수석침류漱石枕流 즉, 돌로 이를 닦고 물을 베개로 삼는다는 말로 변해 버린다. 이 말을 듣는 사람이 당연히 이해를 못 하자, 침류는 나쁜 말을 들으면 귀를 물로 씻는다는 뜻이고 수석은

침수정

곧 이를 단단히 하려 함이라 변명한다. 기우만의 침수정기에서 이점을 해학으로 인용해 역설적으로 풀어낸다. "…이 정자에 오르면 물을 베개로 하지 못하고 돌로 양치질을 못 할 것을 알 것인즉, 공이 어리석지 않아 귀를 씻고 이를 닦아 더욱 공의 수신修身과 치국治國의 실상을 볼 것이다."

부춘정 춘양면 부곡리 산 216-3

부춘정富春亭이 춘양면 부곡리 지석강 다리 앞 야산 위에 있다. 창녕조씨 돈암 조수겸이 과거 시험에 뜻을 두지 않고 은거하다가 1579년경 참봉으로 제수되었지만 거절하고 은거 생활을 택해 16세기 말에 부춘정을 건립한 것으로 추측되고 1942년 11대손 조만엽이 중건했다. 부곡리는 부춘, 부평과 금곡마을이 합해져 부곡리가 되는데 창녕조씨 집성촌에 부춘정이 지어지고 부춘마을이 되었다 하며, 11대손 조만엽이 고향에 왔다가 빈터에 있는 고목 백일홍이 다시 꽃을 피운다는 마을 노인들의 말을 듣고, 조상의 영혼이 아직 머물러 있는 신비한 징조로 생각해 복원하게 된다. 정면 3칸 측면 2칸에 가운데 2칸을 재실로도 이용한 방이 있다. 동문수학한 절친인 후한後漢의 광무제 유수劉秀의 출사 요정을 서질하고 장씨 성을 엄씨로까지 바꾸며 은거하다가 절강성 부춘산에 묻힌 은둔지사 엄광, 일명 엄자릉을 추모하고, 마침 지형도 비슷해 부춘정으로 이름을 했다 전한다.

해망서원 춘양면 대신리 904

해망산(356m) 동쪽에 있는 해망서원海望書院은 1508년 하동정씨 돈재遯齋 정여해가 무오와 갑자년에 걸친 끔찍한 사화로 화를 당한 김종직, 김굉필, 정여창, 김일손 등의 넋을 위로하기 위해 해망산 기슭에 해망단海望壇을 만든 것에서 근원 한다. 김일손은 능지처참, 김종직과 정여창은 부관참시를 당한 일에 가슴 아파한 정여해는 친구 김굉필이 유배지에서 효수를 당하는 처참한 희생도 지켜봐야 했다. 정여해 사후에는 뒤를 잇는 향사가 한동안 중단되었다가 1871년 유림이 정여해를 추가해 해망단에서 제향을 하다가 1934년 사우 해망사를 건립하고 1979년 확장하며 해망서원이 된다. 솟을외삼문으로 들어 정면 4칸 측면 1칸의 재실 열낙당과 정면 4칸 측면 3칸의 구인당+해망서원이 좌우로 나란히 있고, 솟을내삼문 이지문 안으로 정면 3칸의 숭의사가 있다. 화순 능주에서 출생한 정여해는 김종직의 문하에서 향사된 세 사람이 함께 수학했으며, 함양의 일두 정여창과는 동갑내기 팔촌지간이다. 1480년 초시에 합격하고 1487년 사헌부 지평에 천거되었으나 사양한다. "학문 높은 선비 머무는 곳 사치할 리 없건만[高士幽居儉不奢]…" 정여창의 시가 전해온다.

개천사

춘양면 가동리, 천태산 개천사는 9세기경 도의선사가 창건해서 정유재란 때 소실되어 중건된 후 1907년 용화사로 중건되었다가 한국전

쟁 때 피해 입고 중수를 계속, 지금은 단청이 진한 대웅전, 천불전과 요사채 등이 넓은 공간을 지킨다. 입구에 18-9세기 부도 5개가 당시 역사의 일부를 짐작게 하는 천년 사찰이다. 대웅전 옆으로 난 길을 따라갔다가 3만여 평은 족해 보이는 산비탈에서 건강한 숲을 이루고 있는 천연기념물 제483호로 비자나무 숲을 발견하고 멋스러움에 반했다. 주목과에 속하는 상록 침엽교목으로 굵기가 2m에 키도 20여 미터까지 자란다는 수령 약 300년 비자나무 300여 그루가 1년에 열매를 70여 가마니나 맺는다고 한다. 암수가 다른 그루에서 꽃을 만들고 끝이 침같이 날카롭고 긴 잎이 좌우로 난 것이 마치 "아닐 비非"를 닮아 비자榧子나무라 한다. 제주도 비자림과 비교될 정도는 아니라 하나 대나무 숲 위로 보이는 비자나무의 폭넓게 뻗어낸 가지들은 굳이 바람을 이기려 하지 않고 급한 비탈의 경사도에 순응해 연년이 그늘을 넓혀가며 영역을 서서히 키워가고 있다. 열매는 약재로 쓰이고 목재로도 재질이 좋아 고가의 가구재로 쓰인다는 비자나무를 년 전에 그 험한 비탈에서 어떻게 3그루나 베어갔다는 얘기인지…. 호젓한 숲속을 걷다가 인간의 욕심이 등 뒤에 꽂히는 섬뜩함이 느껴진다.

비자나무 숲

부춘정

해망서원

개천사 대웅전

삼층 목탑 대웅전이 맞아주는 천년 고찰

쌍봉사 이양면 증리

　화순의 남쪽 쌍봉사는 839년 신라 신무왕 때 적인선사 혜철이 묵었다 하니 늦어도 839년 이전에는 창건되었다고 보고 있으나, 신라 경문왕 때 철감선사 도윤에 의해 중창되며 그의 호 쌍봉을 따랐다는 설이 보편적이다. 팔각 원당형 철감선사징소탑이 국보 제57호, 철감선사탑비가 보물 제170호, 그리고 보물 제1726호 목조지장보살삼존상과 시왕상이 있고, 목조삼불상, 아미타여래좌상, 극락전이 문화재로 등록되어 있다. 법주사 팔상전과 함께 둘만 겨우 남은 삼층 목탑 대웅전이 시선을 압도하지만, 뒤로 올라 철감선사탑을 보면 문외한의 눈에도 경탄하지 않을 수 없는 현란하고 정교한 조각에 시간을 잃는다. 18세에 출가해서 28세에 당나라로 가서 공부하고 50세경에 귀국해 쌍봉사를 크게 중창하고 수도하다가 71세 때인 868년에 입적, 당나귀 귀 설화의 주인공 신라 경문왕이 시호 철감澈鑒과 탑호를 내리고 탑과 비를 세우도록 했다. 철감의 제자 징효 절중은 영월의 사자산 흥녕사(현 법흥사)에서 구산선문의 하나인 사자산문을 열게 된다. 1724년 제3차 중건을 거친 3층 목탑 형식의 대웅전은 보물 제163호였으나 1984년 화재로 지정이 취소되었고 1986년 4차 중건으로 원형을 얼마나 유지하고 있는지 모르겠지만 단정한 구도에 정교하고 화려한 모습이 아름답다. 1457년 8월 세조의 수결로 쌍봉사에 잡역을 면하고 토지와 노비를 내린 면역 사패교지가 보물 제1009호로 대학 박물관에 남아 있다. 점심때를 놓쳐 지나가는 스님에게 공양을 기어들어 가는 목소리로 물으니, 미소 띤 얼굴로 가리킨다. 지나는 길에 찾아도 묵묵히 맞아주는 공양은 언제나 편하고 맛도 정갈하다.

삼층 목탑 대웅전

철감선사탑

국보의 권위를 상징하기에 충분한 철감선사탑, 상중하 삼단의 기단석에서 하대석의 아래층 운룡무늬와 위층에는 구름 위에 앉은 가기 다른 자세의 사자상이

철감선사탑

팔면에 새겨졌고, 둥근 앙련 위로 극락에 산다는 사람 머리 새 가릉빈가를 인상 속에 새겨 넣은 상대석으로 구성되었다. 8면을 둥근 기둥을 세워 구분한 탑신에는 앞뒤 두 면에 새긴 문비를 제외한 나머지 .면에 주악상, 사천왕상과 비천상을 새겼고 팔모지붕은 깊은 기왓골, 서까래 등을 목조 건축물 지붕을 형상화했고, 아쉽게도 상륜부는 멸실되어 상상에 만족해야 한다. 상륜부가 없음에도 전체적인 균형과 비율 구성이

뛰어나고 조각은 지붕 옥개석 받침에도 비천상을 넣고 기왓골 막새에까지 낱낱이 연화문을 새겨 넣을 정도로, 조각 가능한 모든 면 공간에 빈틈 없이 매우 섬세하고 화려한 조각을 했다. 당대를 대표하는 조각가와 왕실의 지원이 동원된 완벽에 가까운 매우 아름다운 석조물이다. 대리석을 주무르듯이 조각한 중세 유럽의 조각상에 견주어도 전혀 뒤지지 않을 섬세한 조각 솜씨에 절로 감탄을 하지 않을 수가 없다.

철감선사탑비

철감선사탑비는 몸체 탑비는 없이 거북받침돌 위에 머릿돌이 올려있지만, 그 자체만으로도 훌륭한 조각품이 아닐 수 없다. 거북은 강건한 목을 세우며 머리를 쳐들고 다음 발걸음을 뗄 듯이 오른발을 살짝 들고 있어 생동감을 주기 충분하고, 머릿돌은 구름무늬 사이로 역동적인 모양으로 용을 가볍게 조각하고 정면 가운데에 전액을 새겨 넣었다. 이 외에도 보물 제1726호 목조 지장보살 삼존상과 시왕상은 조각과 채색이 뛰어날 뿐만 아니라, 발견된 조성 발원문을 통해 1667년에 조각승 운혜에 의해 제작된 것으로 확인되어, 불명으로 남아 있는 여러 사찰의 작품 연대를 밝히는데 중요한 기준점이 될 것으로 보고 있다.

철감선사탑비

학포당 이양면 쌍봉리

이양면 쌍봉리 쌍봉사 가는 길의 학포당은 양팽손이 기묘사화 때 삭직 당하고 낙향해 1521년 세운 서재로 1920년 원 위치에 복원되고 1994년 보수된 바 있다. 외삼문과 내삼문을 들어가서 만나는 정면 3칸 측면 2칸 학포당은 가운데 정면 1칸 방과 뒤쪽 3칸 방이 연접되는 T자형 구조이고, 앞문 위로 낸 작은 창 안에는 서고로 활용한 듯한 반 2층 다락방 특징을 보인다. 앞마당에는 벼락으로 한 줄기를 잃고 7가지 은행나무가 고고한 연륜을 보이는데 학포의 아들이 심었다는 얘기로 보면 수령이 족히 오백 년은 넘을 듯하다. 원래 타고난 재능이 있었지만 낙향해 약 25년을 지내며 연마한 글과 그림에 뛰어나서 호남을 대표하

학포당

는 문인 화가로도 알려지고 남종화의 시조로까지 보기도 한다. 일본에서 회수한 산수도와 국립중앙박물관에 소장된 산수도 상단에 학포의 글씨가 엄연한데도 불구하고 학포의 작품임을 의심하는 여러 이유 중에 어떻게 문인이 그렇게 잘 그렸을 수가 있겠냐는 점도 쟁점이라니, 진품도 진위 논쟁에 시달리며 인고의 세월을 이겨야 살아남는다.

쌍산의소 이양면 증리 산12번지 일원

화순 쌍산의소雙山義所는 일제강점에 대항해 의병을 일으켜 전투를 준비하던 창의소 자리로서 국내에서 비교적 가장 온전하게 흔적을 찾을 수 있는 곳이다. 계당산 초입은 좁고 가파르지만, 걸어 들어가서 중

쌍산의병사

턱쯤에 이르면 아직도 몇 가구가 농사를 짓고 있을 정도로 완만한 경사에 제법 넓은 공간이 나타난다. 눈을 피해 거사를 도모하기에 적당한 산속에 무기를 만들던 대장간 터, 의병 막사 터, 유황굴, 훈련장 등의 흔적과 창의하던 가옥이 있고, 그리고 최근에는 사당 의병사를 지어 뜻을 추모한다. 인근 쌍봉마을 살던 양팽손의 후손 양회일은 재산을 쾌척해 의병을 모아 1907년 1월 이백래 임노복 임창모 임상영 안찬재 등 참모진을 구성하고 군영을 구축해 유황굴 근처에서 화약을 만들고, 대장간에서 무기를 만들어 약 200명의 의병을 훈련해 전투를 준비한다. 3월부터는 화순 인근의 일제 관공서를 습격하고 소규모 전투를 벌이며 무기를 확보하는 등의 피해를 주기 시작하다가 체포되어 징역을 살다가 순종의 특사로 석방된다. 석방되고도 이백래 임창모 안찬재 등 일부는 의소를 중심으로 의병 활동을 계속, 장흥 강진 등 남부 지역에서 활동하다가 1909년 대부분 전사를 하고, 이백래는 밀고로 체포되어 사망한다. 양회일은 후에 건국훈장 애국장에 추서되었다. 경사진 비탈에 허술하게 만들어졌을 대장간 터를 내려다보면 중국과 러시아를 제압한 세계 정상급 군대를 상대로 거의 맨땅에서 만든 무기로 나선 의병 활동이 눈물겹다.

송석정 이양면 강성리 762번지

송석정松石亭이 예성산 아래 지석천 변 소나무와 어우러진 암벽 위에 서 있다. 월곡리에서 태어나 선조 때 무과에 급제한 학포당 양팽손

의 증손 송석 양인용이 광해군 때 훈련원 첨정으로 있다가 영창대군과 인목대비의 폐모 등의 부당함을 상소하고 관직을 떠나 낙향해 1613년 송석정을 세웠다. 정면 측면 각 3칸에 중앙으로 1칸 방을 두고 대청을 사방으로 개방한 정자가 주변의 경관과 잘 어울린다. 후손들이 중건을 계속, 1893과 1983년에도 중수를 거쳐 현재에 이른다. 송석은 "남자가 때를 못 만나 공명은 물거품 같은 것, 소나무 만지며 월곡리를 바라보네. … 깊은 마음 누구에게 말하리." 답답한 심정을 토로한다. 주변 경관을 둘러보면 또 다른 편액의 해학적 표현에 미소를 짓게 한다. "늙은 돌은 스님처럼 서 있고, 푸른 솔은 우산처럼 떠 있네, 강은 얕아서 고기 머리가 나오고[老石如僧立 蒼松似蓋浮 江淺出魚頭]…" 추사의 송석정 편액과 약 30편 시액이 있어 무게를 더한다. 이서면 보산리에 있는 같은 이

송석정

름의 송석정은 1687년 건립되고 1880년 중건해 한국전쟁 때 소실되어 2004년 복원한 것이다.

죽수서원 한천면 모산리 산 15-3

죽수서원은 학포 양팽손이 조광조의 시신을 염습해 이양면 쌍봉리에 가매장했다가 이듬해 용인의 선산으로 이장한 후, 그 자리에 조광조의 배향을 위해 세운 작은 사당에서 출발했다. 정암은 인종 때 신원이 되어 선조 때인 1568년 영의정에 추증되고 1569년 문정공 시호가 내려지며, 1570년 사당을 현 위치로 이건해 죽수서원의 사액을 받고, 1630년 김장생 등의 청으로 학포 양팽손을 추가 배향하게 된다. 고종 때 서원철폐령으로 훼철되었지만, 1910년 후손이 서원 터에 추모비를 세워 자리를 지키게 했고, 1971년 능주 유림과 후손의 노력으로 도곡면 월곡리에 복원했다가 1983년 원래의 위치인 지금의 자리로 다시 옮겨 복원을 마친다. 홍살문을 지나 완만한 경사의 돌계단을 걸어 솟을외삼문 고경문을 지나 안마당 왼쪽에 정면 3칸 측면 2칸의 강당 죽수서원이 있고 오른쪽 동편으로 정면 3칸 측면 1칸 반 숙소 박약재가 있다. 다시 계단을 올라 내삼문을 지나면 정면 3칸의 사당 천일사가 자리한다.

죽수서원

활 맞은 새보다도 못한 처지를 한탄하며 떠난 젊은 개혁가

조광조 적려유허지 능주면 남정리 174

능주면 남정리, 조광조가 유배 와서 죽음을 맞은 자리에 세워진 적려유허비 일원에 정암 조광조 적려유허지가 조성되어 있다. 적려유허추모비, 영정각, 25일을 머물렀던 능성 관비의 초가삼간이 있고, 가운데 3칸 대청을 둔 애우당에는 능성적중시, 절명시, 애우당기 등 편액이 여러 개 걸려 있다. 그의 사후 약 150년 후 현종 때인 1667년, 당시 70세의 능주목사 민여로에 의해 세워진 추모비문은 우암 송시열이 짓고 숙종비 인현왕후 부친 민유중과 송준길이 썼고, 1986년 초가가 복원되고 강당과 영정각이 건립됐다. 같은 사화에 연루되어 삭탈관직당하고 낙향해, 20리 거리를 매일 찾아와 고뇌를 나누던 학포 양팽손에게 전해 준 능성적중시에 이미 돌이킬 수 없는 낙망과 체념이 배어난다.

> 누가 이 몸을 활 맞은 새처럼 가련히 여길까
> 원숭이와 학이 울어대지만 나는 이미 돌이킬 수 없고,
> 엎어진 독 안에서 나올 수 없다는 것을 누가 알겠나

유배길 33일 만에 도착해 25일 후에 사약을 받고 "임금 사랑하기를 어버이 사랑하듯 하였고…" 절명시를 남기고 38세에 세상을 떠난다. 임금만 믿고 개혁을 무한 추구하던 젊은 재목은 쓰러졌지만, 사림의 정신

은 조선 후대에 송시열의 비문에서 보듯이 의연하게 이어져 살아왔다.

> … 그 학문을 숭모하고, 백성들과 관리들은 그 은덕이 갈수록 더욱 잊지 못하게 되고, 모두 말하기를 우리에게 군신 부자의 윤리를 알게 하여 이적과 금수가 되지 않게 한 것은 오직 선생의 덕택이라 하여…

그렇게 그의 개혁 정신이 잊히고 조선 중기에 찾아온 중흥의 기회를 잃은 것 같아 그의 죽음은 못내 아쉬움을 남긴다. 기묘사화로 목숨을 잃었거나, 삭탈관직을 당했거나, 자의로 벼슬을 버리고 낙향한 사람들 모두 약 150여 명을 기묘명현으로 부르며 고려 말 두문동 72현과 비교도 한다. 비교될만한 일인지를 불문하고 그 많은 인재들이 조정을 떠났다는 사실이 안타까울 뿐이다.

지금은 번화한 거리가 되어 버린 용인시 수지구 상현동 산 55-1에 조광조 부부 묘역과 효종 원년에 사액을 받은 심곡서원이 서울에서 지척이다.

정암 조 선생 적려유허 추모비

🔹 능주향교

능주면 남정리 능주향교는 1392년에 세워져 정유재란 때 소실돼

1600년에 현 위치로 이건 되었다. 광해군의 동생 정원군과 판의금부사를 지낸 능성구씨 구사맹의 딸 연주군부인 사이에서 출생한 첫째 아들 능양대군이 반정으로 인조에 오르자 연주군부인은 인헌왕후로 추존되었고, 1632년 인조의 모후 인헌왕후가 능성구씨인 연고로 능주현에서 능주목으로 격상된다. 그에 따라서 향교도 정원이 30명에서 90명으로 늘어남에 따라 시설 확충이 이루어지고 그 후로도 1700-1800년대까지 수차례 중수도 원활했고 1923년 전반적인 중수 이후에도 부분적 보수가 계속된다. 솟을외삼문 안으로 높은 축대 위에 정면 7칸 측면 2칸의 큰 강당 명륜당과 동재와 서재 그리고 솟을내삼문 안으로 정면 5칸 측면 3칸의 규모 있는 대성전과 좌우로 동무와 서무도 모든 격식을 갖추었다. 향교 외삼문 옆으로 약간의 거리를 둔 곳에 정면 4칸 측면 1칸 사마재는 가운데 2칸 대청 좌우로 1칸씩의 방을 두고 있다.

죽수절제아문

능주는 백제에서 신라로 바뀌며 능성현이 되고 고려 때 화순읍을 포함해 현으로 머물다가 1632년 목牧으로 격상되어 200여 년을 지내다가 고종 때 능주군이 되고, 1914년 화순군에 병합되어 면 단위로 이름을 유지한다. 능주면 죽수길 73번지 죽수절제아문 안으로 동헌 녹의당과 객관 능성관은 없어지고 민원봉사실 등 몇 채의 한옥이 관아의 옛 모습을 재현하려는 듯해 보인다. 능주의 옛 이름인 죽수를 담은 관아의 정문 죽수절제아문이 신통하게도 옛 모습을 그대로인 듯해 보인다. 목으로 격상되기 이전에 세워져 작으면서도 균형 잡힌 아문은 팔작지붕에 삼문 형식으로 정면 3칸으로 가운데 문은 2짝 판자문이고, 좌우로 외짝 문은 상단에 홍살을 꽂고 창방부터 화려한 단청을 했다. 정유재란으로 피해 입고 1599년 복원과 보수를 거쳐 1602년 문필가 하동정씨 정이가 썼다는 아문의 현판이 아직도 건재하다.

ⓢ 봉서루

객사 능성관에 따르는 2층 누각 봉서루가 정유재란 때 소실된 후 몇 차례 중건이 계속되다가 일제강점기를 거치며 방치 철거된 후 지금의 자리로 옮겨 1996 복원되었다. 옛 정취는 느껴지지 않지만 죽수절제 아문과 함께 능주목 시대의 관아 전체 규모에 무게를 실어주고 서 있다. 정면 3칸 측면 2칸의 2층 봉서루 현판도 옆의 아문 현판을 쓴 문필가 정이가 썼다고 한다. 봉황의 지세를 인용해 이름을 했다는 봉서루 현판의 필체는 높이 날기 위해 몸을 움츠리고 강한 힘을 모으고 있는 봉황을 보여주려는 듯, 예사롭지 않아 보인다. 근처 영벽정과 모습, 풍광 등 명성에서 쌍벽을 이룬 듯하다.

ⓢ 영벽정 능주면 관영리 산1번지

영벽정은 지석천의 수심이 제법 깊어지는 구간의 별칭 영벽강가에서 구슬을 꿴 것처럼 보인다는 연주산連珠山을 마주하고 있다. 영벽강 물에 비치는 연주산과 강가에 늘어선 왕버들과 벚나무가 어우러진 풍

능주향교

죽수절제아문

영벽정

경이 푸르고 아름다워 붙인 이름이라 한다. 원래 목재였으나 복원하며 바꾼 둥근 석조 누하주가 받치는 정면 3칸 측면 2칸의 2층 누각에 푸른 단청이 화려한 정자는 누각의 모양과 구조를 보아 관아의 일부로 보이고, 1632년 능주목사 정연이 중수를 했다는 기록이나 양팽손이나 김종직의 시로 보아 조선 초기부터 있었던 것으로 보인다. 고종 9년 화재로 소실되어 이듬해 중건하고, 그 후로도 중수를 거치고 1988년 해체 복원한다. 전설은 건축의 어려움을 신령의 계시대로 홍수에 떠내려온 칡뿌리를 기둥으로 사용해 해결했다는데 화재에도 유독 칡 기둥만은 온전했다 한다. 10개 기둥에 어느 것이 칡인지 전설만 알고 있는 듯해 보인다.

능주삼충각 능주면 잠정리 33-1

지석강을 끼고 달리는 도로변 낮은 암벽 위에 능주삼충각이 서 있다. 무거운 맞배지붕에 정면 측면 1칸의 같은 크기로 간격이 불규칙한 암벽에 맞게 셋이 적절히 곁을 두고 서 있다. 암반에 맞춰 앉히느라 간격과 방향을 약간씩 빗겨 배치해 어수선해 보이기도 하지만 기암과 조화를 이룬다. 임진왜란에서 공을 세운 능주인 최경회, 조현, 문홍헌, 3인의 충절을 기리기 위해 유림에서 1685년 세운 삼충각 주인들의 처절한 행적은 감동적이다. 문홍헌은 임진왜란 당시 금산전투에 패하자 다시 최경회에 합류해 2차 진주성 전투에서 최경회와 함께 순절했고, 조현은 임진왜란 전인 1555년 명종 때 왜구가 침략해 벌인 해남 전투에서

삼충각

삼충각 석벽에 가득한
선정 추모 불망비 및 암각

주자묘

전사했다. 최경회의 순절을 기리는 유적은 화순군 내에 두 곳이나 조성되어 있다. 삼충각 아래 암벽에는 약 10여 개의 능주목사 선정 추모비 등이 틈틈이 자리하고 있고 도로를 내는데 시주한 인물들도 암각 되어 있다.

주자묘 능주면 천덕리 337

주자묘는 중국 주자학의 시조 주희를 모시는 사당이다. 주희의 증손인 주잠이 근처 남정리에 살면서 주희의 제사를 모시는 것으로 시작한다. 주자묘는 1905년 영모당으로 건립되어 퇴락되자 1978년 아쉽지만, 콘크리트 소재로 신축하고 명칭도 주자묘로 변경된다. 묘당 안에는 주희와 증손 주잠과 고려 판도판서를 지낸 주잠의 손자 주열과 고려 예부상서를 지낸 주열의 장자 주인장 등 6인의 위패가 모셔져 있다. 주잠은 남송의 한림원 태학사로 몽고의 침략에 무기력하게 패한 조정에 실망하고 원나라의 지배를 피해 고려 고종 때인 1224년 나주를 경유 망명해와 능주에 은신하며 신안주씨 혹은 능성주씨의 시조가 되고, 동행해 온 한림학사 일곱 중에 섭공제는 경주섭씨의 시조가 되었다. 성리학을 추구하던 조선에서 그토록 숭상하던 주희의 증손이 조선을 택해 망명하고 능주에 정착을 했다는 사실이 새삼스럽다.

정부인으로 모셔진 주논개

해주최씨 삼계 최경회 부조묘사당이 1833년 한천면 금전리에 세워졌다가 수몰 계획으로 화순읍 다지리에 옮겨 정면 3칸 측면 2칸의 규모로 세워졌고, 또한 동면 백용리 422번지 3,000여 평 부지에 충의사로 크게 조성되어 충절을 기리고 있다. 앞장 능주 삼충각에도 모셔진 최경회는 의병장과 경상우병마절도사로 진주성 전투에 참전, 선무원정공신 1등과 이조판서에 추증되고, 영조 때는 좌찬성으로 추증되었다. 충의사에는 논개가 살았던 장수현을 상징하는 장수문長水門 안으로 논개의 영정을 모신 의암영당이 있어 관심을 끈다. 그동안 알려져 있듯이 논개는 관기가 아니고, 빈한한 반가 출신의 규수로 장수현감으로 있던 최경회의 도움을 받고 그의 집에 들어가 병약한 부인을 간호하게 된다. 최경회의 부인 사망 후에 후처가 되고, 진주 전투까지 따라가서 최경회가 순절하자 관기로 위장해 왜장을 끌어안고 투신한다. 글과 지혜가 뛰어나 정부인 사망 후에 엄연한 정실이 되고도 전쟁터에서 지아비의 한을 갚고 20대에 순절하였다면 의당 열부 정려를 내려 마땅하지만, 혼란 속에 묻혀 있다가 최근에야 재조명을 받고 있다. 진주 촉석루 아래 주논개가 뛰어내렸던 바위에 의암이 새겨져 있고, 옆의 의암사적비각에는 아직도 의기논개지문義妓論介之門) 현판이 걸려 있다. 머리 모양이나 복장이 기생을 연상하게 하던 영정이 정숙한 부인의 모습으로 다시 그려지며 논개는 재탄생한다.

고사정 화순읍 삼천리 11

세 물줄기가 합쳐지는 삼천리 고사정高士亭은 임진왜란 때 의병을 일으켜 싸운 공으로 임금이 내린 벼슬은 고사하고 "남주고사南州高士"의 칭호를 듣게 된 해주최씨 최홍우를 기리기 위해 그의 아들 최후헌이 1678년에 건립한 정자이다.

고사정

최경운, 최경장, 최경회 삼형제는 최경장의 아들 최홍우를 포함한 조카들과 유림의 도움으로 고사정 터에 의병청을 세우며 수백 명의 의병을 일으켜 임진왜란에 참전, 큰 공을 세우고 순절한다. 삼형제 중에서도 최경회는 문과에 급제해 영해군수와 담양부사를 지내다가 모친상으로 내려와 있던 중에 난을 맞자 형제와 조카들을 의병으로 이끌게 된다. 제1차 진주성 전투에서 공을 세워 경상우병마절도사가 되고, 압도적 열세에도 불구하고 목숨을 걸고 도전한 제2차 진주성 싸움에서 패해 김천일 고종후 등 장수들과 남강에 투신한다. 숙부 최경회를 따랐던 최홍우는 숙부의 유언을 받아 일본 장수에게서 빼앗은 언월도를 백부 최경운에게 전하고, 이에 증이조판서 부친 최경장도 뒤를 이어 의병을 일으켜 부친과 의병 활동을 계속한다. 최홍우의 아들 최후헌은 상주목사, 최신헌은 공조판서를 각기 지냈다.

촉석루의 세 장사… 긴 강줄기는 도도히 흐르고,
물결이 마르지 않는 한 우리 혼도 죽지 않으리

짧은 시와 빼앗은 칼은 남겨져, 그 숭고한 뜻이 부친 최홍우와 조부 최경장과 충의공 최경회로 거슬러 올라가며 감동은 더 깊어진다. 죽음을 예지하는 주인공 세 장사가 누구냐에 이견이 분분하다. 과연 결론이 날 일인지 모르지만, 역사에 이름 없이 스러져간 애국자들의 흔적을 발견할 때마다 오백 년을 지킨 조선의 힘을 본다.

만연사 화순읍 동구리 179

만연산 골짜기 맑은 저수지를 끼고 조성된 수변공원과 주변의 아름다운 소나무 숲이 인도하는 만연사는 의외로 소박하고 조용하다. 만연사의 역사를 밝히는 자료가 남아 있지 않지만 고려 만연선사가 1208년 창건한 설화가 있다. 지금도 있는 무등산 원효사에서 수도를 마치고 송광사로 돌아가던 만연선사가 지금의 만연사 나한전이 있는 곳에서 머물다가 꿈속에서 십육나한이 석가불을 모실 불사 준비를 하는 것을 보고 깨어나 보니 주위는 온통 눈이 내린 백설 세상인데 유독 그가 누웠던 자리 주변만은 눈이 없었다. 그는 그 자리에 토굴을 짓고 수도를 하다가 만연사를 세우게 된다. 1778년에는 정약용의 부친 정재원이 화순 현감으로 부임, 부친을 따라온 17세 정약용이 4살 위의 형 정약전과 당시 부속 암자 동림암에서 공부했다 전해온다. 1793년 석가삼존불을 그린 보물 제1345호 만연사 괘불탱이 보존되어 있고, 경내 어디서도 눈에 드는 27m 전나무는 진각국사 혜심이 심어 800년이 멀지 않다는데 여전히 건강해 보인다. 화순읍은 고려 때 진각국사와 조선 후기 뛰어난 고승 연담 유일의 고향이기도 하며 진각국사 전설의 자치샘이 화순읍 향청리 사거리에 남아 있다. 일주문을 들어서서 누각 화우천이 있고 범종각, 대웅전, 명부전, 나한전, 산신각 등이 있다. 만연사 뒤 만연산자락에 약 3㎞ 오감연결길을 조성해 다산의 자취를 느끼게 한다.

만연사 대웅전

🏛 화순향교

무등산 기슭 화순읍 교리에서 화순읍을 내려다보는 곳에 자리한 화순향교는 천변만화千變萬化를 뜻하는 만화루와 함께 1433년에 창건을 시작해 이듬해 완공한 것으로 보고 있다. 조선 초기 현 화순군 내 능주와 동복 지역 간에 분리와 통합이 잦아서 지역 간의 향교도 영향을 받았다. 정유재란 때 소실되고 1611년 화순현이 다시 복현해 재건되고, 19세기는 물론 그 이후로도 중수와 보수가 계속, 최근 1982-6년에 동재와 서재가 보수되며 오늘에 이른다. 계단으로 올라서 솟을외삼문을 들어서면 좌측으로 빗겨서 정면 3칸 측면 2칸의 사방이 개방되고 훤칠한 모습의 2층 누각 만화루가 있고, 삼문인 고경문을 들어서서 정면 3칸 측면 2칸의 비교적 작은 강당인 명륜당과 마당에 정면 4칸 동재와 서재가 있고, 다시 계단 위 내삼문 안으로 정면 4칸의 대성전이 있다. 명륜당은 작아도 질식할 만큼 엄숙한 분위기지만 사방이 개방된 누각은 자유롭고 개방적인 대화 소통의 공간이다.

🏛 대리 석불입상 화순읍 대리 335

대리 석불입상은 멀리서 보면 돌기둥 모양의 자연석을 거칠게 다듬은 석장승과 비슷해 보이지만, 가까이 보면 보살상에 가까운 모습으로 보이기도 한다. 3.5m의 높이에 부조한 얼굴은 넓은 코와 수북한 눈가와 작은 입술에 미소가 잔잔하고 목이 안 보이는 몸체는 선으로 선각해 희미하게 연꽃을 든 손과 옷 주름 등을 처리했다. 동그랗게 처리한 민머리와 부드러운 얼굴을 보면 석장승에 가깝고 몸체는 불상으로, 만든 이의 의도가 무엇인지 많은 궁금증을 던진다. 이런 모습으로 사찰 내에 있었을 것 같지는 않고 마을의 안녕과 복운을 비는 마음에 우리네 선조가 빚은 토속 불상으로 보는 것이 타당할지-역병, 가난, 전쟁, 가뭄, 불화에서 지켜주기를 빌며 찾던 조상의 발자국이 주변에 무수히 느껴진다.

환산정 동면 서성리 250-6

환산정이 수변에서 다리인양 좁은 길로 연결된 섬 아닌 작은 섬에 물에 뜬 듯 앉아있다. 원래는 맑고 흰 물길이 병풍처럼 에둘러 흐르던 작은 봉우리 깎아지른 붉은 절벽에 있었는데, 1967년 서성저수지 공사로 물이 채워져 봉우리가 섬이 되며 정자만 호수 가운데 남게 된다. 문화유씨 백천 유함이 1637년 병자호란 때 의병을 일으켜 남한산성으로 향하다가 청주까지 진출했을 즈음 인조의 삼전도 굴욕의 비보를 듣자 의병을 해산하고 낙향, 이곳에 한 칸 초가를 짓고 은거한다. 퇴락한 정자를 1896년 후손들이 중건하고, 1933년 칸이 좁은 정면 5칸 측면 2칸으로 가운데 방을 만들며 중수하고 2000년 복원해 지금에 이른다. 아름다운 호수 주변으로 들어서는 별장식 건물에 둘러싸여 가는 광경을 백천이 다시 찾아본다면 눈 둘 곳을 잃어 떠나지 않을까 조심스럽다.

화순향교 명륜당과 대성전

두 그루 느티나무가 협시하는
대리 석불입상

환산정

동복호 푸른 물빛이 빚어낸 호남의 절경

물염정 이서면 창랑리 373

정자의 지붕은 적벽을 눈썹과 눈으로 삼고 있었다.
적벽은 기이한 모양에다 빽빽한 숲을 이루고 있어 매우 수려했다.
정자 앞에는 모두 높은 나무들과 키 큰 대나무들이었다.
대나무 숲 사이로 보일 듯 말 듯….

물염정을 정약용의 부친 화순현감 정재원이 찾아 그윽한 경치와 운치가 가까이에서 보는 것과 비교할 수가 없다고 표현한다. 세속에 물들지 않겠다는 뜻의 물염정은 홍주송씨 물염 송정순이 1558년 급제해 예조정랑과 구례 풍기군수를 지내고 내려와 1566년경 지은 정자인데,

물염정

딸만 있어 문과에 급제해 현감을 지낸 외손 나무송 나무춘 형제에게 물려주었고 그 후 몇 차례 중수를 거치다가 1981년 보수로 현재에 이른다. 정면 측면 3칸에 바깥으로 둥근 외곽기둥 10개 중 하나는 보수를 하며 배롱나무를 다듬지 않고 그대로 올려 파격을 주고 있다. 적벽의 절경을 눈앞에 두고 있는 명승지에 저명한 학자들이 많이 찾아 시를 남겼는데, 하서 김인후, 신재 최산두, 석주 권필, 택당 이식, 실학자 홍대용 등의 20여 개 시액을 통해 알려져 있다. 화순적벽 네 개 구간 중에서 물염적벽 구간만이 유일하게 자유로운 접근이 허용되고 있다.

화순적벽

아래 소개되는 동복면 도원서원에 모셔진 최산두가 동복으로 유배 와서 물가의 거대한 기암 석벽이 마치 중국의 적벽과도 같다 해서 이름

보산적벽과 멀리 노루목 적벽(화순군청 제공)

을 붙인 화순적벽은 명승 제112호로 등재될 만큼 풍부한 동북호 물빛과 어울려 빼어난 절경을 만든다. 약 7㎞에 이르는 적벽 네 구간에서 노루목(이서적벽) 구간이 높이 90m 적벽으로 압권이다. 댐으로 수몰되어 30m 이상이 물에 잠겼다니 그 옛날의 장관은 아닐 테지만, 이만해도 감탄이다. 상수원보호 구역으로 출입이 제한되다가 2014년부터 제한적이나마 허용이 돼서 동절기를 제외 주 3일 모두 6회 예약을 통해 버스투어로 감상할 수 있게 되었으나 서울 등 먼 곳에서 예약해 시간을 맞추는 것이 녹록지 않다. 중국 적벽은 찾아가기 어려워도 유배지에서 적벽을 찾아 남긴 소동파의 명작 적벽부는 우리에게도 널리 알려져 있다. "적벽 아래 배 띄우고 놀 때 바람은 서서히 불고 물결은 잔잔한데"로 시작하며 아름다운 선경을 노래하고 "일세의 영웅은 어디 가고 나는 물고기와 사슴의 벗이 되어"하며 넓은 바다에 좁쌀 같은 인생의 덧없음을 담담하게 얘기한다. 유배 온 최산두가 그런 심정이었을까, 또한 소동파가 노루목에 배 띄운다면 무슨 말을 들려줄 수 있을지 상상을 일깨운다.

ⓢ 도원서원 동복면 연월리 915

도원서원은 동복호 적벽 이름을 붙인 최산두를 주벽으로 1670년경 유림에 의해 창건, 1687년에는 사액서원으로 되었으나 서원철폐령으로 훼철되었다가 후손들에 의해 1978년 복원이 이루어진다. 솟을외삼문 건공문을 들어서 동재 숭의재와 강학 공간으로 도원서원 현판이 걸

린 서재 집성재가 있고, 계단을 올라 솟을내삼문 규일문 안으로 정면 3칸의 도원사가 있다. 동-서재는 정면 5칸으로 비교적 큰 편이고, 서재는 정면 5칸에 집성재와 강당으로 배치해 강학을 겸한 복합 용도로 지어졌다. 최산두와 함께 동복현감, 동부승지와 관찰사 등을 지낸 석천 임억령과 대사헌 관찰사 등을 지낸 한강 정구, 그리고 임진왜란과 병자호란 등 국난에 의병을 일으켜 이조판서에 증직된 안방준도 배향하고 있다. 임억령은 현감 때 최산두를 자주 찾아 위로하고 학문을 논했다 한다.

어려서부터 총명했던 초계최씨 신재 최산두는 1513년 31세 때 별시 문과에 급제해 현감, 사간원 정언을 지내고 정4품 의정부 사인으로 있을 때 조광조의 기묘사화에 연루되어 1519년 37세 때 화순 동복면 모

도원서원

후산 아래에서 14년간 유배 생활을 한다. 조광조는 신재가 뒤를 이어 화순으로 유배를 온다는 소식을 양팽손으로 전해 듣고 세 사람의 만남을 기대했을 정도로 학문과 신뢰로 서로 존중했다. 유배 온 그를 자주 찾은 김인후와 유희춘은 호남을 대표하는 당대의 걸출한 학자가 되고, 1533년 풀려나서도 광양으로 낙향하지 않고 동복에 머물며 후학 양성에 전념한다. 한성판윤을 지낸 최한영을 부친으로 태어날 때 모친의 태몽 북두칠성을 인용해 이름을 산두山斗로 지었다는데 뛰어난 문장으로 미암 유희춘의 형 유성춘과 윤선도의 증조부 윤구와 함께 호남 삼걸에 꼽힌다. 조광조, 양팽손, 최산두 세 사람은 1513-1516년 비슷한 시기에 문과에 급제해 기대를 모았으나 기묘사화로 피해를 입고 꿈을 접어야 했던 공통점을 갖고 있다.

ⓢ 동복향교

동복향교가 동복면 연월리 월송마을 뒷동산 정상에서 멀리 동복천과 넓은 벌판이 활짝 열려 보이는 남향에 자리를 잡고 있다. 동복이 원래는 보성군의 속현으로 있다가 개편으로 동복현으로 되며 1445년에야 동복향교가 창건하게 되었으나 정유재란에 동복이 황폐화해 능주현으로 합해지기도 했다. 1655년에는 동복현 관아 화재로 객사에 모셔진 임금의 전패殿牌가 소실된 귀책으로 현의 지위를 잃고 향교도 폐교를 당해 화순에 편입되었다가 10년 뒤에 복현과 복교로 제자리를 찾는다. 1701년 남쪽 독상리에 이건됐다가 1756년 현 위치로 돌아오는 곡절

을 거쳐 1903년에 중수 후 다시 한국전쟁으로 완전히 소실돼, 1959년부터 복원을 시작해 지금에 이른다. 계단을 올라 외삼문, 안으로 정면 3칸 측면 2칸의 명륜당이 있고 정면 3칸 동재인 경모재와 서재인 양사재가 마주하고 있다. 다시 솟을내삼문을 들어서 정면 3칸 측면 2칸의 대성전이 자리하고 있고 동무와 서무는 없다.

독상리 석등 동복면 독상리 320

간주석과 화사석 구조의 일반 석등으로 예상하고 찾은 독상리 석등은 보이지 않고 비각만 보인다. 허술한 관리가 아닌지 의문을 삭이고 전각 밖 48석등기를 읽고 다시 비각의 바닥을 보니, 석등이 이럴 수도 있겠구나 하는 생각에 신비감이 찾아든다. 석등은 고려 때 시중을 지낸 동복오씨 문헌공 오대승이 1267년경 인근 모후산에서 구한 136x91cm 크기 검은 바위 돌에 48개 구멍을 뚫어 밤마다 불을 켜 예불을 올리자, 후손들이 벼슬길에 오르고 가문이 번성했다고 한다. 실제 숫자는 50개가 넘어 보이나 아마도 불교에서 아미타불 극낙을 상징하는 48원願을 의도했을 것으로 보고 있다. 원래부터 모습이라면 노천에서 불을 지키기 위해 구멍마다 불씨를 올려놓고 행여 바람에 하나라도 꺼질까 - 바람과 비는 어떻게 피해 불을 지켰을지 매우 독특한 석등이다. 과연 오대승의 아들 오광찰은 대장군, 손자 오선은 찬성사, 증손자 오잠은 과거에 급제해 여러 벼슬을 거쳐 충선왕 때 구성군에 이르렀고, 조선 때에도 30여 명의 문과 급제자를 낸다. 신라 때 오첨이 중국에서 귀화해 정착, 24세손 오현좌 등이 거란의 침입을 물리친 공으로 동복군에 이르고 아들 오녕이 동복에 정착해 중시조가 되었는데 오대승은 오녕의 손자이다. 인근 오지호 기념관에는 동경미술학교 유학을 마치고 귀국해 근대 유화와 미술계에 큰 족적을 남긴 동복 오씨 오지호의 유작들이 전시되어 있고 오지호의 생가도 독상리 277-1에 있다.

고을의 중심지였던 독상리의 459번지, 22번 국도와 지방도 822번이 교차하는 도로변에 옛날 역원을 표시하는 비석이 남아 있다. 비석에는 잘 안 쓰는 행서체 8행으로 써진 사암질 남덕원비의 마모가 심해 판독이 어렵지만 1668년 현감이 떠나며 남긴 것으로, 보잘 것 없어 보여도 역원 표시석으로는 희소해 역사적 가치를 보인다.

한산사지 삼층석탑 동복면 신율리 949

한산사지 삼층석탑이 종을 엎어놓은 듯한 모습의 바위산 종산 자락에 있는 탑동 마을 노거수 그늘에 숨은 듯 서 있다. 고려 때에도 있었던 한산사가 빈대로 폐사되고 홀로 남아 자리를 지키는 석탑은 몇 가지 다른 석탑에서 보기 힘든 모습을 하고 있다. 기단은 우주를 조각하는 일반적 형식을 벗어나 아예 별석을 만들어 끼워 넣었고, 1층의 탑신이 두 개의 석재를 포개 얹었고, 2-3층은 탑신과 옥개석을 각기 통돌로 하고, 탑신에는 모두 우주를 새겼다. 상륜부는 전체 규격과 어울리지 않은 것이 유실된 부분을 적당한 석재를 올려 모양을 갖춘 듯하다. 1층

동복향교
(제일 높은 곳에 대성전)

탁자식 독상리 석등

한산사지 삼층석탑

의 탑신을 두 개의 석재로 이어 놓은 것이 수수께끼-완성을 해 놓고 보니 너무 낮아서 새로 만들어 올린 것인지, 마땅한 크기 석재가 없었던지, 아니면 의도적이었던지, 의도적이었다면 무엇을 의도한 것인지, 한참을 생각하게 만든다. 옆의 고목과 연계해 보름달 아래 탑돌이라도 했을 텐데, 수호신으로 지킨 세월에 묵묵히 말 없는 모습이다.

　전국 폐사지가 5천 개 넘는 것으로 추정하는데, 다니다 보면 골칫거리 빈대 때문에 폐찰이 되었다는 믿기 어려운 얘기를 종종 듣는다. 빈대 잡으려다 초가삼간 태운다는 속담이 그냥 생긴 말이 아닌 모양이다. 번식력이 강하고 시력이 없어 "빈대 붙듯이" 사람의 피부에 붙으면 모기처럼 단번에 단 곳을 찾아내지 못하고 여러 곳을 찔러대니 가려움이 보통이 아니다. 빈대bedbug를 피하려고 침대 네 다리마다 양동이에 물을 채워 접근을 막으니 벽을 타고 천정까지 올라가서 낙하해 붙는다는 말도 그냥 우스갯소리가 아닌 듯, 낯짝은 물론이요 뇌까지 있는 모양이다. 중이 고기 맛을 알면 절에 빈대가 안 남는다는 말이 있는데, 한산사 스님들은 살생을 피하려 빈대를 키워놓고는 더는 참을 수 없어 절을 버렸는지, 홧김에 불태우고 떠났는지-한산사지 삼층석탑은 말없이 앞에 보이는 종산鐘山에 물어보라 가리킨다.

샘물에 잠긴 달님을 건지지 못해 이루지 못한 스님의 사랑

유마사 남면 유마리 321

　남면 유마리 모후산 아래 위치한 유마사는 627년 당나라에서 건너온 고관 유마운과 그의 늦둥이 천재 외동딸 보안에 의해 창건돼 몇 차례 중건을 거쳤고 한국전쟁 때 빨치산 토벌 전투 당시 소실되었다가 근래 복원이 되어가고 있다.

　팔각원당형의 모습을 한 보물 제1116호 해련부도는 전형적인 고려 초기 양식으로 비록 상륜부는 잃었지만, 지대석에서 옥개석까지 팔각의 각 부위 조각이 격식을 갖췄고, 특히 아래받침돌 복련과 귀꽃 조각과 윗받침돌의 앙련 등이 세심하고 정교한 솜씨를 보인다. 3층 기단 위 8각 탑신 모서리에 기둥을 세웠고 8면 중 앞뒷면에 문짝과 고리가 약하게 조각하고 옥개석은 흔히 보는 기왓골은 없고 한쪽 귀가 떨어져 나갔다.

　딸 보안이 채로 달을 떠올려 짝사랑에 빠진 스님을 일깨웠다는 샘 제월천과 일주문 옆으로 모후산에서 길이 5m 폭이 3m인 너럭바위를 보안이 치마에 씨서 옮겨 놓았다는 보안교에 얽힌 전설이 감동적이다. 관음전 뒤로 산신각은 드나들 만큼만 남기고 돌담을 쌓아서 구획한 것이 격리를 뜻하는지 아니면 신성시하려는 뜻인지 호기심도 키운다. 물속의 달을 체로 건져 올리고, 키보다 훨씬 큰 바위를 치마에 싸서 옮기

보안이 채로 달을 뜬 제월천
둥근 덮개 안에 여전히 맑은 샘물

해련부도

김삿갓 문학동산

고- 현대가 환호할 만한 허상일 수도 있지만, 옛날 구전 설화들이 결국은 모두 그렇게 되길 믿고 싶은 사람들이 만들어낸다는 공통점이 있다. 물속에 비친 달을 손을 뻗어 잡으려 했던 이백이 들으면 탄복할 얘깃거리- 유마사를 찾으면 달을 건져낸 예쁜 보살 얘기가 동화처럼 펼쳐진다.

김삿갓 문학동산

김삿갓이 전국을 유람하다가 생을 마감한 곳이 동복면 구암길 76번지 인근이다. 산책로 주변으로 시비를 줄지어 세워 김삿갓 문학동산이라 부르는 김병연의 유적지에 어린 초등생들이 버스로 와서, 선생님의 안내로 시비를 들여다보며 문학의 꿈을 키운다. 양주 땅에서 나서 어린 나이에 평안도 선천부사인 조부 안동김씨 김익순이 홍경래의 난에 연루돼 참형을 당하고 상민으로 전락하자 모친이 이끄는 대로 옮겨다니다가 영월 산골에 은둔한다. 고달픈 생활에 모친의 함구로 지난 일들을 모르고 살던 20세 때 영월 향시에서 시제에 맞게 김익순의 행적을 맹렬히 비난한 글로 장원했으나, 김익순이 조부임을 알고 조상에 지은 죄가 부끄러워 하늘을 가리는 삿갓을 쓰고 방랑을 시작한다. 찾아다니는 아들도 따돌리며 전국을 방랑, 마지막은 구암리 창원정씨 종가의 호의로 사랑채에서 지내다 57세 생을 마감한다. 당시의 한옥이 2009년 복원되어 종명지로 표시되어 있고, 주인 없는 시신으로 마을 근처에 묻혔다가 차남 익균에 의해 영월로 이장된 자리는 초분지로 표시되어 있다. "무등산이 높아도 소나무 아래 있고, 적벽강이 깊어도 모래 위로 흐르더라" 화순에서 즐기던 아름다운 경치에도 양반이 지배하는 세상에 대한 냉소가 묻어난다.

구암리에서 멀지 않은 이서면 야사리, 수령 약 500년 천연기념물 제303호 은행나무에 매년 정월 대보름이면 마을에서 당산

김삿갓 종명가옥

제를 지내며 풍년과 행운을 기원한다. 나무 속은 비운 채 큰 가지에 동굴 종유석 같은 유주가 달리고 뿌리에서 곁줄기도 하늘로 뻗는 신비한 나무, 그 아래서 김삿갓이 잠을 자고 갔다고 해서 또한 마을의 사랑을 받는다.

영롱정 남면 복교리 산82-13

15번 국도변에 있는 영롱대는 1568년 광산김씨 농재 김곤섭이 광주에서 이주해 내남면 석교촌에 지었다가 지금의 자리에 옮겨왔다. 퇴계의 제자로 정철 김인후 정구 등과 교유하던 김곤섭의 조카 김덕령이 어려서 부친을 여의고 기울어진 가세에도 3형제가 모친을 정성껏 모시며, 모친 봉양을 위해 광주에서 이곳까지 100리 길을 와서 물고기 낚시했다 해서 김장군 조대로 불리기도 한다. 임진왜란 때 의병장으로 활동한 김덕령이 1596년 이몽학의 난에 연루 오해를 받아 고신 끝에 옥중에서 한창인 30세에 사망을 하고, 추후 억울함이 밝혀져 숙종 때 신원되어

영롱정

병조판서로 추증되고 정조 때 좌참찬에 추증된 비운의 장군이다. 영롱정은 정면 3칸에 측면 2칸을 하고 가운데로 1칸 방을 두고 있고 영롱대 제액을 1584년 동복현감을 지낸 한강 정구가 썼다 전한다.

임대정 남면 사평리 599

명승 제89호 임대정 원림이 연못가 작은 봉우리 위에서 사평천과 사평 들녘을 내려 보고 서 있다. 선조 때 이황의 문인 의령남씨 고반 남언기가 처가에 정착해 고반원考槃園에 초가 수륜대를 지어 평생을 지내다가 버려진 곳에, 철종 때 문과에 급제해 병조정랑, 참판, 좌승지 등을 지낸 여흥민씨 사애 민주현이 관직에서 물러나 1862년 임대정을 짓고 여생을 지낸 곳이다. 정면 3칸 측면 2칸에 2칸 방을 둔 정자 마당에서 계단을 통해 내려가거나 좌측으로 난 길을 따라 걸어갈 수도 있는 연못은 가운데로 길을 내서 두 개의 연못을 만들었다. 위쪽 백련이 있는 못에 물이 차면 아래 홍련이 피는 연못으로 흐르게 하고, 못 가운데 작은 섬을 만들어 배롱나무 등을 심고 연못 주변으로 벚꽃과 수양버들 등을 심어 계절에 맞춰 꽃이 피는 모습을 보게 한 원림이다. 태극설 이기설의 도학자 송나라 염계 주돈이는 만년을 중국 여산 연화봉 아래서 보내며 연꽃을 무척 사랑했다. 진흙에서 나왔으나 오염되지 않고, 요염하지도 않고, 속은 비어도 곧은 가지에 덩굴이나 가지를 내지 않고, 향기는 멀수록 더 맑은 군자의 꽃이라고 애련설에서 읊는다. 사애는 주돈이를 추앙해서 그의 시구 "아침 내내 물가에서 여산을 대한다[終朝臨水對廬山]"에서 인용해 임대정을 이름하고 못에 연꽃을 심어 즐겼다.

임대정

임대정 아래 연지